丛书主编　刘　力　盛群力　张文军
丛书编委　刘　力　盛群力　刘正伟
　　　　　吴　华　边玉芳　刘杭玲
　　　　　张文军　肖龙海　褚献华

本书出版得到
高等学校省级重点扶持学科
《课程与教学论》建设项目的资助
特此致谢！

⊙ 边玉芳 著

当代课程与教学新视界丛书

丛书主编 刘 力 盛群力 张文军

学与教的新评价

NEW APPROACH FOR LEARNING AND TEACHING ASSESSMENTS

浙江大学出版社
ZHEJIANG UNIVERSITY PRESS

丛书前言

　　"当代课程与教学新视界丛书"经过一段时间的策划和准备,现陆续交由浙江大学出版社出版。本丛书主要反映浙江大学课程与教学论专业教师近年来研究的部分成果。主题涉及教学改革、教学策略与方法、教学评价、学科教学、教学决策与管理、教学理论发展等。

　　浙江大学课程与教学论专业(包括原教学论硕士点和学科教学论)是在20世纪80年代初批准设立的,现已培养了数百名学生。20余年来,经前辈导师张定璋、董远骞、裴文敏、朱作人、王权、励雪琴、寿云霞、戚谢美等教授引领,也曾有郑继伟、李志强、祝新华等教授参与建设,现主要由刘力、盛群力、刘正伟、吴华、边玉芳等教授和刘杭玲、张文军、肖龙海、褚献华等副教授协力建设,逐渐形成了一些特色,尤其是为推动省内外基础教育课程与教学改革及其发展所作的贡献,受到同行的肯定,教育实践界也为之赞赏。

　　课程与教学改革是推动社会发展、适应人类自身生存的一种有力手段。课程与教学改革需要有扎实的理论准备,也离不开专业探讨与质疑。当前基础教育正在开展的课程与教学改革,呼唤有更多的专业理论工作者积极介入,贡献智慧、澄清误识和参与重构。我们希望本丛书在这方面有微薄的作用。

　　本丛书由刘力、盛群力与张文军主编,各册由本专业的教师负责编写。本丛书的出版得到高等学校省级重点扶持学科"课程与教学论"建设项目的资助,其中《学与教的变革》、《学与教的新策略》、《学与教的新方法》、《学与教的新方式》和《学与教的新评价》五本著作还得到了国家"十五""211工程"重点学科建设项目"中国传统文化与江南地域文化"研究的子课题"传统教育的现代转型"的资助,特此致谢!我们也衷心感谢浙江大学教育学院原院长、浙江省特级专家田正平教授对本丛书组织编写所给予的支持和鼓励!衷心感谢浙江大学出版社的大力支持!我们也恳切希望读者对本丛书可能存在的缺点和错误给予批评指正!

目　录

绪　论

　　这是一本有关教育评价的书,是为广大教育工作者尤其是广大教师而写的。

　　进入 21 世纪,我国基础教育改革进一步深化,新课程改革逐步展开,全面推进素质教育成为我国教育改革的根本任务。构建符合素质教育要求的新的基础教育课程体系,已成为素质教育实施的核心。其中,由于良好的评价机制对学生学习的导向、引领、示范和辐射作用,学与教的评价成为越来越多教育工作者关注的热点。但是从我国近几年的实践看,教育评价改革包括学与教的评价改革已落后于新课程改革实践,这对我国基础教育改革产生了十分不利的影响。

　　长期以来,在我国,由于高考、中考等高利害考试对教学的指挥棒作用,"考试驱动教学"的现象普遍存在。使得我国对学生的评价一直是单一的重结果、轻过程的终结性评价。在这种评价模式中,学与教的评价注重的往往是区分、甄别、选拔性功能,而忽视了学生的个体差异和全面素质的提高,这严重影响了学生的全面发展,并为学生今后的发展留下了"病根"。由于分数对教学的指挥棒作用,绝大多数教师都承受着提高学生考试得分的巨大压力,所以"考什么就教什么"。这种现象的持续存在,导致广大教师对教学与评价的关系不了解甚至产生误解。有些教师认为它和教学是两个独立的系统,互相平行,但永不会相交。在这种情况下,评价不是帮助教师的一种工具,而是成为衡量其教学好坏的指标。所以,广大教育工作者必须重新审视学与教的评价。

一、对评价功能问题的重新审视

　　学与教的评价要实现"教学价值如何体现"的问题,为此,它起码要发挥两种作用:监测与调控教学过程;反馈与鉴别教学效果。然而,由于观念不同,评价所关注的视角大相径庭。旧的评价观念关注结果、关注接受、关注学习尖子、关注教师的指导作用;而新的评价观念则关注过程、关注发展、关注全体学生、关注教师的促进作用。

不同的关注视角,会使评价产生不同的作用。对前者的关注,导致用单纯的考知识来代替教学评价。这种看似平等、客观的教学评价,把教学活动引向单纯追求学习成绩,由此产生了一大批厌学的学生,往往在挫伤他们学习积极性的同时,也埋没了他们发展的潜能;即使还有少数学习尖子,他们的学习积极性看似没有被挫伤,但无尽的题海、紧张的考试竞争,常常把他们搞得筋疲力尽,除了应付学习以外,他们无暇关注其他方面。因此,考出了一批批高分低能的"人才"。而对后者的关注,则要求评价不仅关心教学的结果是什么,更关心教学过程的影响怎么样;不仅关心学习尖子,而且关心每一个学生,从认知、情感到实际能力等等,发现他们的变化、鼓励他们进步。这种对教学过程的关注,会使教学评价在督促学生进步、推进课程发展、促使整体教学水平提高等方面,发挥重要的作用。

二、对评价目标问题的重新定位

教学评价目标要解决"教学向何处发展"的问题。为此,持有不同的观念,就会关注不同的目标。旧的评价观念只关注认知领域、注重发展学生的知识、关注收敛思维、认为教师是指导学习的权威;而新的观念则关注认知、情感和行为三个领域,注重发展学生的个性,关注发散思维,认为教师是学生激发学习热情、促进发展的伙伴。

对不同目标的关注,会导致不同的评价结果。前者只关注认知领域的问题,其评价就是考知识、计成绩,评价的结果就是确定名次、排列顺序,并由此引发了种种弊端。后者则站在课程改革这个角度,围绕如何推进素质教育,从认知、情感和行为等多领域、全方位地设定评价目标。即有效的知识传授,才能引起情感的变化;情感的内驱力达到一定程度,才能够导致行为倾向的改变。

因此,如何打破在单一领域设定评价目标,构建起多领域、全方位的教学评价目标体系,并使它符合学生获取知识、发展情感和培养能力等基本的规律,就成为教学评价改革面临的又一个新问题。

三、对评价方法问题的重新认识

教学评价方法要解决"教学评价如何实现"的问题。为此,观念不同,选择的方法也不同。传统的观念认为评价应由教师进行、通过书面考试来进行评价、评价的方式就是教师来评价学生;新观念则认为应由教师、学生及其家长共同参与评价,通过观察、记录、调查、考试等多种方法来进行评价,评价的方式由学生自评和师生互评等。

通过书面考试进行教学评价,是一个沿用了许多年,积累了许多经验,比较容易组织和实施的评价方法。仅仅依靠这种方法进行评价,给学生成长带来的弊端,在新课程理念日益深入人心的今天,已经暴露得越来越明显。因此,人们在对评价进行反思的同时,还借鉴和探索了许多新的评价方法,并进行了大胆的尝试。随着课程改革的日益普及和深入,教学视角更为开阔了,这就必然导致评价牵涉面加大、参与人增多,进而使得评价的操作变得繁琐、复杂起来。因此,如何合理、有效地投入时间和精力进行教学过程评价,如何客观、科学地对每一个学生、教师及其教学结果作综合性的评价,都成为教学评价改革面临的新问题。

伴随着素质教育的提出与新课程改革的实施,许多新的评价理念和方法在我国正逐渐为人们所认识,其中发展性评价受到大家的推崇,并在教育实践中得到应用。发展性评价与选拔性评价不同,具有自己相应特征。发展性评价要求有明确的促进发展的目标,开展评价目的不仅为了检查是否达到目标,更是为了促成目标的达成。发展性评价强调过程性评价,有时为了促进目标的达成,往往进行多次评价。发展性评价重视被评价者的起点和发展中的个体差异。总之,发展性评价的目的是通过评价提供改进建议并用于改进教育。

为了能够让广大教育工作者特别是一线教师更快更好更熟练地掌握学与教的评价的新理念和新方法,我们编写了此书。本书名为"学与教的新评价",从其字面意思上可以作两方面的理解,一是本书涉及对学生学的评价和对教师教的评价,二是本书阐述的是促进学生的学与教师的教的评价。本书是从第二种意义上来组织编写的,主要阐述的是通过教师对学生学的评价,改进教学,最终达到促进学生学习和各方面发展的目的。

本书的编写力求体现基础性、先进性和实用性的特点。基础性表现在对学与教评价的基本问题加以阐述,使读者了解教育评价的基本概念与方法。先进性则是指本书在把握国际教育评价新趋势的基础上,结合我国教

育评价改革的新特点,把目前学与教评价的新方法介绍给广大读者。实用
性表现在本书希望密切结合当前中小学教育评价的实际,把学与教评价的
新方法以对中小学教师和教育工作易于操作的方式呈现给大家,使本书具
有较好的实用意义。作者衷心希望本书能够对我国中小学教师开展教育评
价改革,改进教学,促进学生学习和发展提供积极的借鉴作用。

第一章 教育评价概述

第一节 教育评价的基本概念

一、评价与相关概念辨析

要想正确地理解教育评价、揭示教育评价的含义,必须首先弄清"评价"、"测量"、"测验"这三个词的含义。

许多时候,评价似乎和测量、测验是同义词,例如,当一个教师进行一次测验时,我们可以说他是在"评价"学生的成绩,我们也可以说他在"测量"、"测验"学生的成绩。但事实上,这三个概念既有区别又有联系。

著名的测量学家史蒂文斯曾对测量下过一个定义:测量就是按照一定的法则给事物指派数字。测量就是用数学方法对事物及其相关属性进行数量化描述的过程,即是对个体拥有某一特征的程度进行量化描述的过程。对学生评价而言,测量就是对学生学习结果的定量描述。而测验通常是指通过在相同的条件下实施一套问题来测量一个行为样组的一种工具或系统性方法。因此,测验仅仅是测量的一种形式。测验常常可以分为标准化测验和教师自编测验。教育测量学上常常通过标准化测验达到对事物及其属性量化的目的,这种量化结果往往比较可信、准确性也较高。但日常教学中,我们也把教师组织的考试称之为测验,这种测验其标准化程度和测量学家编制的标准化测验如智力测验、人格测验、成就测验是有区别的,但对了解和评价学生掌握的知识和技能状况却是十分有意义的,我们可以称之为教师自编测验。在我国的中小学校经常进行这种测验,如学生在学校会有期末考试、期中考试、单元测验和随堂小测验等等。这些测验都是为了让教师了解学生究竟学到了些什么,学生们对教师所教的知识和技能的掌握水平如何。如果教师对学生目前的学习水平了如指掌,就能够做到根据学生的实际掌握情况,调整自己的教学,更合理、更有针对性地改善学生的学习。一般,测验的主要形式有论文题、选择题和判断题等,这些测验形式在课堂评价中普遍使用。伴随着素质教育的提出与新课程改革的实施,许多新的测验方法在我国正逐渐为人们所认识,教师可以采用更加科学有效、丰富多样的工具来评价学生学习与发展的状况。

"评价"一词,来自于拉丁词根"assidere",意为"旁边就座",意思是说评价必须是透过旁人作出的。评价是指评价者采用各种方法收集信息来了解被评价者表现的过程。我们对学生的评价就是指使用各种方法获取关于学生表现的信息,这些方法包括纸笔测验及开放性回答(如论文)和对真实任务的操作(如调查校园内的环境污染情况)、问卷等等。我们对学生的评价需要学生、家长和教师间的合作,要求使用多种指标从多种渠道收集信息,如从学生、家长和教师那里评估学生们的进步。通过评价,我们可以了解学生获得了多少知识?学生的阅读能力如何?学生对分数运算掌握到什么程度?学生的学习进步了吗?学生的学习态度积极吗?学生对学习有兴趣吗?……评价不仅仅包括量化的结果,也包括对结果的价值判断。

与测量或测验相比,评价是一个综合性和概括性更强的术语。测量限于对学生的量化描述,即,测量结果总是用数字表达(如,在 30 道数学题中小李答对了 25 道)。它既不包括定性的描述也不包括对所得结果的价值判断。但评价可以包括对学生的定量描述(测量)和定性描述(非测量)。此外,评价总是包含对结果的价值判断。图 1-1[①] 体现了评价的综合性以及测量与非测量手段在评价过程中的作用。如图所示,评价可以依据测量的结果,也可以不依据测量的结果;当以测量为基础时,它超出了定量描述的范围。

综上所述,评价从根本上讲是通过多种途径收集各种信息对被评价者进行评定的过程。评价是相对教师所做的测验与测量而言更为宽泛、限制性更小的一种说法。这就告诉我们,对学生的评价不只是纸笔测验一种形

---

① Robert L. Linn & Norman E. Gronlund 著,国家基础教育课程改革"促进教师发展与学生成长的评价研究"项目组译:《教学中的测验与评价》,中国轻工业出版社,2003 年版,第 26 页。

```
                    ┌──────────┐
                    │    评价    │
                    └──────────┘
              ┌───────────┴───────────┐
              ↓                        ↓
      ┌──────────────┐          ┌──────────────┐
      │     测量      │   和/或    │    非测量      │
      │  (如，测验)    │          │  (如，非正式观察) │
      └──────────────┘          └──────────────┘
              │                        │
             加                       加
              ↓                        ↓
              └───────┬────────────────┘
              ┌──────────────┐
              │    价值判断     │
              │ (如，学习的积极进展) │
              └──────────────┘
```

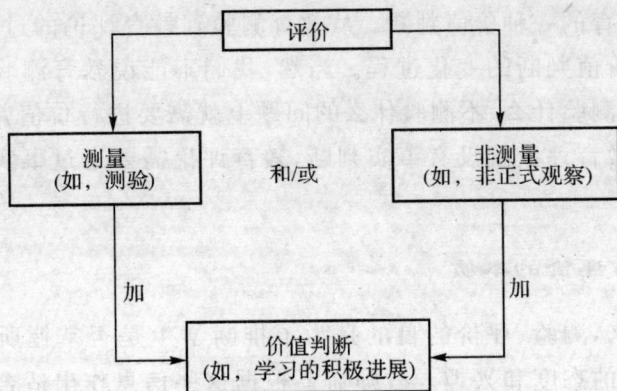

图 1-1 评价过程

式,还包括许多其他的测量与非测量方法。

教育评价就是根据一定的教育价值观或教育目标,运用可行的科学手段,通过系统的收集信息资料和分析整理,对教育活动、教育过程和教育结果进行价值判断,为提高教育质量和教育决策提供依据的过程。

教育测量通过对学生知识的掌握、智能的发展、思想品德的变化、体质的状况以及教育活动的各个方面的测定,为教育评价提供依据,是教育评价信息的主要来源。如果没有教育测量提供的资料,教育评价将成为无源之水,失去了作价值判断的依据,其科学性、准确性便无从谈起。另外,教育测量的结果只有通过教育评价才能获得实际意义,成为改进教育工作有参考价值的信息。[1]

教育测验是对人的知识、技能和能力以及其他某些心理特征进行检测的工具和手段。教育测验是教育评价获得评价信息的工具和手段之一,通常教育评价获取信息的测验法就是指教育评价借助教育测验获取相关信息。

教育评价不仅要借助教育测验、教育测量进行量的测定和分析,而且要进行质的分析,把所有与评价目标相关材料和分析综合起来。教育评价行为是建立在事实判断基础上的价值判断。教育评价中的事实判断在于诊断与鉴别教育的性状,价值判断则是对诊断鉴别而获得的结果或结论,按其价值取向进行合乎逻辑的推断和判断;事实判断是价值判断的基础,价值判断是事实判断的目的性追求。而教育评论是依据一定的教育价值观和教育价

---

[1] 侯光义著:《教育评价概论》,河北教育出版社,1999年版,第58页。

值取向,对教育的一种价值判断。从教育测验到教育评论的过程,是一个由事实判断向价值判断的变化过程。当然,我们不能说教育测验丝毫没有价值判断,如在测验什么、不测验什么的问题上就需要进行价值判断;同样,我们也不能说教育评论就没有事实判断,教育评论需要通过事实判断的真凭实据作论据。

二、教育评价的本质

一般说来,测验、评价的目的是为了推断学生是否掌握所教知识和技能,评价学生的态度和兴趣。教师需要根据这些信息作出适合每个学生的合理的决策。例如,如果一个学生已经掌握了一项重要的数学技能,教师可以通过小测验的形式来确定他是否真的掌握了,然后教师就可以继续教给学生其他的数学内容。再比如,如果一位学生在一个课堂测验中表明他已经掌握了九九乘法表,那么他的教师就没有必要再教给他关于 6 乘以 7 的知识。这就是课堂测验的主要任务,即捕捉教师需要的信息,帮助他们更好地作出教育决策。

评价在本质上是一种推论,教师应该从学生所学的知识和技能中抽样来编制测验项目,他们选择的测验项目应该代表学生所学的知识和技能的重点。基于学生在测验上的表现,教师就能够对学生掌握这些重点知识的程度作出推论。基于这些推论,教师作出以后怎样更好地教学生的决策。换一种方式来说,学生在测验上的表现,能够帮助教师对他们掌握知识技能的情况作出推论。比如,教师不能仅仅通过观察来判断一个学生是否会写一篇议论文。但是如果教师在期末考试中让学生写两篇议论文,而且他的两篇论文都写得很好,这时教师就能合理地作出推论,即推论这个学生能写议论文。通常,教师评价学生是为了确定学生达到教育目标的程度。换言之,教师想知道学生的学习水平,即是否获得教师预期的学习结果。一般来说,这些结果是认知方面的,如,学生对知识和技能的掌握。但是,预期的结果还包括情感方面的,例如,教师试图培养学生特定的态度和兴趣。当然,在诸如艺术和体育领域中,教师关注的是提高学生的运动技能。图 1-2[①] 中演示了教育过程中内容、评价、推论和决策的理想关系。这里的"内容"指的是学生所学知识和技能的综合体——有时也包括情感维度的东西——这也

---

① W. James Popham 著,国家基础教育课程改革"促进教师发展与学生成长的评价研究"项目组译:《测验的反思》,中国轻工业出版社,2005 年版,第 50 页。

就是教师教学的目标所在。评价测验就是从学生所学的重点知识中取样形成的。

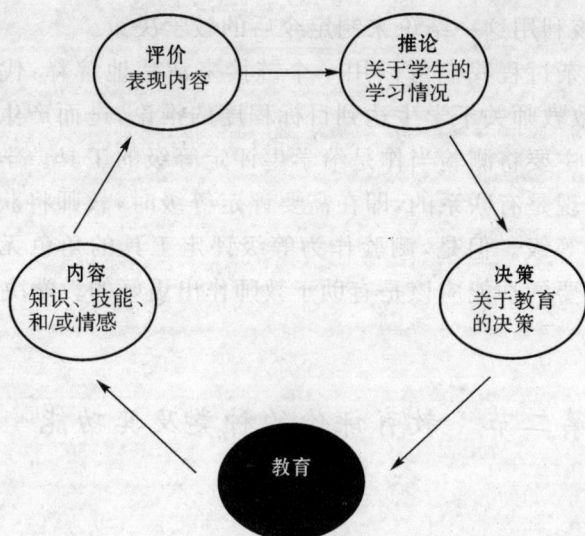

图 1-2 教育过程中评价的理想关系

　　无论教师预期的教育结果是认知方面的,还是情感或技能方面的,教师都需要确定与特定的教育结果有关的学生的状态,即教学目标。教学目标中的每一项都包含非常丰富的内容。例如,让我们试想一下与学生解决数学问题的能力有关的认知领域,我们可以构想出各种各样的数学问题,而学生则必须能熟练地解决这些问题。这些各种各样的问题构成了一个庞大的教学领域。同样,与学生在同伴面前进行口头表达的自信心有关的情感领域也涵盖了口头沟通的广阔范围,它包括短暂的即席演讲或正式的就职演说所需要的自信。此外,在与严密防守条件下投篮有关的运动技能领域,既有球场中出球位置的选择,又包括防守队员不同严密防守方式的运用。简言之,几乎任何一个真正重要的教学目标领域都非常丰富,全部内容都进行测验所花费的时间很长,所以在实践中教师很难通过评价这些领域的所有内容来确定学生的状况。因此,教师可以从所有这些目标领域中抽样选取有代表性的教学目标,以此作为课堂评价真正应该实施的内容。课堂评价被教师用来确定学生达到预期教学目标的状况。例如,要测试学生是否知道导致中国抗日战争的全部重要历史事件,将会耗费太多时间,因此教师的课堂评价应该对这些内容进行取样。由此可知,课堂测验的取样内容仅仅是教学目标领域中全部内容的代表。

学生在测验中的表现是一种表明学生达到预期教学目标的程度与水平的标志。所以教师实施测验的目的并不应该仅局限于学生在课堂测验中的表现本身,而应该利用这一结论来制定今后的教学决策。

以上这一复杂过程我们可以用一个链接来清楚地解释:代表教学目标的课堂评价,导致教师关于学生达到目标程度的推论,进而产生教师的教学决策。许多教师主要将测验当作是给学生评定等级的工具。学生的等级与其在测验中的表现是有联系的,即在需要评定等级时,教师将获得的大量的测验结果转换为等级。但是,测验作为等级评定工具的角色无疑应该是次要的。评价最主要的功能应该是有助于教师作出更好的教学决策。

第二节　教育评价的种类及其功能

评价方法是人们为了认识教育活动的价值,以教育活动的某一要素或全部活动为对象进行价值判断所采取的活动方式、程序和手段的总称。[①] 它是在人们评价活动实践中形成的,指为解决评价活动中的各种问题,保证评价活动正常进行,实现既定评价目的所采取的方式方法。"工欲善其事,必先利其器",教育评价目标必须借助一定的评价方法才能实现。评价方法是教育评价活动中的重要因素,其恰当与否在一定程度上决定着评价活动的成败。

在评价活动中,若没有符合评价自身特点和具体目的要求的科学方法,就不可能取得理想的活动效果,实现预期的评价目的。评价方法在评价活动中的重要地位,是由评价方法与评价原理、实践、目的之间的特定关系所决定的。

从根本上讲,任何一种评价方法都是针对实现一定评价目的而提出的,是实现评价目的所必需的手段或措施。依据不同的分类标准,可以对评价方法进行不同的分类。

---

① 侯光文著:《教育评价概论》,河北教育出版社,1996年版,第105页。

一、根据评价的表现方式不同,可以分为量化评价和质性评价

（一）量化评价

量化评价指的是运用客观的评价标准和工具,对评价对象采用量化的方式用数量化的结果作出推断描述的评价。它主要用实验、测验、观察、调查等方法进行评价,对评价的严密性、客观性、价值中立提出了严格的要求,力求得到绝对客观的事实。例如,我们当前评价中的考试评价,依据分数对学生的学科知识和学科技能进行评价,采用百分制评价方式描述评价结果,如小李考"95 分"、小红考"83 分",小明考"78 分",就属于典型的量化评价。还有我们对小明和小红的研究性学习给予"优"、"良"、"及格"、"不及格"等等级的评价分数,也是一种量化评价。量化评价的方法具有具体性、精确性和可验证性等特点。

（二）质性评价

质性评价指的是采用开放的形式获得评价信息,作出评价判断的方法。如通过对学生学习的行为表现,对其学习状况进行分析和评价。例如现在兴起的成长记录袋评价法,是目前国际评价界所推崇的一种质性评价方式。由于其基本思想与我国目前的新课程改革理念非常一致,因而这种评价方式近几年在我国开始广泛使用。成长记录袋评价的主要依据就是学生的作业等各种作品,展示学生在一个或多个领域的学习过程中所作的努力和取得的进步。还有目前比较倡导的表现性评价法、苏格拉底式研讨法等均属于质性评价法。

量化评价与质性评价两种评价方法一直受到人们的争论。在 20 世纪,伴随着教育测量学的发展,教育评价追求的是科学范式下的量化,试图用客观的标准,将复杂的评价现象简单抽象为数量形式,将不能量化的现象都摒弃在评价范围之外,但是这种评价方式并不能完全反映出被评价者的发展状况。因此,对这种简单量化的评价方式的声讨此起彼伏。但是质性评价的"科学化"问题一直受到人们的怀疑,因为质性评价往往容易受到评价者主观感受的干扰,难免会使人对其评价的客观性产生怀疑。

量化评价与质性评价虽然是两种不同的评价方法,但是它们是教育评价的两翼,不是非此即彼的关系。不同的评价方法能针对学生的不同侧面进行有效评价,每一种评价方式都有其优势与不足,不可能用一种评价方法满足人们多元化和多层次的评价需要,所以我们必须要学会在恰当的时候选择恰当的方法来进行恰当的评价。但是实际上要达到这个要求的评价方式是很难的,所以我们不能简单认为哪种评价的优劣与否,关键的是我们如何根据评价方法的特点和学生的个体差异,选择与评价目标相符合的评价方法,有效地运用这些评价,真正促进学生发展,发挥评价的巨大功能。

二、按对评价结果解释的标准不同,可分为常模参照评价与标准参照评价

(一)常模参照评价

常模参照评价常常也称为相对评价,是指以某一受测团体的评价结果的分布状况为基准,一个学生的测量分数通过与这个团体其他人的测量分数相比较来进行解释,即解释为学生的分数在既定群体中的相对位置(如,写作水平优于班中 50% 的人)。常模参照评价中用于比较和解释测验结果的参照分数标准就是常模。学生的测验分数必须与定义为常模的学生分数比较,才能对测验的分数进行解释。依据结果的用途,常模可能以一个地区、省或全国为基础。根据常模的选定范围,常模参照测验就可以根据学生的相对成就水平作出决策,如选拔、分组和划分等级。

常模参照评价的基本特性是比较,可以使个体客观地判断自己在团体中的优劣情况,同时,也有助于树立竞争意识。但是,相对评价不注重成员是否完成既定的教学目标,结果导致成员之间争名次,忽略了自身素质的提高。

(二)标准参照评价

标准参照评价常常也称为绝对评价,是指参照事先设定的标准,看学生是否达到标准以及达到标准的程度。标准参照评价对测量所得的分数的解释是依据教学目标或学习任务的确切范围。它主要不是用于比较个人之间的差异,而是描述学生所掌握的具体知识及技能。标准参照评价结果的解释可由不同方式作出。我们可以描述学生所能从事的具体的学习任务(如可以制作昆虫标本);也可以指出学生正确完成任务的百分比。或将测验中的表现情况与一套行为标准相比较并判断它是否达到某一标准,比如,在基于标准的教学中,评价与具体的内容标准相结合,而且在确定的行为标准的基础之上,它使用学生行为表现的水平对结果进行报告。比如,评价结果可用 3 到 5 个行为表现水平进行报告,如,较熟练、熟练和精通几个水平。

标准参照评价因为有一个共同的客观标准,所以学生可以通过同这个既定标准对比,判断自己的学业水平。但是,由于评价标准容易受到评价主体主观因素的影响,有时评价的结果难以做到与标准完全一样。

　　尽管常模参照评价与标准参照评价都可以使用分数进行解释,但两者使用的意义是截然不同的。以通过确定群体中得到相同或更低分数的学生的百分比为例,常模参照评价结果的解释指出了学生在群体中的相对位置;标准参照评价结果的解释则关注答对项目的百分比。对百分比解释的不同体现了常模参照评价和标准参照评价的不同解释标准。

三、按照评价的时间和作用不同,可分为安置性评价、形成性评价、诊断性评价和总结性评价

(一)安置性评价

　　一般在教学开始时进行,以确定学生在学习开始时的情况。在教学开始前关注如下问题:(1)学生具有进行有计划的教学所需的知识和技能了吗? (2)对于要实施的计划教学来说,学生的准备状况如何? (3)学生的兴趣、学习习惯及个性特征达到了何种程度,需要什么样的教学模式来与之相匹配? 安置性评价的目的是确定每个学生在教学进程中的位置以及最有用的教学模式。

(二)形成性评价

　　一般在教学过程中进行,用于定期检测学生的进步。形成性评价是通过诊断教育方案计划、教育过程与活动中存在的问题,为正在进行的教育活动提供反馈信息,以提高正在进行的教育活动质量的评价。[①] 它的目的不是为了对学习者分等级和鉴定,而是帮助学生和教师把注意力集中在为进一步提高所必须进行的进一步学习上。所以形成性评价更多的是具有改进的功能。

(三)诊断性评价

　　它一般在教学过程中进行,用于诊断学生学习是否存在困难和问题。如果在教学过程中,有学生通过形成性评价发现学习进步很小甚至没有进步,进行教师一般的教学干预还是没有达到理想的效果,这时对学生需要采用专门的诊断性评价。诊断性评价是一个专业化程度较高的方法,比如学生在阅读上存在问题,我们可以采用专门的阅读诊断性测验,了解学生阅读问题的原因,是不是有阅读障碍存在? 是什么类型的阅读障碍? 需要什么样的针对性干预措施? 诊断性评价的目的是确定那些持久的学习问题的成因并且设计出矫正方案。

---

　　① 陈玉琨:《中国高等教育评价论》,广东高等教育出版社,1993年版,第35页。

(四)终结性评价

总结性评价是指教育活动告一段落或完成以后对其效果进行的评价。布卢姆认为总结性评价是"指向更一般的等级评价"。总结性评价的直接目的是作出教育效果的判断,从而区别优劣,分出等级或鉴定合格与否,它的直接目的指向最终教育效果。

长时间以来,我们往往只注重总结性评价,忽视安置性评价、形成性评价和诊断性评价。目前,随着评价改革的深入,大家越来越关注除总结性评价之外其他评价方法的使用,特别是形成性评价的作用。但大家对形成性和总结性评价两者往往不能很好地区别。形成性评价和终结性评价的区别主要表现在:

第一,形成性评价是在过程中定期进行的评价;终结性评价是在一段较长时间后测查最终结果,因此它是对教育活动全过程的检验。

第二,形成性评价能及时地发现学生学习中的问题;终结性评价在学习完成后进行,主要目的是评定学生成绩。

第三,形成性评价关注个人一个阶段的学习目标,往往测查的是一个单元或某一部分的学习;终结性评价测查的是几个单元的学习,经常包括长期的学习目标,终结性评价对学生能力的概括水平高于形成性评价。

第四,形成性评价较多反映学生个人的进步;终结性评价可用于学生成绩间的比较。

形成性评价和终结性评价通常可以一起使用,形成性评价能提供及时的、定期的反馈,而终结性评价在更多情况下展示的是最后的学习结果。在教师进行新内容的教学之前,可以借助于形成性评价,以了解学生是否已经达到一定的水平。形成性评价还可以检查学生知识的掌握情况,从而帮助学生决定是要继续复习还是要进行新内容的学习。

四、按评价的功能不同,可以分为选拔性评价、水平性评价和发展性评价

(一)选拔性评价

选拔性评价是通过衡量学生的学习成绩,甄别出更有利于接受某方面教育或继续某方面学习的对象,使教育资源更合理配置,实现评价的选拔淘汰功能。所以,选拔性评价注重的是最终的结果,其功能凸显于甄别、选拔适合进一步教育的学生,注重给学生打分数、排名次等。

(二)水平性评价

水平性评价一般是在某一段教学活动结束后,为了解学生学习的最终效果而进行的评价。学期中或学期末进行的各科考试、考核都属于这种评价,其目的是检验学生的学业达到了哪一个水平。水平性评价注重考查学生掌握某门学科的整体程度,概括水平较高,测验内容范围较广,并对学生的某个时期的学习成果作出整体评定。

水平性评价和选拔性评价的内容相当局限,只能通过试卷测验学生对书本知识的记忆和考查学生能否解决某些人为设计好的问题;其二,其考查内容仅局限于数理逻辑能力水平和语言能力水平的判断上。而事实上,人的智能是多元的,智能的其他方面在人的发展中同样具有重要的地位,但它们却无法通过书面考试去进行水平认定和选拔。

（三）发展性评价

发展性评价是指以学生发展的进程为对象的评价,其目的是促进学生持续全面的发展。具体来说可以表述为,以促进学生发展为导向,运用现代教育评价的理论、技术和方法,对学生发展现状及潜能进行系统分析与价值判断,进而激发和培养学生自主发展的意识和能力,最终促使学生成为持续发展的个体的教育评价活动。所以,发展性评价是一种面向未来的评价,以形成性评价和诊断性评价为主,注重评价的"增值"功能。同时,发展性评价也是持续开展的动态进程,注重在发展过程中多次、即时、动态地实施评价,把终结性评价与形成性评价有机地结合起来,从而促进学生在原有基础上不断提高与进步。

发展性评价强调评价理念的转变,与之相适应,评价形式、方法必定会有所创新,但并不完全排除传统评价的基本技术和方法。从信息的收集、评价计划的确定、指标体系的制订,到评价的实施,原有教育评价的很多方法、手段都可以采用。与单纯的水平性评价和选拔性评价相比,其特殊性更多地表现在评价价值观的改变以及对评价结果的不同的解释和利用上。

第三节 教育评价的主要方式

任何一种课堂评价都需要有评价学生的具体内容,根据学生对评价内容的反应不同,具体可分为四种测评方式:选择性反应评价、论述式评价、表现性评价和交流式评价。教师在进行课堂评价时,要能够熟练地运用这些测评方式,以便连续、全面地评价每个学生的学习状况,让学生能够关注和把握自己的发展,并且帮助他们树立起学习的自信心。

下面,我们来分别介绍每一种测评方式。

一、选择性反应评价

(一)选择性反应评价概念

如果教师编制的题目是让学生从教师提供给他们的备选答案中选择出正确的答案,那就是选择性反应评价。比如,在做选择题时,学生必须从每个题目后面的备选答案中选出正确的答案;再如判断正误题,对于测验中的每一个题目,学生都必须作出"对"或"错"的选择。选择性反应评价通常评价学生对客观事实的掌握情况。在这里,我们把填空题也放到选择性反应评价中,因为填空题通常以考查的知识点为客观事实,并且是客观试题,即教师评分时只需要判断对错即可。

(二)选择性反应评价题型

选择性反应评价的测验可以使用选择题、正/误判断题、匹配题、填空题四种题型。

1. 选择题

要求学生从备选答案中选出与题干最相符合的选项的题型就是选择题。选择题一般由题干和备选项两部分组成。题干就是用陈述句或疑问句创设出解题情景和思路。备选项是指与题干有直接关系的备选答案,分为正确项和干扰项。选择题包括单项选择题和不定项选择题两种类型。

选择题可以测量从简单到复杂不同种类的学习结果,并且适合于大多数学科内容。不过需要注意的是,它只能测量从知识、理解和应用层面上较为一般的学习结果,无法测量学生更为复杂的学习技能。

2. 正/误判断题

判断题即是要求学生对所呈现的陈述句判断对错,答案只有两种,对或者错。判断题主要考查学生对一些比较重要的或有意义的概念、事实、原理或结论的掌握程度。

正/误判断题可以测量学生区分观点或事实的能力,如,问学生"地球是行星。"这句话是对还是错就只是一个了解学生是否知道某一事实的评价。它还可以用来测量一些简单的逻辑问题,比如原因和结果、相关与无关、假设与结论等,如,对"鲸鱼是哺乳动物,因为它们很大。"这句话的判断就包含着对哺乳动物特点的分析与掌握。

3. 匹配题

匹配题可以说是复杂的选择题,即同时提供一些题干和对应的答案选项,要求学生选出与题干相符的答案来。在一般情况下,往往答案选项的数目多于题干的数目,这样做可以使学生不能够用排除法做题。

匹配题主要测量记忆性知识,要求进行匹配的题目都是同质内容,并且在测验中容易出现为了编制干扰项而引入一些不重要的知识点的问题。所以,只有当满足考查知识点同质,并且所考查的知识点都为教学中的重要内容时,才选用匹配题。

4. 填空题

如果一个题目只要求学生提供一个词、短语、数字或符号作为答案,那么这道题就是填空题。在解答填空题时,学生必须靠自己回忆的信息或进行必要的计算才能完成任务。由于没有备选答案,填空题有效地避免了在选择题中经常出现的猜题情况。

填空题可以测量记忆性知识,还可以被用于测量数学和其他学科中相对简单问题的解决能力。

(三)选择性反应评价的优点及不足

选择性反应评价能够使学生在短时间内对较多题目作答,因而都是非常有效率的。同时这些题型可以用计算机进行计分。评分客观、信度较高,以及低成本高效率是选择性反应评价的主要优点。

但是,选择性反应评价也存在一些缺点。首先,选择题倾向于测量事实性的知识和低水平的技能,即检验学生对所学知识的掌握程度和辨别分析能力,而忽略了较高层次的解决问题能力和思维能力,也无法测量学生对学习内容的组织能力和观点表述能力。其次,选择性反应评价与教学目标很不相符,因为后者强调的是让学生自己去建构知识,以及他们自己的理解,而不是对零散的事实及程序性机能的积累。

二、论述式评价

(一)论述式评价概念

论述式评价用于考查那些无法转换为选择性反应评价形式的学业目标,比如,学生对于各知识点之间联系的理解。

(二)论述式评价题型

论述式评价包括两种纸笔形式的测验题目,即简答题和论述题,学生的书面作文也属于论述题的一种测验形式。论述式评价考查的是学生回忆、组织和整合观点的能力,用书面语言表达自我的能力,以及创造性地解释和应用信息而非仅仅识别这些信息的能力。

1.简答题

如果一个题目需要学生用自己的语言阐述一个原理或者一个事实性的知识,就是简答题,例如,请简述鸦片战争爆发的原因。

简答题主要用来测量学生对某一学科中的某一知识点的解释和应用的能力。与单个的选择性反应题目相比,简答题可以测量更为复杂的学习活动的成果,能够体现学生的思维和问题解决的技巧。

2.论述题

论述题要求学生用自己的言语自由地解释、连接和表达观点,考查的是学生的分析能力和高级思维能力。比如,在介绍简答题中所举的例子,如果课本中或者教师在课堂上曾经讨论过这一问题,那么学生的回答只是要证明理解了这一知识点而且能够用自己的语言将它表达出来,这就是简答题。如果课本中或者教师在课堂上并没有讨论过这个问题,需要依靠学生自己根据先前的相关学习经验,自己分析整理出如鸦片战争爆发的原因,那么这个时候就是论述题。论述题适合测量那些强调整合、组织和创造性的学习目标。

(三)论述式评价的优点及不足

论述式评价的一个主要优点就是它能够测量学生的综合学习结果,其中的论述题更强调思维技能和问题解决技能的整合与应用。尽管选择性反应评价可以测量学生学习结果的不同侧面,但是针对某个问题从整体上整合和应用知识和技能的能力,论述式评价更具优势。

此外,论述式评价具有编制方便的特点。课本上的一句话除去所要考查的关键词,就可以成为一道填空题;一个陈述句或者疑问句就可以变为一道简答题或者论述题。论述式评价节省了教师编测验的时间。

但是,由于论述题给学生提供了自由回答问题的空间,所以加大了教师评分的难度。我们曾经听到过同样的事情,就是学生的同一道论述题请许多不同教师评分,结果得到的分数差异很大。为了避免这样的事情再次发生,教师在编制论述式评价题目时,就要同时编制好评分细则。在评分时严格参照评分细则,避免教师主观因素的干扰。

选择性反应评价和论述式评价中的简答题是让学生在提供的多个答案里进行选择或者对问题作出简短的回答,通常被称之为"客观题",因为这类题目通常有一个正确的或者说最贴切的答案,评分者可以据此来迅速而"客观"地判断学生的回答是对还是错,答案的评分是"客观的"。我们可以利用这类题目有效地评价学生对真实信息、基本概念和简单技能的掌握情况,但却无法考查学生的整体技能。论述题虽然可以考查学生的高级思维能力,但是由于学生在文本上做答的形式,不能考查学生的实际动手能力和在现实生活中运用知识解决问题的能力。所以,也不能够全面地考查学生的知识和技能。

三、表现性评价

(一)表现性评价的概念

表现性评价就是让学生参与一些活动,要求他们实际表现出某种特定的技能或掌握的知识,或者创建出符合某种特定标准的成果或者作品。简言之,就是教师在学生执行具体的操作时直接观察和评价他们的表现。

表现性评价是与特定的表现性任务相联系的,就是为了评价和发展学生某一方面的能力和素质水平而设计的具体的考评活动方案。

(二)表现性任务的类型

表现性任务归纳起来大致可分为三类:

1.作品展示性任务

把自己的学习成果或作品进行展示,在教师、家长和同学们的评价中,找到不足之处,发现成功之处,进而激发学生学习的动力。作品和成果的展示可以是单项的,也可以是综合的。单项展示如绘画作品展示、书法作品展示、文本作业展示、模型作品展示、标本制作品展示、文学作品展示、校园书报编辑展示等。综合展示,如音像作品展示、科技制作展示、艺术作品展示、个性展示、创意设计展示等。成果作品展示给学生提供了再创作的机会。学生在成果整理和组织的过程中,根据现有水平不断地完善作品,感受成功,增长信心。

2.限制性表现性任务

限制性表现性任务通常具有较明确的评价标准,对任务内容或主题有明确的界定,任务的结构性较强。限制性表现性任务大多是经预先设计的、相对简单的任务。如写一份化学实验报告,完成一项标本制作任务,为所在城市制作一个月交通堵塞情况表,制订一项工作计划,等等。

3.扩展性表现性任务

扩展性表现性任务具有很强的综合性。与限制性表现性任务相比,扩展性表现性任务更综合,涉及面更宽泛,也更贴近现实生活。扩展性表现性任务给学生留有较大的自主和创作空间。学生根据任务的需要进行信息查询,收集资料,调研考查等。如:调查当地主要经济作物、观赏植物和珍稀植物,写一份考察报告;讨论机器人技术对人类道德观念的影响;做丹顶鹤栖息环境的实验;设计一份科学合理的一周健身安排;编一份保护海洋资源手抄报;设计一个商品客户满意率的调查方案等等。

表现性任务是为了达到某种教育目的,或强化某一教育意图而设计的。所以,选用哪一种表现性任务,要根据学生发展的需要,学生评价的需要和学校教育的实际而定,任务不可过难,过于复杂,也不可过于简单。

(三)表现性评价的优点及不足

表现性评价能够对重要的学习成果如写作能力、阅读能力、创新能力、合作能力、态度与情感等等作出评价。表现性评价方法要求学生组织并运用所学的知识和技能去解决一个问题或完成一项任务,即对某个问题作出详尽的书面回答或建构一个真实存在的成果来表现他们对任务的理解和掌握程度,而不仅仅是回忆和再认。所以这种方式能够更有效地考查学生对所学知识的理解和掌握程度。

但是,同论述式评价一样,在表现性评价中,教师需要把每个学生的实际表现同既定的评价标准相比较,然后判断他的表现水平,所以评价的主观性可能会带来有偏差的判断结果。因此,在进行表现性评价中,教师必须要制订严格的表现性准则和评分规则,并且把它们教给学生,以达到通过评价促进学生学习的目的。

四、交流式评价

(一)交流式评价的概念

交流式评价就是使用以交流为基础的评价方法来考查学生的知识和理解能力,还有推理能力和口头表达能力。教师可以在课堂教学和课后作业中,通过与学生的交流,获得关于学生学习状况的相关信息,从而评估学生的学习效果。

(二)交流式评价的形式

·交流式评价可以采用许多不同的形式,包括课堂问答、课堂讨论、与其他学生的交流和学生日记。

1. 课堂问答

教师向学生提出课前准备好的问题,观察学生的回答情况,根据内在的标准作出评价,然后推断出学生的掌握水平,并调整教学过程。这种方式可以促进学生的思考和学习,还可以为评定学生的成绩提供信息。

2.课堂讨论

教师根据要求学生掌握的知识搜集材料制订讨论题目,由学生分组对题目进行全方位的讨论,通过听取学生讨论的过程和结果,评估学生的表现,并推断每个学生或一小组的成绩。在这个过程中,教师掌握了关于学生成绩的大量信息,也提高了学生应用知识的能力。

3.学习日记

学习日记即学生通过书写日记的方式来与教师进行交流,分享重要的观点、经验,提出自己的看法和疑问。通过布置学习日记,学生可以练习重要的知识点,自己没有熟练掌握的难点,教师也可以从中得到有用的信息,并对学生给予反馈。

4.班会和面谈

班会主要是教师和学生探讨已经掌握的知识和还没有学会的知识。师生之间开诚布公地交流学生的学业水平,探讨学生已经掌握的知识、特殊的兴趣和需要,有利于营造良好的学习氛围。面谈主要是教师和一个学生私下的谈话,了解学生的特殊性,给予针对性的指导。班会和面谈都能够使学生正视自己学习上的优点与不足,具有学生自评的性质;同时,也给教师提供了有关学生学业的信息,不仅有助于推断学生的学业成绩,也使教师能够调整教学进度,进行有效的教学。

(三)交流式评价的优点及不足

交流式评价十分灵活,不管是课堂上,还是在课后,交流式评价都可以发挥它的作用。此外,学生可在交流式评价中获益,不管是整个班级范围的讨论,小组讨论,还是学生与教师两个人之间的交流,学生都可以成为自己学习的评价者。他们对自己的学习进行反思,并对他人提出自己的看法,不仅锻炼了口语表达能力和合作精神,而且对激发学习动机、培养良好的学习态度都有很大的作用。

当然,就像前三种评价方式一样,交流式评价同样存在不足。它的评价标准很难界定,并且组织性不强,也不够正式,难以排除教师主观因素的影响。所以,教师要有清晰的目标和合理的教学计划,并把教学目标化为具体的问题,控制好主观性等因素,力求得到准确、有效的信息。

教师在对学生进行评价时,需要根据考查的目标选择恰当的评价方式。比如,如果学习的结果是要求给一个词下定义,那么简答题是最合适的,而一道选择题就不能够有效地评价这一教学目标。如果学习的结果是从一个观点出发,培养收集、组织、综合和呈现信息的能力,那么表现性评价是非常合适的。

第四节 教育评价的一般特征

教育评价是以价值准则为尺度对教育的社会意义作出判断的复杂活动,它涉及教育目标、评价标准、评价对象、评价方式、评价内容、评价方法、评价过程诸方面内容。教育评价具有以下一些特性。

一、评价标准的社会性

教育作为一种社会现象,其过程和结果的价值大小、好坏优劣必须受到社会的检验与评判。教育评价是为教育目标的达成服务的,教育评价必须建立在一定依据和标准之上,任何一个教育评价的第一步就是确立评价标准,这个标准是教育目标、多种教育活动的目标、各科教学的目标,或者是教育方案实施目标的体现。因为教育的社会性、教育目标的社会性,评价标准的社会性也是不言而喻的。评价标准是以社会需要为基准而建立的,必然要受社会经济、政治及意识形态的制约。同时,也只有评价标准的社会性,教育的社会需求目标才能得以达成。

二、评价功能的多样性

教育评价对教育的作用是多方面的。在不同场合、不同时间使用不同的评价方式,就使评价有了不同的功能。从前面阐述的评价的多种类型,我们可以清楚地看到评价的不同功能。有时候,教育评价是为了"选拔适合教育的儿童",重在对儿童学力水平的鉴定和测量,目的在于筛选、甄别、选拔适合于接受高一级教育的儿童,是一种淘汰学力水平较低儿童的一种手段,在方法上偏重于相对评价和常模参照测验,其功能是比较、鉴定、选择。更多的时候,教育评价是"为了创造适合儿童的教育",目的则在于力求发现并选择尽可能适合的教育方式,从而使儿童得到全面的最大限度的充分发展。为此,教育评价还应更加注重改进、形成的功能。随着社会的发展和进展,教育评价的后一种功能,我们可以称之为发展性功能,在教育评价中占有越来越重要的作用和地位。

三、评价对象的全面性

教育评价的对象包括各种教育工作、各种教育活动人员和教育活动的起始与结束等。原来我们把评价集中在对学生的学业成绩的评定上,并以此为基础对教学计划和课程编制的优劣得失作出判断。现在看来这种评价活动已经远远落后于现实的要求。现在,教育评价拓展到整个教育领域,教育活动从宏观到微观各方面皆可进行评价。就算是对学生的评价,我们的评价内容也不仅仅是学生的学业,而应扩展到学生学习生活的方方面面。而且,我们不仅可以把单个学生作为评价对象,也可以以某组学生、某班学生集体作为评价对象。

四、评价的多主体性

我们原来的评价主体也是单一的,对学生的评价主体往往是教师,现在我们可以通过同伴互评、家长评价、学生自评等多种方式对学生进行评价。当然,我们也可能通过学生来评价教师的教学过程。因此,教育评价的主体不是单一的,我们应该从多主体、多渠道,从不同方面收集信息,综合地分析各种信息,对评价对象有全面、深入的了解,不能失之偏颇。

五、坚持评价的客观性

我们在评价学生的表现或任务时,必须按照客观的评价标准对其进行判断。这种判断的客观性,不能主观臆断或掺杂个人情感,只有评价具有客观性、公平性,才能够激发学生的学习动机,促进学生的发展。坚持客观性原则,就必须在评价方案的制订、评价指标体系的建立以及评价的实施等方面,采用科学的方法全面地反映评价对象的实际情况,并在此基础上作出客观、真实、正确的事实分析和判断。

六、评价方法和技术的多样性

从前面评价方法的介绍中我们可以看到:评价方式是多种多样的。简单地说有定性和定量两类划分。在教育评价发展史上,有很长一段时间,人们推崇以测量手段为基础的教育评价,推崇定量的方法,这的确是不可或缺的一个重要方法。但是,由于教育现象的复杂性,将之完全量化是不可能的。定性的方法对于客观地把握和描述教育现象是不可缺少的。现代教育评价越来越注重教育评价中定量和定性方法的结合。当然,我们还需要认识到,定量和定性方法又可细分出许多具体的方法,这些不同的方法各有其特点,重要的是在合适的时候选择合适的方法。

第五节 教育评价在教学中的作用

在许多教师的心目中,课堂教学与评价是教学过程中两个重要而不一样的内容。我们对学生开展日复一日的教学,到了某一单元结束、期中、期末,要对学生进行一次测验,以了解学生的学习水平,而且学生的学习水平还要以成绩报告单的形式报告给家长和学生本人,这样,教学和评价是不相交的。如果我们问自己一个问题:教学的主要目的是什么? 我想大家一定会说是帮助学生达到一系列既定的学习目标,进而促进学生的全面发展。而且随着新课程的推进,大家还认为这一教学目标应当包括学生在智力、情感和生理等方面的变化。其实,当以这样的视角来看待课堂教学时,评价就成为学与教过程中不可或缺的一个部分:相应的教学目标决定预期的学习成果,有计划的教学活动是不是带来教师所期望的学生的变化? 我们需要运用测验或其他评价工具定期地评价学生的学习进展才能回答这一问题。虽然学与教的相互依赖性是不言而喻的,但是教、学及评价之间的这种相互依赖性却较少被教师认识到。这里我们引用一些简化的教学模型,从中可以清楚地认识到教、学、评价教育三要素之间的互相依赖关系。

评价对教学的作用至少可以体现在以下方面。

一、确定教学目标

教学目标的确立是任何教学和评价的开始。教学作为一种有计划、专门化的活动,一定是有目标的,任何一位教师在备课时都会首先写上教学目标。从新课程开展以来,许多教师从原来只关注学生知识和技能的获得,开始关注三维目标的达成,开始关注学生在情感、态度、价值观上的变化,关注在学习方法的收获。但许多教师把确定教学目标看成是一种形式,很少去关心所确立的目标是不是可以评价? 当我们把教学目标和评价目标统一起来去考虑时,我们的教学目标就不会是一种形式,它是具体的、可评价的,最终我们也可以通过一定的评价方式了解到我们的教学目标是否达成。

```
┌─────────────────────┐
│     确定教学目标      │
└─────────────────────┘
           │
           ▼
┌─────────────────────┐
│    评估学习者的需要    │
└─────────────────────┘
           │
           ▼
┌─────────────────────┐
│     提供恰当的教学     │
│  1. 监控学习进度       │
│  2. 诊断学习困难       │
└─────────────────────┘
           │
           ▼
┌─────────────────────┐
│    评价期望的学习目标   │
└─────────────────────┘
    │        │        │
    ▼        ▼        ▼
┌───────┐ ┌───────┐ ┌─────────┐
│ 学与教的│ │打分并向│ │学校其他目│
│  改进  │ │父母汇报│ │的使用结果│
└───────┘ └───────┘ └─────────┘
```

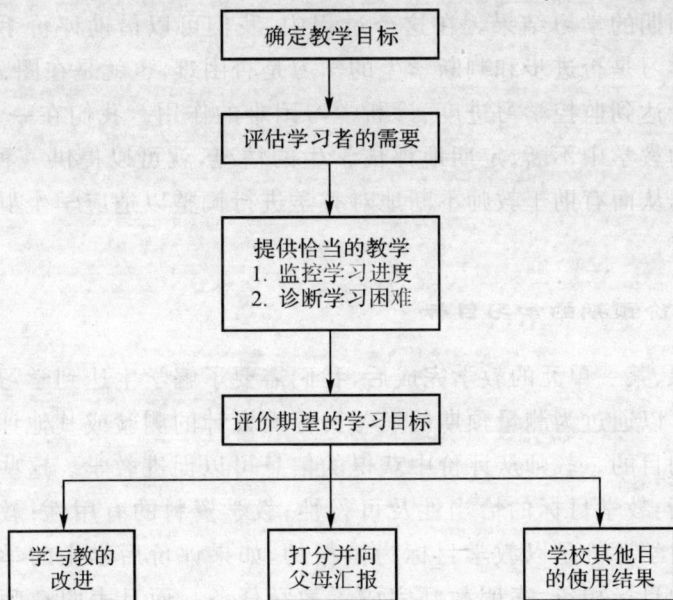

图1-3　简化的教学模型 [①]

二、预先评价学习者的需要

如果说教学目标的确立更多地来源于课程和教材,那么,在进行教学之前对学习者的需要进行评价才能真正确立我们的教学方案和计划。通过这种预先的评价,我们可以了解和诊断学生的优势和不足。教师一定要事先了解到学生已经能做什么,已经掌握了什么,还有哪些没掌握,这样才能使教学达到事半功倍的效果。当然,这些预先的评估是和接下来的教学密切相关的。通过评价,教师起码要了解以下两个问题:(1)学生已经掌握的知识和技能,也就是今后不必下大工夫的地方;(2)学生的薄弱环节,这是以后教学的重点。这些信息对教师都是非常有用的。

三、提供恰当的教学

根据教师预先的评定,可以确定教学方案和计划,然后教师可以提供恰当的教学。在教学开展过程中,评价同样能起到非常重要的作用。所谓恰当的教学是指把课程内容及教学方法整合进有计划的教学活动中,以帮助

---

　　① Robert L. Linn & Norman E. Gronlund 著,国家基础教育课程改革"促进教师发展与学生成长的评价研究"项目组译:《教学中的测验与评价》,中国轻工业出版社,2003 年版,第 31 页。

学生取得预期的学习结果。在这个过程中,我们可以借助评价手段用以检测学生的学习是否进步和判断学生的学习是否困难,也就是在图 1-3 中说明的使用评价达到监控学习进度、诊断学习困难的作用。我们在一堂课、一个教学单元的教学中不断、定期地评估学生的情况,就可以提供一种"反馈-改正"的方法,从而有助于教师不断地对教学进行调整以适应学生群体和某些个体的需要。

四、评价预期的学习目标

一堂课、某一单元的教学完成后,我们需要了解学生达到学习目标的程度。教师可以通过为测量预期的学习目标而设计的测验或其他评价方法来达到考查的目的。教师从评价中获得的信息可以促进教学。这些信息有助于教师判断:教学目标的恰当性及可行性;教学资料的有用性;教学方法的有效性。教学评价是以教学目标为依据的,如果评价后学生的学习结果与预期的教学目标相符,表明教师完成了教学任务。而且表明教师所确定的教学目标是适当的,教学资料的运用是合理的,教师所运用的教学方法是成功的。如果评价后学生的学习结果与预期的教学目标不相符,那么教师必须重新考虑教学目标、教学资料、教学方法三者中哪些存在问题,考虑如何进一步改进教学。因此,评价方法有助于教一学过程自身的改进。

同时,教学过程中的评价信息对学生也是非常重要的。由于评价内容本身就是评价者希望学生掌握的内容,而且评价活动中渗透着评价者的评价标准和评价目标,所以评价本身就能够给学生和教师带来很多有益的信息,促进学生和教师的进步。教师使用正确的评价方法,可在以下方面直接促进学生的学习。

(一)阐明期望的学习成果

教学评价需要一定的评价目标的引导,学生在参与评价的过程中,获得评价标准的信息,明确需要达到的学习成果,使学生的学习得到不断的强化与提高。

(二)提供学习的短期目标

学生通过分析评价结果,明确自己目前学习中存在着哪些问题和不足,并以此为根据确定近期的学习目标。

(三)提供学习进程的反馈信息

教学评价的结果为学生在学习上的进步情况提供反馈。通过教学评价,学生可以有机会了解自己学会了什么,学习的程度如何,是进步了还是退步了,是比别人学得好,还是比别人学得差。教学评价作为对学生学习结果的反馈,可以进一步增强学生的学习动机。

(四)提供必要的信息,帮助学生克服学习困难及选择今后的学习内容

通过教学评价进行信息的反馈,学生可以鉴定自己的学习过程是否有效。对于做得好的地方要强化,对于缺点和不足要纠正,使学习活动不断完善、改进和提高,从而达到更好的学习结果。

当然,评价结果也被用于打分以及向家长汇报学生的进步。学生学习的成长记录袋或成绩报告单(现在更多的学校称之为素质报告单)可以将学生的进步有效地传达给家长,不仅仅使家长了解学生各方面的表现,而且让家长明了可在哪些领域对学生提供帮助。

因此,通过前面的阐述,我们可以清楚地认识到评价和教学两者是合二为一的。评价贯穿于教学的全过程,对教学起着重要的作用。

第二章 发展性评价

第一节 发展性评价概述

一、发展性评价的基本概念

在基础教育阶段,学生正处在他们的童年时期——人生最美好的时光。在这段时间内的生活体验应该是完整的,是身心各方面处于轻松愉快的状态中得到全面发展的时期。任何对学生童年生活的割裂和限制都会有害于学生的全面发展。而现行的评价体系用简单化的评价代替内涵丰富的评价,使得完整的童年体验被简单的知识与技能的考试与评价分割得支离破碎,只能在极为有限的时间里去体验不考试的那部分。在很多时候,学生不能自由地享受与支配自己的爱好与时间,因为不列入考试与评价范围的生活内容与学习经验是得不到家长与教师的积极强化的。这种考试与评价体系虽然用量化的方法在某种程度上达到了选择与挑选优秀学生的目的,但只把少数人从多数中选择出来。因此这种考试与评价体系只"选择适合于教育的儿童",而不选择"适合于儿童的教育",严重阻碍了学生个人多方面素质的发展。这与整个社会对教育改革的要求和世界教育改革的趋势是格格不入的。发展性评价的一个基本出发点就是以学生的生活与学习的应有状态出发,力求使学校的考试与评估体系能符合其生活的真实要求,为学生的发展提供动态的、全面的、多元的评价信息,以学生素质的全面发展为最后目标,而不仅仅是以提供某一门学科的知识与技能的掌握为目的。

可以认为，学生具有很大的发展潜能，而这种潜能可以由于考试与评价方式与内容的影响而得到正负强化，从而既可能得到发展也可能受到忽视甚至抑制。但是，只要考试与评价组织得比较合理，合乎小学生的心理发展的特殊性要求，合乎素质教育和创新教育的要求，并以学生的全面发展为宗旨，就能开启学生素质的发展与创新能力的发展。因而评价体系不应只是一种单一的选择性、总结性的淘汰性质的评价体系，而应是以学生的各方面素质的共同发展为指向的发展性的考试与评价体系。因此要倡导发展性评价。

什么是发展性评价？要回答这个问题，首先要从发展两个字入手。一般而言发展主要指两层意思：一是指向前的意思，是指评价与考试要能把学生那些正在发展和发展过程中有用的内容测评出来，并根据这些信息推进发展，评价的内容是全面的、多元的，这个意义有别于现行的考试与评价只侧重于学科知识，考试的方式也只以标准化的纸笔测试为唯一的不科学现状。二是指动态的意思，是指要把每个学生作为发展中的人，要用发展的眼光看学生，这个意义有别于现行的考试与评价只提供静态的评价信息的现状。

显然，发展性评价是指以提供学生在完成学习与生活活动中所表现出的各种能力和心理特征的动态的信息为主要方式，以形成性评价为主要途径，为学生的各方面的发展情况提供全面的、多元的评估信息；这种信息的提供不仅是为教学提供依据，更是为学生自己能掌握自己发展过程中的情况服务。

以评价对象自身为价值主体的发展性评价，要求尊重并激发学生反思、改进、完善自我的需要。这既是一种教育理念，也是一种教育方法，应当将其融入真实的课堂，融入日常的教育环节之中，使其成为一种行之有效的教育工具。发展性评价强调对评价对象的人格的尊重，强调人的发展。它视学生为生命体来进行教育，而不是单纯的被评价者。发展性评价着力于人的内在情感、意志和态度的激发。这必须将教师对学生的评价置于富有教育意义的师生互动之中，强调评价过程中师生的心理条件及情感基础。依靠教师将教育目的、过程、结果和学生的生命发展联系起来，以人格建构和智能生成作为教育学生的最终目的，回归生命的本质。

二、在发展性评价实施过程中需要理清的几个关系

(一)评价与教学、学习的关系

教学和学习离不开评价,评价是对教学与学习起引导作用的一个很重要因素,可以利用其结果改进教学和学习。对于这两者关系的正确认识是进行小学生发展性评价研究的前提条件。

在以为应试而教、为应试而学的教学观占主导地位的评价体系中,考试与评价体系成了指挥教学和学习的力量;育人的评价就成了束缚学生发展的手段。在发展性评价中对评价与教学、学习的关系的认识是完全不同的。在这里,教学的全面性与学生发展的全面性指导考试与评价的全面性,而不是由狭隘的书面考试来决定内涵丰富的教学;其次是评价不仅仅是各种统计技术的集合体,它更是一种动态的连续观察过程,为教学提供最科学和全面、动态的信息,它应成为成功教学的基础。评价应成为自然的学习环境的一部分。如果可能,教育评价应该在日常活动的过程中不着痕迹地进行,应在个体参与学习的情境中"轻松"地进行。也就是说,教育评价应成为学校景观的一个部分,在评价中进行教学和学习,融评价于教学和学习当中,而不是如以往一样将教育评价从其他的教室活动中孤立、分离出来。

(二)考试与评价的关系

在日常观念里,中小学教师和家长以及小学生自己容易将评价等同于考试,甚至等同于书面的纸笔考试。这种错误观念在现实的教学中具有不良的后果,常常导致对学生评价的窄化。考试只是评价的一种方式,而书面的纸笔测试更是一种功能非常有限的评价方式之一。也即是说,评价的方式有多种多样的形式,而且在了解某些重要的信息方面,动态的全面的访谈与记录往往比传统的书面纸笔测试更为有效。

(三)形成性评价与终结性评价的关系

传统的评价观对评价的作用的认识是单功能的,认为考试是在某一个阶段的教学结束之后了解学生掌握程度的手段,这也是考试或者评价的唯一功能。事实上,考试与评价的功能是多向度的,至少在上述终结性评价之外,还存在着用于检查学生的进步情况,为师生提供有关学习过程中成败的连续反馈信息的形成性评价。从某种角度上看,任何评价都具有形成性评价的功能。

学生发展性评价研究不仅重视一般的学期末或年级末考试的终结性评价的作用,更要注重对平常的形成性评价所提供的信息。这种从形成性评

价中获得的信息对改进教学的帮助是制订学生发展性教学的主要依据。从这个角度看,形成性评价与终结性评价的作用是相辅相成的,其功能的不同侧重点为发展性评价体系提供不同的信息。形成性评价重在诊断,终结性评价重在评定学生在某一时刻的情况,这也即说明了考试与评价的功能是多向度的。

（四）评价的模糊性与精确性之间的关系

学生的发展是全面的,包括德、智、体、美、劳等方面。各方面素质在性质上有着质的不同,有的量化程度较高,可以以较精确的方式进行评价,有的则依赖于定性的模糊性评价。在同一类素质的评价上,也有着部分内容可以较精确地测定,而另一些部分不可能以精确的方式进行评价的事实。

这就涉及评价的模糊性与精确性如何运用和把握的问题。不能以其中的一种来评价所有的素质发展。如果一味地以精确性的评价来评估学生素质中不易量化的部分就难以达到评价的科学性,而对一些完全可以或可以采用精确性评价的部分如果采用模糊性评价的方式也同样难以达到有效的评价效果,反而难以起到认清事实的目的,使学生难以正确认识自己的发展程度,也给教师采用适当的教学措施造成了困难。这就要求在对学生的各方面素质发展进行评价的时候,不能固守一隅,要根据所测内容的具体情况灵活采用精确性评价和模糊性评价。

三、发展性评价的基本原则

（一）以发展为主的原则

著名教育评价专家布卢姆认为:"不能把学校看作是以供选拔的机关,而应把学校看作是以个人发展作为第一功能的教育机关。"发展性评价的宗旨是发展学生的素质,并最终能实现学生自主地利用考试与评价所提供的信息来调整自己的学习与生活各方面的计划,以便更好地促进学生的发展。对教师而言,就是在充分了解学生在各个方面不同阶段的发展情况的基础上,根据每个孩子的个性,有效地使用学习时间、学习场合、教授方法,启发学生的动机,利用合作学习、小组学习等方法进行授课和辅导,尽可能使所有孩子都能了解自己各方面情况的条件下掌握学习内容。要用发展的、动态的眼光看发展中的学生,少用标签式的评价,给学生以进一步的发展空间。

比如,学校和教师改变过去过分关注结果的观念与做法,重视学生学习与发展的过程,重视在教学过程中开展形成性评价,用作业、提问、观察、谈话等多种方式即时、动态地了解学生。有的教师还使用成长记录袋收集学生发展的过程性作品与资料,以便于考查学生学习与发展的轨迹。

又如,有些教师将学生在一个时间段内在某一领域的表现进行不断的评价和前后比较,借此判断学生在该领域的成长与进步,以及有待改进的问题,并明确进一步的发展方向。

采用发展性评价,淡化分数与比较,尝试用"等级加评语"、百分制及其他结果呈现形式代替过去单一的百分制评价做法,淡化形式之间的攀比和名次意识,提倡学生与课程标准比较,与自己过去比较。从而进一步提高自身的优势能力,使学生学会学习、学会生存、学会做人,为个体的终身学习打下基础。

(二)明确评价目标优先于评价过程

有效的评价不仅仅取决于所用评价方法的技术含量,还取决于对评价目标、评价标准的仔细描述。这两个方面同等重要,甚至后者比前者更重要。因此,在选择或形成评价方法之前应当具体说明所要评价目标的特性。这就意味着在对学生的学业进行评价时,在选择评价方法前明确界定预期的学习目标和评价标准。

(三)以过程评价为主的原则

发展性评价强调教育教学过程本身的价值,主张凡是具有教育价值的结果,都应当受到评价的支持与肯定。因而它坚持全程评价,即对学生一个较长时期内的发展情况进行考察、记录和评价,帮助学生清晰地看到自己成长的轨迹,引导学生在明确优势的同时也能发现自己的不足之处,以便增强其进一步发展的动力。评价活动不是在学习结束后进行的,而是贯穿于学习过程性的始终。学生的各个方面不可能完全达到我们所设定的理想状态,但它可以向这个状态不断地接近。它重在全面发展的过程追求,而不仅仅是一种结果。重在是否主动参与、乐于探究、勤于动手,是否具备搜集和处理信息的能力、获取新知识的能力、分析和解决问题及交流与合作的能力。

我们前面谈到的课堂展示性评价、作业展示性评价和成长记录袋评价都为发展性评价提供了过程性评价的方法,在评价中,突出了学生、教师在发展过程中付出的努力、获得的体验与取得的进步,而不是仅仅盯着最终的结果。在评价过程中,强调了学生和教师对自己发展轨迹的记录,并及时帮助其认识自己的优势和不足,使学生、教师在调节和改进中获得发展。

发展性评价重视形成性评价的作用,强调通过在学生发展的各个环节给予关注来促进学生的发展。但提倡动态的过程评价,不是只注重过程而否定结果的评价,更不是要纯粹地观察学生的表现,而是努力使每个学生在评价中获益以及坚持评价过程与评价结果的统一。

(四)评价多元性原则

就发展性评价而言,无论是其评价主体、评价内容还是评价方式上都体现了其多元性的特征。

1.评价主体

发展性评价主张让能够影响学生发展的人都成为评价主体。改变传统评价中学生对于整个评价过程都没有发言权,只是被动接受的评价对象地位。发展性评价特别注重发挥学生本人在评价中的主体作用,重视学生自我反馈、自我调控、自我完善、自我认识的作用。允许和鼓励学生参与进来,在与评价者的交互活动中反思评价活动本身的合理性,使得评价过程成为促进学生反思、加强评价与教学相结合的过程。

学生的自评、同学之间的互评、教师对学生的评价以及家长对学生的评价等都被包含在发展性评价之中。例如,在一次学校进行课间操队列比赛之后,教师让学生自己评价一下,今天你表现得怎么样? 一个学生就说:"今天,我刚想动,但想到一动就会给班级丢分,就忍着没动,我比以前表现好。"通过学生自我评价,不仅让他们能正确认识自我,更能看到自己的优点,增强他们的自信心。

通过同学们的评价,可以提高学生的判断思维能力、客观公正地评价他人能力以及营造取长补短、互相学习、互相监督的良好氛围。让学生在自评中自我完善,在互评中相互交流。一位教师发现一个平时纪律散漫的学生在主动帮助同学拖地,打扫卫生,便在班里讲了这件事,表扬这位同学能积极做好事。接着教师就让大家说说还发现这位同学有什么优点。于是,同学们你一言,我一语,"他总是帮助其他同学一起劳动"。"他有进步了,上课能主动举手发言了"。"他有时能完成作业了"。这位同学听了同学们的发言,激动地掉下了眼泪。

家长评价学生使得家长对学生的学习有更多的了解,教师也能从家长那里得到更多有关学生学习的信息,这无疑有利于促进家校之间的交流与合作。一位教师为了让家长全面了解孩子的在校情况,制订了每周评价表,对学生的学习、纪律和行为等表现进行单项评价,表现好的方面就盖一朵小红花以示鼓励,并为家长单独留出评价反馈的地方。一个学生是个比较内向的孩子,上课不敢举手发言。一次老师在他的评价表家长意见栏中看到这样一句话:"希望你能在课堂发言中得到一朵小红花!"当教师发现这位同学有几次能举手发言时,便在评价表上课发言栏中写道:"有很大进步!"家长又这样写道:"下周一定要得到发言这朵红花!"这位同学后来不但上课能主动举手发言,而且有时着急得站起来,他十分努力地要得到发言这朵红花。

2.评价内容

评价的内容不止是个别的学科,也不止是认知和思维能力,而是一个包含学生各方面发展素质的体系。不仅重视学科知识掌握情况的评价,也注意能力的评价和情感体验、意志力、生活习惯与学习习惯等内容的评价。要以各门学科的基本内容为基点,对学生的身体、心理、品德、动手能力、审美素质和活动等方面都进行评价,以此来衡量学生是否全面发展。

3.评价方式

在评价方式上除了应用我们熟知的考试与测验以外,更多地倾向于采用"质性评价"。所以,改变以往将纸笔测验作为唯一获取主要评价手段的现象,运用质性评价方法对学生进行评价,比如运用成长记录袋、观察、访谈等方法来评价学生。目前所推行的等级加鼓励性评语的评价方式也是定性调整定量的范例。这些质性资料可以清晰、完整、准确地记录被评价者成长与发展的过程,它还能促使评价者从发展的眼光提供评价意见,使评价不仅记录成长,还促进成长。

(五)进行情境性评价的原则

传统的测验条目因其缺乏与现实生活的相似性,学生在测验中所得的分数对于他们的未来生活的表现很少具有预见价值。

而学生对学习内容的认知和学习,其能力的各种表现与其所发生的情境有着密切的联系,因此对学生的评价也应在真实的情境中获得。评价的情境愈接近真实情境,愈能显示出学生真正学会的是什么,也愈能把学会的知识、技能和态度等方面内容真正应用于未来生活。如果无法获得真实的情境,就要尽可能模拟真实的情境。要在情境中获知其实际表现的过程,用"实作评量"来展示学生的各方面发展。

发展性评价通过一系列评价任务的设计,来反映学生在解决问题过程中所表现出来的收集资料、分析、判断、推理、归因等能力,从而全面、深入、真实地再现教育现象的复杂性,更好地反映学生的整体水平。发展性评价要求学生由被动的反应转为积极主动的参与,要求学生通过各种方式来展示和表现自己的所学所能。这种关注点的转移,对于学生来说,在降低测验焦虑的同时也增强了他们的自尊心,从而使得学生学习的重点转移到了能力的培养而不再是枯燥的分数。

发展性评价通过设计与学生生活紧密联系的评价任务,来统合学生的生活世界和科学世界,使所得的评价结果更有意义和预见性。下面是两个情境性的评价任务:

我们家附近存在各种各样的污染现象。请找出其中一种污染源,并想出尽可能多的方法去解决这个污染问题。请将你的结论向全班同学作一个口头报告。

小红在考虑是否买一张公共汽车月票。公共汽车的月票要 72 元,如果不用月票,搭乘一次公共汽车要 2 元。每周的周一、周三和周五小红都要坐公共汽车上下学,其余的两天她坐地铁上学,放学是搭姐姐的车。小红是否应该买月票呢?请画一幅流程图来说明你的理由,标出关键点,以便其他人看后也能得出同样的结论。

通过情境性评价任务的问题解决过程或高层次的思维活动不仅可以帮助学生知道自己能做什么,同时也使得教师能够更充分地了解学生对问题的理解程度、投入程度、解决问题的技能、自我表达的能力以及学生的学习结果等。

(六)坚持单项评价与整体评价相结合原则

一般地说,单项评价是指对评价对象某个方面的评价,整体评价是指对评价对象进行完整的系统的评价。因为学生的能力是多元的,而这些能力又有相对的独立性,如口语表达能力、数学能力、文学素养等。通过单项评价,不仅能为改进某一方面的学习提供依据,而且能使被评价者从中看到成功或吸取教训。同时,学生的能力又是一个极其复杂的系统,虽然各层次各方面的能力具有一定的相对独立性,但它们又是相互联结在一起的一个有机整体。因此,在对各个方面、各项能力进行单项评价的基础上,必须对学生学习的成果进行整体评价。一般地说,单项评价是整体评价的基础或手段,整体评价是单项评价的发展。因此,只有把单项评价与整体评价两者结合起来,才能提高学生的能力发展水平和质量。

总而言之,发展性评价倡导将调整、改进作为评价的主导功能,使评价者和被评价者通过知识、技能、方法、态度、情感等各个方面考察和评价学生的学习过程,并不断收集来自学生的反馈信息。在此基础上建构起发展性评价体系,了解学生的发展状况,客观地评价学生,使学生正确地认识和悦纳自我,促使学生健康发展。

第二节 发展性评价的特点与实施过程

一、发展性评价的特点

教育评价按其功能来分,一般可以分为选择性评价、水平性评价和发展性评价。选拔性评价和水平性评价在人员选拔、教育质量监控、教育管理等方面都可以发挥其相应的作用,因此被教育行政部门、学校、教师在评价地区、学校、教师、学生时所广泛采用。但是由于这两种评价往往存在着一定的利害关系,从而导致评价往往是自上而下的、重终结性而轻过程性,被评价者往往处于弱势,承受着很大的心理压力,对评价感到担心、焦虑。有时为了自己获得一个好的评价结果,会抱着应付的心态,掩盖真实的情况,从而使评价者不能得到真实的评价信息,发现不了真正的问题。这样,评价对评价者和被评价者双方都不能起到改进和发展的目的。当教育评价以选择性和水平性评价为主要手段时,评价就不能发挥其应有的作用。正如日本教育评价专家梶田叡一所指出的那样:"无论是考试还是成绩评定,现在的教育评价都带有只是依据某一期间的教育成果来确定与他人比较中所处位置的浓厚的审定总括性质,而对教育活动本身的改善却不起任何作用。所以,教育评价在多数场合下最终只能起着各种意义上的分等划类的作用,没有成为具有教育意义的、能进一步促进学生成长发展的评价。"

发展性评价的主要作用和功能是诊断、激励和改进。发展性评价要求获取真实信息,对信息进行分析、比较,并寻找原因,评估进展,检查所采取措施的有效性,监测可能发生的变化与随时可能出现的新问题等等。因此,发展性评价才是教育评价最主要的形式和方法。除了在总结性评价时我们可以采用选择性评价和水平性评价,而在日常教育教学中,我们一定要广泛采用发展性评价。发展性教育评价具有以下特征:

1. 以促进被评价者的全面发展为出发点;
2. 评价的目的是为了促进目标的实现,而不仅为了检查和评比;
3. 具有明确、具体的阶段性发展目标;
4. 重视被评价者在评价中的主体作用;
5. 重视被评价者的起点与发展过程中的各种问题;

6.重视被评价者的差异及其发展的多样性；

7.采用多种方法，实施即时、动态、多次的过程性评价；

8.根据评价结果提出具体的、有针对性的改进建议。

二、发展性评价的评价方法

在传统评价方法中，纸笔测验是现有评价模式中的唯一评价方法。它在评价学生知识技能掌握程度上具有得天独厚的优势，但对学生的实践能力、学习习惯、态度、方法、交流能力等其他一般性发展目标却无能为力。而发展性评价不仅重视量化信息的收集，而且也重视质性评价方法的运用，力求定性与定量的有机结合。因此，多样化的评价方式，是发展性评价顺利实施的必然选择。如形成性评价、观察、访谈、自我报告、成长记录袋、表现性评价等方法都是教学活动中经常使用的评价方式。

（一）形成性评价

形成性评价注重评价的诊断作用，它评价的是一个较短时间阶段的学习效果与教育教学目标之间的一致性程度。通过实施形成性评价，教师能够注意到学生的学习过程，及时调整教育教学方法和进度，以达到教育目标。学生也能够通过形成性评价有效调控自己的学习过程，使学生获得成就感，增强自信心，培养合作精神。比如，平时课堂上的课堂提问与练习，课后的作业考查都属于形成性评价。

（二）成长记录袋评价

在学校，学生的学习习惯、学习基础存在着很大的差异性。但学生的智力水平差距并非想象的那么大。部分学生之所以成绩差，是因为他们没有找到适合自己的学习方法，没有养成良好的学习习惯，在传统的评价方式中，很容易就造成了"两极分化"现象。我们选择成长记录袋评价进行讨论，是因为成长记录袋评价的一个重要原因是它能够促进学生自我反思，让每个学生都能从评价中找到自己的优缺点，让学生的学习更自信，更自主。学生学习日记、平时的作业、课堂上的练习、其他人的评语，都可以作为成长记录袋内容的一部分。

（三）非正式评价

学生阶段，是其思维的形成阶段，学生的学习容易受到各种外部因素的影响，而传统的正式纸笔测验是无法全面了解学生的。然非正式评价能够让教师和学生面对面的接触，比如观察、交流和访谈，都可以了解到学生的情况，以帮助学生提高，促进学生发展。许多时候，非正式评价比正式评价更能体现评价的教育性。

例如,一位同学发现地面有纸就主动捡起来,发现桌子被碰歪了就去摆正,教师观察到这一行为,就当即在同学面前表扬:"小阳关心集体真主动!"之后,每回小阳发现地上有纸,桌椅歪了,总要捡起废纸,摆好桌椅。又如,6岁的小安自我中心意识较强。某日,班上小军不小心踩了一下她的鞋,还没容得小军道歉,小安便转过身去朝着小军的脚狠狠地踩了好几下。小军委屈地哭了,小安还是愤愤不平。老师见此情景,面对小安脸色阴沉下来,说:"小安,你怎么能这么做,对你的做法我很生气。"显然,小安知道她这样做是错误的。这些例子都很好地说明了非正式评价对促进学生树立正确情感态度价值观的重要作用。

(四)表现性评价

表现性评价就是让学生参与一些活动,要求他们实际表现出某种特定的表现性技能,或者创建出符合某种特定标准的成果或作品。简言之,就是我们在学生执行具体的操作时直接观察和评价他们的表现。

在传统的学生评价中,教师习惯于对学生的知识和技能进行量化考核。而在表现性评价中,教师可以发现学生的个性特长,了解学生在某一方面的努力和进步,发现学生有待解决的问题,明确学生发展的需求,给学生以合适的帮助。就家长而言,在赏识和评价孩子的成果和作品的同时,可以了解和激励孩子的进步,了解孩子需要的帮助。同时,家长有较多的机会参与任务的完成,进行交流,教孩子学会修正和完善。就学生而言,他要在完成表现性任务的过程中,不断地自我审视,自我评价,倾听意见,借鉴、学习,完善作品,得到主动发展。表现性评价还是学生间相互合作、共同研究、学习借鉴的过程。学生在创作实践过程中,为了使自己的成果和作品更加出色,会认真听取同学的建议,借鉴别人的长处,合作进步,共同发展。

三、发展性评价的过程

(一)明确评价的目的

首先我们应明确评价在这里所发挥的功能是什么,教师希望通过评价获得什么信息。

评价的功能是多样化的,发展性评价主要关注的是评价诊断、激励和发展功能的发挥,但并不等于不要其他功能。我们必须根据工作的需要和学校的实际,多方面、均衡地发挥评价的多种功能。

此外,评价的组织者还要考虑实施评价需哪些具体的目标,比如将评价过程中收集的资料作为与家长沟通的渠道；通过评价促进教师的自我反省，培养教师的自我反思和驾驭课堂的能力等。这都会在一定程度上影响评价的其他环节。

（二）明确评价的内容和标准

确定评价的内容主要是根据国家的有关文件，比如《基础教育课程改革纲要（试行）》，各学科的课程标准或教学大纲等，还要注意学生的具体特点和地域特点。发展性评价虽然倡导评价内容的多元性，但是对所评价的内容要给予客观的评价，要纳入客观的评价指标体系。

一个好的评价标准应该是具体、明确、易于操作的。如果一个评价工具的内容和标准含糊不清，就很难保证评价的效度。所以教师在制订标准时，一定要尽量地用客观和具体的语言制订评分规则。

（三）选择评价方法

当评价内容和标准确定之后，我们就要考虑选择哪种评价方法了。在发展性评价中，评价的方法是多样的。

目前，许多新兴的评价方法，如成长记录袋、表现性评价等都可以用来作为发展性评价的方法。不过任何一种方法都不是万能的，不可能解决评价中的所有问题。任何一种评价方法都有其优势和局限性，我们必须结合教学实际，选择合理的评价方法或其组合。传统的纸笔测验，在评价中仍可发挥重要的作用。

以上三个步骤完成之后，就应该形成一个评价检核表，包含评价目标，评价的内容和标准，以及评价方法。

表 2-1　某学校英语科目运用发展性评价促进学生发展的实施细则

英语科目发展性评价实施细则：

1. 课堂评价操作模式

（1）每天进行英语课堂评价，可针对学生预习课文、学习态度、课堂活动、任务完成、小组合作情况、活动探究与参与意识、知识和能力提高等方面的一部分进行评价，但每周要把每个方面都至少评价一次。评价方式包括：自我评价、小组评价、家长评价、教师评价，并附有评语。

（2）每周进行一次学习小组合作互评，其中包括：参与意识、乐于助人、小组合作表现等，并附有评语。

（3）在英语课堂上的学生表现互评表。

（4）在英语课堂上的学生竞赛评价表。

（5）在英语课堂上的小组周竞赛评价表。

续表

---

(6)在英语课堂上的学生学习行为评价表。

2.课下活动记录与评价

(1)表现性任务

在教学开始前,教师和学生共同制订表现性评价准则和评分标准,学生分阶段完成各表现性任务,教师根据标准进行评定。

(2)作业评价

①评价形式可以用符号性质表现,比如笑脸,也可以根据学生作业情况打出等级ABC等。

②根据作业的状况写出有针对性的评语。

(3)家校联系表

根据英语作业的形成大部分是课外完成的,而在此期间,家长是学生学习过程的最好的观察者和监督人,为此,设计家校联系表,要求家长监督观察学生完成课外作业的情况,及时反馈信息,让老师及时了解学生课外完成作业的情况。

(4)学生英语学习日记

学生可以记录每天的学习心得,也可以提出学习上的疑问,或写英语日记。教师通过日记与学生交流观点,解答疑问,提出建议。

3.纸笔测验评价

期末成绩报告单:其中除笔试成绩外,有希望寄语、发展目标等评语。

4.学生成长记录袋评价

(1)学生自评

①成长过程记录:包括自我评价、同伴评价和教师评价,评价方面有:能力培养、学习方式、学习成果。

②记录成功、难忘瞬间:如,一次精彩的演讲、一次成功的合作、一次满意的成绩,一次老师的表扬等。

③记录点滴,反思积累:如课堂练习得分,自己的满意程度;课后作业得分,自己的满意程度等。

(2)小组合作竞赛评比

包括:学生的参与程度、小组的合作精神、学生的探究意识和能力提高等。

(3)家庭评价反馈

包括:预习课文、记忆单词、课后作业、课外阅读、课外拓展运用等。

学生的成长记录袋力求真实、全面、完整地记载学生成长的整个过程,成为学生成长真实的记录集。

(四)收集和分析相关的数据和资料,达成评价的结论

传统的评价更多关注的是结果,因此往往是采用终结性评价,即一次性地收集信息分析结果。在发展性评价中,我们关注的是发展变化的过程,因

此收集与分析相关数据和资料就变得十分重要。

不同的评价方案中,收集数据和资料的方法各不相同。从来源上看,它们可以来源于学生、教师、家长。从性质上看,它们可以是量化的数据,也可以是质性的资料。我们可以使用传统的观察、访谈和问卷等方法,也可以使用成长记录袋、表现性评价等新兴方法。

评价者在分析这些收集来的数据和资料时,要用发展的眼光来审视评价对象的发展过程,发现评价对象的优势与不足,诊断其原因,并且在此基础之上提出合理化的改进建议。此时,一个评价结论就基本形成了。

(五)评价结果的呈现与反馈

传统的评价结果往往以通知单的形式提供给相关人员。比如在学业评价中,评价结果通常是以成绩通知单的形式呈现的。在发展性评价中,评价结果的呈现与反馈被当作是深化评价效果的一个重要组成部分,所以必须引起教师们的足够重视。

首先,从评价结果的呈现来看,呈现的内容不仅要有定量化的分数信息,还要有描述性的过程分析与改进建议;呈现的形式上要体现对评价对象的尊重和关怀,无论是书面语言还是口头语言都要有激励性。

其次,从评价结果的反馈方式来看,应注意:

1.需要反馈所有的评价结果吗?

2.是即时进行反馈还是过一段时间进行反馈?

3.是公开进行反馈还是私下进行反馈?

4.是书面反馈还是口头反馈?

5.是正面激励还是提出批评?

6.是使用数量化的等级分制还是使用描述性的语言?

7.需不需要与相关人员进行反馈与沟通?

8.反馈后若有消极效应应该如何消除?

我们要根据实际情况来选择具体的反馈方式,增进评价者与被评价者之间的沟通和相互理解,促进被评价者正确地认识自我,激励其改进与发展,促进其在原有基础上的进一步发展。

发展性评价的实施过程可以用图 2-1 加以总结。

```
┌─────────────────────┐
│     明确评价目的      │◄──────────┐
└──────────┬──────────┘           │
           ▼                      │
┌─────────────────────┐           │
│  阐明评价的内容和标准  │           │
└──────────┬──────────┘           │
           ▼                      │
┌─────────────────────┐           │
│  选择评价方法并收集资料：│          │
│  纸笔测验、表现性评价、成 │          │
│  长记录袋、作业……      │           │
└──────────┬──────────┘           │
           ▼                      │
┌─────────────────────┐           │
│    结果的呈现与反馈    │           │
└──────────┬──────────┘           │
           ▼                      │
┌─────────────────────┐           │
│  学生针对性地改进学习  │           │
│  教师针对性地调整教学  │───────────┘
└─────────────────────┘
```

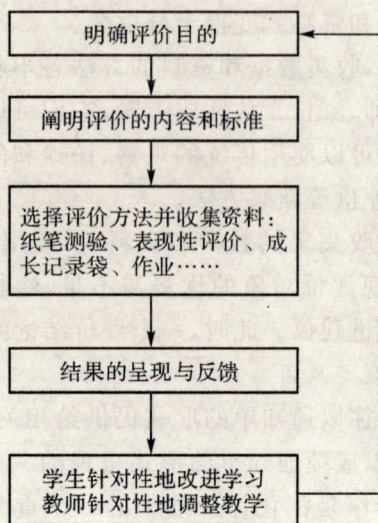

图 2-1　发展性评价的实施过程

第三节　发展性评价实施中需注意的若干问题

一、实施发展性评价过程中存在的一些问题

发展性评价要求在目标、评价内容、评价方法、评价结果的表达和利用上都要有利于学生的改进和发展。为了达到促进学生发展的目的,发展性评价要求有明确的评价标准,评价内容恰当,合理运用多种评价方法;评价结果呈现方式恰当,对评价结果进行合理地分析、解释;结果反馈恰当,评价结果使用恰当。

发展性评价的倡导和实践使我国评价改革有了突破。伴随着教育改革的深入,新的教育教学目标逐渐被大家所认可。在评价标准上,人们普遍认识到要在新的人才观、质量观而不仅仅是用学生的学习成绩来评价学生、教师和学校,开始重视对综合素质的评价,普遍采用素质报告单(册)代替传统的成绩报告单。激励式评价的理念被广泛接受,广大教育工作者认识到要懂得鼓励学生,表扬学生。要让学生有更多的成功体验,让学生从中感受到成功与喜悦,获得自信与自尊。评价方式更加多样化,人们认识到单纯的纸笔测验存在着相当的局限性,开始更多的强调质性评价,成长记录袋得到广泛运用。评价主体从自上而下、单一评价者的方式转变为多主体评价,同时被评价者自身也积极参与到评价中来,自我评价得到广泛使用。为了改变"分分计较",评价结果用等级制代替百分制。评语由千篇一律、居高临下式的面孔向谈心式评语转变。评价结果不仅仅为了比谁好谁不好,更是为了促使教师反思自己的教育与教学,同时也反馈给学生,促进学生自我反思和改进。这些评价改革对新课程改革和素质教育的实施起到了一定的促进作用。

但是对照发展性评价的要求,从近几年我国发展性评价实施的实践看,也存在着许多亟待解决的问题。限于篇幅,本书选择其中一些主要问题进行讨论。

在教育和教学的许多环节中,评价目标还过于笼统、不具体、缺乏操作性,许多时候,被评价者常常不了解具体的目标和标准,使评价失去了其应有的导向作用。尽管从大方向上,我国学校教育的目标是要促进学生德、智、体、美全面发展,在学校教育中开设的每一门课程也都有相应的课程标准。但在一些具体的教育教学过程中,教师和学生常常只了解教育要使学生达成的诸多重要学习品质的笼统概念,如写作能力、合作性、创造性等等,至于这些具体概念到底是什么却缺乏操作性定义,更没有明确的标准。这样,也就无法正确地评判目标的达成度,许多时候教学和学习成了一种"神秘游戏"。教师说不清、学生不理解、家长不清楚评价结果诸如"优、良、及格、不及格"的确切意义,其评价结果也失去了评价的本义。

日常评价资源不能得到很好的利用,评价成了在教育教学之外额外加进去的一部分。许多地方所谓的评价改革已经成为学生、教师、学校甚至家长的沉重负担。在许多地方,有关部门或学校设计了许多评价表格,有的甚至是一批小册子,让学生、教师、家长每天填上若干个项目,或对自己的行为进行评估,或对同伴进行评估,或作为家长对自己的孩子、孩子的教师、学生进行评估等等,给学生、教师、家长都增加了非常多的负担和压力,令人烦不胜烦,引起学生、教师、家长的反感和抱怨。

成长记录袋的使用存在着形式主义倾向。随着新课程改革的实施,成长记录袋得到广泛使用,并且有越来越流行的趋势,甚至从某种程度上,成长记录袋成了评价改革和发展性评价的代名词。确实,成长记录袋有非常重要的作用,但其作用的发挥取决于在教育实践中是不是正确地使用了成长记录袋。而从目前现状看,成长记录袋并没有发挥其应有的作用。成长记录袋的误用体现在成长记录袋的建立和成长记录袋的利用两个方面。有人认为不管具体的实施结果怎样,记录袋的存在本身就是对学校教学质量的保证,这是一种很危险的倾向。每个记录袋实际上都是相关作品的一个集合,其中每件作品都只能代表学生某一方面的学业信息。在实践中我们看到,一些学校要求教师为每个学生建立一个记录袋。结果,许多教师建立的成长记录袋是一种综合性的、全包含式的"大型记录袋"。还有许多学校和教师,为建成长记录袋而建成长记录袋,资料收集好了,成长记录袋也建起来了,工作也就结束了,不知道收集资料为何用,忽视了成长记录袋的使用功能。这些都影响了成长记录袋作用的真正发挥。

对等级制和百分制的认识不尽正确。原来对评价的量化结果常常采用百分制,后来大家普遍认识到百分制容易引起"分分计较",容易使大家把注意的焦点集中在单纯的学习成绩上。因此,在许多地方,用等级制代替百分制被作为评价改革的一项重要内容。但并不是在所有情况下等级制都优于百分制的,在不同的情况下评价结果的表达方式要正确选择。

激励式评价存在庸俗主义的理解。长期以来,我们对学生的评价往往不能起到很好的激励作用,许多时候还严重挫伤学生的自信心和学习的积极性,表扬仅仅成了学习成绩好的学生才能获得的专利。鉴于此,从新课程改革实施以来,我国教育界积极倡导激励式评价,让每一个学生在激励式评价中获得自信与进一步发展的动力。但从近几年我国的教育实践看,由于人们对激励式评价和表扬的本质理解存在着片面性,存在着从一个极端走向另一个极端的现象。许多人在认识和行为中存在着诸多误区:如把激励式评价等同于表扬,认为表扬就是越多越好,激励式评价不允许批评等等,课堂上是响成一片的"棒棒棒、你真棒"这样的表扬声。这些错误的认识和行为产生了许多负面的作用。

谈心式评语的写作缺乏基本的规范。为了改变过去千篇一律、居高临下、评判式的评语,新课程改革后我们倡导谈心式评语。谈心式评语采用更人性化的语言表达、更注重突出学生个性、更注意发现学生的长处和闪光点。但目前谈心式评语写作缺乏基本的标准,许多教师在写评语时非常随心所欲,用的语言文学色彩很浓、语气非常夸张,有的写上"你有一双水汪汪的大眼睛",有的说学生"气质美如兰,才华阜比仙",有的只写优点,不写缺点,还有许多教师反映要写这么多学生的谈心式评语写不出来、压力很大。

可见,在实施过程中,由于理论理解的不够深入或实践上的技术问题,发展性评价并没有收到预期的良好效果,仍然面临着很多挑战。

二、更好地实施发展性评价的部分策略

为了让大家从理论上认识发展性评价的真正内核,在实践中正确实践发展性评价,针对我国发展性评价实践中存在的一些问题,我们认为需要特别注意以下一些内容。

(一)让评价成为教育中自然情境的一部分

教育评价应该作为教育过程的一个环节,成为教育情景中自然的一部分。教育评价不应该从其他的教室活动中孤立、分离出来,应该在日常活动过程中不着痕迹地进行,应在个体参与学习的情境中"轻松"地进行。评价目标始终贯穿在教育与教学的过程中,但评价除了要有明确的目标外,还需要有相应的评价方法。许多时候,除了传统的纸笔测验,我们会常常为没有更多的评价方式可以选用而感到苦恼。正因为如此,人们才会设计大量的评价表格让相关人员频繁地填写。其实,在我们日常学校教育教学中,有相当多的有效评价方式可以用来收集相应信息。通过和学生谈话、观察学生课堂的行为表现、评判学生作业、和家长交谈、通过问卷调查等等都可以了解学生的发展状况,了解学生对学校、教师的期望和意见,了解家长对孩子的看法,家长对老师的意见和想法。这些评价方式,常常可以自然地融于教育情境之中,同时这些方法也很好地体现了评价的过程性。

以前,我们很少把人际交流看作是一种"评价",但事实上,这是一种评价方法。通过与学生交谈,教师可以获得关于学生学习状况的大量有用信息。教师们通过提问、听取回答来评估学生的学习效果或者组织一些讨论会,以得到有关学生学习状况的信息。如果交流的重点突出、倾听积极、有慎重的结论,与学生的交流和学生间的交流就是评价学生学业表现的有效和可信的工具。我们可以通过课堂问答、班会、课堂讨论、口头测验、日记和学习日志等等方式与学生进行交流,这些方式都能提供有价值的信息,前两年所倡导的"苏格拉底问答法"是其中的典型例子。只要正确使用这些评价形式,我们就能了解到诸如纸笔测验等方法很难考查到的一些成绩纬度,那种设计大量的表格让大家每天填写的现象必须得到改变。

(二)开展"基于标准的教学"

在教育中实践"基于标准的教育"或"基于标准的教学"。将教育教学目标转变为具体化、具有可操作性的、切实可行的标准和相应的评分准则,并将这些标准和评分准则贯穿在教育教学的始终。

如果我们不去花时间弄清楚什么是好的作文、好的演讲、好的舞蹈、好

的唱歌……我们就不能"教"学生达到好的水平。为了让学生达成最终的目标,我们必须让学生们了解所谓"好"的含义和准则。如果在一所学校或在一个班级中,教师和学生在教学和评价中使用合格的标准和评分准则,教师、学生和家长都很清楚地知道要达到什么目标,教师就能专注于教学并能有效追踪学生的进步,学生们也能进行准确的自我评价和进行更好的自我修正。规定明确的评价准则和评分指南不仅能在教学结束后提供评估的工具,还有助于明晰教学目标,甚至自身成为教学目标。高质量的评价准则能帮助教师们回答下列问题:教学的期望目标是什么? 我们的评价标准是什么? 什么是良好的表现? 我想完成什么任务? 什么样的反馈能在下次提高学生的成绩? 我的学生的能力处于哪种水平,如何进行下一步教学? 我的教学有效吗? ……这些问题同样适合于学生进行自我反思。

(三)正确使用成长记录袋

一份成长记录袋就是"一个学生作业和表现的专业收容库,可以告诉你关于这个学生的努力、进步或学业成绩的经历"。成长记录袋很好地体现了诸如"质性评价、过程性评价、自然情境下的评价、学生参与式评价、激励式评价"等发展性评价的理念,所以才会被人们认为是发展性评价的代名词。的确,只要操作得当,记录袋不仅可以帮助教师发现学生的进步之处或者还需要提高的地方,起到诊断的作用;还可以帮助学生分析自己的作业,比较一段时间内学业上的进步,得出有关自我成长的结论。

(四)采用多种评价方法收集信息

发展性评价注重对学生发展过程的关注,注重利用评价促进学生发展,它鼓励大家使用各种能在学生发展过程中广泛收集真实信息的评价方式和手段。当然在收集到这些信息后它不是为了比较谁好谁不好,不是为了给学生来个排队,而是采用恰当的方式让学生了解自己与目标的差异,激励学生进一步为了目标去努力。在实施发展性评价的过程中,我们一定要注意学生作品特别是学生作业对评价的作用,还要注重学习日记在发展性评价中的作用。

(五)合理选择使用等级制和百分制

百分制和等级制是评价结果表达的两种量化方式。这些年,评价改革的一项主要内容就是实行等级制,因为百分制容易引起家长、学生、教师"分分计较",增加了教师、家长,特别是学生的压力。变成等级制以后,学生的比较就相对模糊。的确,用等级制代替百分制,在某种程度上是一种积极的评价改革。但是百分制变等级制,并不是说所有评价问题都解决了,更不是在任何时候等级制都优于百分制。

百分制变等级制,只是一个记分方式的变化,是人们得到的评价信息由精确向模糊变化。如果从更好地认识学生或帮助学生认识自己、促进学生发展的角度讲,有时恰恰需要比较精确地知道学生在各方面的发展情况。如果教师能够真正理解用百分制给学生打分的目的是要知道学生的发展状况,以便最后采取措施去帮助他,用百分制也是可以的。其实,现在有那么一些学校和教师担心,如果百分制变等级制以后,孩子不好好学怎么办,所以在给学生评定等级的时候,又给出了"优加"、"优"、"优减"、"良加"、"良"、"良减"……有些学校在给"优"、"优良"等等级的旁边,注明了学生的原始分数是多少,有的教师还嘲笑学生得到的"优"只是一个"臭优"。这些形式主义的改革已经脱离了它原本改革的意义。因此,我们要从促进学生成长的角度合理选择使用等级制或百分制。一方面,我们要防止人们不恰当地利用百分制的评价信息去进行相互比较,人为增加各方压力;另一方面,我们又要在需要更精确地了解学生各方面发展状况的时候利用百分制。把评价信息有选择地反馈给学生、家长等不同的人员不失为一种选择。

(六)真正发挥评价激励学生、促进学生发展的作用

激励性评价提倡让学生在表扬中体验成功感、获得自信,促进学习。但是,并不是所有的表扬都能起到预期的作用。只有恰如其分的表扬才能够转化为学生的自我奖励和自我效能,从而持久地激励其学习。因此,表扬就是激励式评价的观点是错误的。目前课堂上接二连三、有口无心、空洞乏味的"棒棒棒,你真棒"式的表扬并不能很好地起到激励作用。

除表扬外的许多方式包括恰当的批评和惩罚也能起到很好地激励作用。学生在发展过程中总是存在这样那样的不足,许多时候学生并不清楚自己的不足,作为教师有必要对学生进行批评,让学生明白自身的不足,并进行自我批评和自我反思。

同时,激励式评价要促进每一个学生的发展,对不同的个体,评价方式和标准都应有所区别。激励式评价应该既让学生找到进一步努力的方向,也让学生有进一步努力的动力。因此我们要辩证地看待表扬与批评,辩证地看待激励与评价。

同样,谈心式评语要真正起到激励学生、促进学生发展的目的,也不能只讲学生的闪光点,应该既要激励学生的长处,也应该让学生和家长都意识到孩子存在的不足,应该采取什么措施去改变。谈心式评语的写作要有一定的规范和标准,写作内容必须与教育目标紧密相连。语言要具体,不能笼

统,要亲切也要平实,不能采用文学式的夸张的评语。

（七）关注学生作为被评价者的心理反应

学生作为教学过程中的被"教"者与学习者,在接受各种评价结果的过程中感受如何? 他们有什么样的心理反应? 他们喜欢什么样的评价方式? 他们对评价相关的各种因素是如何看待的? ……评价要发挥其应有的作用,必须关注被评价者的心理感受。否则,评价往往起到了反作用而评价者还不自知。不符合学生作为被评价者的心理、不被学生认同的评价一定不能起到促进学生发展的目的。

本书随后的章节会对以上内容展开详细的论述。本书的第三章讲述基于标准的教育如何实施,第四至第八章分别讲述课堂评价、成长记录袋评价、作业评价、学习日记等评价方式如何在发展性评价的范畴下有效实施。第九章着重分析学生作为被评价者的心理感受。我们希望通过这样的文本组织让读者能理解发展性评价的真正内涵,能在教育实践中更好地实践发展性评价。

第三章　基于标准的教学

第一节　基于标准的教学概述

一、基于标准的教学的提出

我们先来看一个案例：

一道小学生数学题："早晨六点校园里来了三辆巴士，第一辆车上有 6 位老师，第二辆车上有 8 位老师，第三辆车上有 7 位老师，问早晨六点校园里来了多少位老师？"一个学生的答案是 21 个老师，教师判错。学生问妈妈原因，妈妈也不知道，让他问教师。教师回答："因为你答的是'个'而不是'位'。"

这位教师把单位是否正确看做评价学生表现的主要标准？我们同意计算中的单位十分重要，但是，既然这两个单位是有区别的，学生们在做题目之前就应该被告知这一点。这个学生向老师询问了错误的原因，知道了两个单位的区别，可是其他学生呢？他们可能永远不会明白自己错在什么地方，或者意识到这两个单位的区别。

我们如果想让学生对学习进行自我控制，就必须让他们清楚评价他们表现的标准。否则学生只能去猜测教师评价的标准，而不能准确地进行自我评价和自我调整。这不仅使学生陷入被动学习的境地，还会使学生对学习产生绝望感，甚至放弃。

那么，我们教师应该如何去做呢？那就是要做基于标准的教学。

任何教育都有其要达成的目标。在我国,党的教育方针从根本上规定了我国学校教育的目标是要促进学生德、智、体、美全面发展,在学校教育中开设的每一门课程也都有相应的课程标准。教育评价则是通过不断评价目标的达成情况来指导教育和教学,改进学生学习。但长期以来,在具体的教育教学过程中,教师和学生常常只了解教育要使学生达成的诸多重要品质的笼统概念,却不清楚这些概念的明确标准到底是什么,也就无从正确的评判目标的达成度,学习成了一种"神秘游戏",不利于学生对学习的掌握。因此,我们应该进行"基于标准的教学",即在教育教学过程中应该有相应的表现性准则、评价规则贯穿始终,这样教育才能真正达到其应有的目标。

比如,在一所中学里,科学教师在每学期的第一周就会向学生详细介绍实验报告的评分规则和具体标准,从而使学生很清楚地了解到合格的实验报告应具备的重要因素以及教师对他们的实验报告进行评分的依据。随着学生们对实验报告评分规则和具体标准的掌握,学生们还会根据评分标准举例分析一份具体报告的优点和缺点。教师们发现,自从在科学课的学习中应用了这种统一的评分规则后,不但学生的实验报告的总体质量提高了,学生的推理能力和实验技能也有了长足的进步。在这个例子中,教师们在教学开始前就把详细的评价规则教给学生,而教师和学生都在这样的评分规则指导下朝着教学目标努力,我们可以把这种教育称之为"基于标准的教学"。

二、基于标准的教学特征

评价标准和评分准则可以成为强有力的教学工具。利用评价标准和相应的评分准则来评价和促进学生学习的过程,正是评价和教学互相结合的典范。把评价和教学结合起来,教育才能真正成为基于标准的教育,才能真正达成其应有的目标。

因此,基于标准的教学一般具备以下基本特征:

首先这种教育对学生的长期学习目标要有清晰的规定,即在学习开始前就要明确说明希望学生在学业完成时具备哪些知识和能力。

第二,对这些知识和能力要有非常明确的表现性评价准则和评价标准,要告诉学生怎么好才是足够好,什么叫做优秀、什么叫合格、什么又是不合格……并且这些准则或标准要于教学过程开始之前先教给学生。

第三,使用标准参照而不是常模参照的方式来评价学生的学习和各方面表现,也就是用自我参照的评价方式评价学生。一般说,学生之间并不互相比较,根据确定的表现水平的标准为依据评价学生。

第四,要事先了解学生在这些目标上的起点作为评价学生成绩和进步的基础。并在教学过程中不断地利用确立的标准评价和指导、调控教师的教和学生的学。

由于教师和学生共同确立了双方都认可的表现性准则,即在学生的成果和各种表现的重要品质的评判标准上达成一致,评价就会具有更好的一致性,使得学生不再把学习和评价看做"神秘的游戏",而能根据评价标准进行有针对性的学习活动。同时,由于高质量的评价准则给教师提供了清晰的教学目标,给学生提供了清晰的学习目标,也就增强了教师教学和学生学习的自信心,进而促进了教师的教学和学生的发展。

第二节　表现性准则和评分规则的制订

一、表现性准则与评分规则

评价标准和评分规则在基于标准的教育中起着重要作用。由于教师交给学生的表现性任务不止有一个唯一正确的答案或解题方法,因此就要以表现性准则作为依据,通过评分规则对学生进行评价。

表现性准则是对学生的回答、作业和表现等表现性任务进行评判的指南、规则或原则,它告诉我们如何评价学生的表现或成果的水平。所有的建构性反应的评价方法都需要运用表现性准则。表现性准则一般包括"检核表","表现清单"和"评分规则"。

（一）检核表

所谓检核表就是列出某件成果或某种表现所必须具备的成分,而评判学生学习成果和表现的依据就是是否具备了检核表上所要求的这些成分。如一封书信要具备称呼、问候语、信体、致敬、署名、日期六要素,我们判断一封书信的优劣只要根据这封书信有或无这六个方面就行了,因此检核表的使用很简单。但它往往只适用于仅需判断"有"、"无"的情况,不能提供针对不同水平的详细说明,所以这种方法不适用于有不同层次表现水平的表现性评价。

（二）表现清单

表现清单是比检核表稍微精细点儿的一种评分工具，它列出了要评价的各项内容和评分量表。教师根据每个要素的分值范围进行"评分"。例如，表 3-1 所示是一个教师制作的绘图能力的表现清单，制作出表现清单后，教师就可以根据每个要素的分值范围进行评分，总分最高是 30 分。

表 3-1[①]　绘图机能的表现清单

要素	分值	得分	
		自评	教师
1.使用正确的图形格式	5		
2.正确的图题	3		
3.正确绘出并标注横轴和纵轴	4		
4.横纵轴上图尺分度清楚一致	4		
5.写出图目	4		
6.在图上准确标出两轴的取值点	6		
7.图形清晰，易于解释	4		

表现清单比检核表提供了更多的评分选择，也使教师可以灵活地权衡不同要素的重要性。但是，表现清单缺乏对不同表现性水平的详细说明，尽管有评分准则，但评分的主观性还是很强。实际上，如果让不同教师使用同一个表现清单评价同一个学生的表现，其评分结果往往可能还会有很大差异。因为缺乏对不同表现水平的详尽说明，会使教师对表现清单作出不同意义的阐述，从而降低评价的可信度。

（三）评分规则

评分规则是比检核表和表现清单更具体、详尽的表现性评价准则，它具体指出了对不同表现水平的详细说明。因此它阐述的含义是明确的，不同的人对其的理解会有较好的一致性。以作文为例，如果用检核表根据一篇作文是否具备开头、中间和结尾部分来评断其优劣或只简单、笼统地规定一个评分标准，那么写作水平明显不同的作文却会得到同样的分数。这时需要为写作技能制订更精细的评分准则，使学生、家长和教师都能区分出不同写作水平的评分准则。

---

① Judith Arter & Jay McTighe 著，董奇等译：《课堂教学评分规则》，中国轻工业出版社，2005 年版，第 7 页。

　　评分规则是准则的一种特定形式,它对所有的评分点都作了说明和规定(表 3-2 是一个写作评分规则的例子,一篇作文可以从思想性、组织性、写作风格、用词、语句流畅性、常规用法六个方面加以评价,限于篇幅,这里只列举其中组织性的评价规则)。最好的评分规则往往能体现出教师公认的课堂评价的实质,而且能对合格表现的组成要素提供很好的建议。需要说明的是评分规则一般还要伴有成果或表现的具体例子,以阐明量表上的不同评分点。

表 3-2①　写作的评分规则(以组织性为例)

> 　　下面六个要素是合格作文的重要因素,可以用 5 点量表分别对这些要素评分。1,3,5 分的要求有具体规定。2 分是 1 分和 3 分标准的结合;4 分则是 3 分和 5 分标准的结合。
>
> **合格作文的重要因素**
>
> 思想性:文章的中心思想,主要内容,主题,以及丰富和阐述这一主题的具体细节。
>
> 条理性:写作的内在结构,中心大意的线索,段落布局合乎逻辑或有时引人入胜。
>
> 写作风格:字里行间透露出的个人的写作风格和/或说服力。
>
> 用词:用丰富多样和/或精确的语言使读者感动和获得知识。
>
> 语句流畅性:语言的节奏和流畅性,语句结构安排合理,使得文章同时具有可读性——不仅是可看性。
>
> 常规用法:文章的常规格式——拼写,语法和用法,段落,大小写,标点符号。
>
> **组织性的评分规则**
>
> 5 分:文章的组织性强,有助于展现文章的中心思想或主题。文章的顺序、结构或表述的信息是很吸引人的,能够打动读者。
>
> 　　A. 引人入胜的开头吸引了读者;令人满意的结尾让读者感觉结束的恰到好处。
>
> 　　B. 段落转换经过了深思熟虑,衔接自然。
>
> 　　C. 细节描述恰到好处;顺序安排合乎逻辑,是恰当的。
>
> 　　D. 张弛有度;作者知道何时该放慢速度作详细的描述,何时又该加快节奏,一带而过。
>
> 　　E. 标题新颖,符合文章的主题。
>
> 　　F. 结构严谨,过渡自然(使读者很难觉察到);根据写作目的和目标读者,选用了非常适合的文章结构。
>
> 3 分:文章的组织结构很严密,使读者可以轻松地通读全文。
>
> 　　A. 文章有显而易见的开头和结尾。但开头可能难以帮助读者了解文章的内容,结尾也很松散。

---

　　① Judith Arter & Jay McTighe 著,董奇等译:《课堂教学评分规则》,中国轻工业出版社,2005 年版,第 19 页。

续表

B. 过渡还算自然,但观点之间的衔接是模糊的。

C. 文章的顺序有一定的逻辑性,但不足以始终如一的支持观点。事实上,文章的结构有时候非常一般和没有新意,以至于读者根本没有注意到文章的结构。

D. 张弛有度,但有时向前发展得太快或在不重要的内容上作了过多的细节描述。

E. 文章有标题,但它通常是老套的或明显重复了已给出的提示或主题。

F. 文章的组织结构有时可以支持中心思想或故事情节;但在另外一些时候,读者会感觉到过渡上有很大的跳跃性,或者衔接很不自然。

1 分:文章缺乏一个清晰的方向。观点、细节和事件好像只是松散的或随意的堆在一起;没有清晰的内部结构。文章中出现以下问题(不止一种):

A. 文章没有合适的开头来引出文章的内容,也没有合适的结尾。

B. 观点间的联系是混乱的,甚至根本看不出来。

C. 在文章的顺序方面还要做大量的工作。

D. 张弛无度。当读者想继续下面的情节时,文章的进展却非常缓慢;当读者希望
  更深入地了解一些内容时,文章描述又很简单。

E. 即使需要,文章也没有标题。即便有,也不能很好地与内容相匹配。

F. 文章结构中存在的问题使读者很难抓住文章的重点或故事情节。

二、评分规则的制订

与检核表、表现清单相比,评分规则的制订相对比较困难,因为它更加具体地对不同表现水平进行了详细的说明,而不止是简单地规定一个分值。因此,这里对评分规则的制订进行详细说明。

我们按照下面的步骤制订评分准则:先把学生作业分成不同的水平组,然后参考现有的表现性准则,最后通过在实践中评分来改进我们制订的评分准则。

制订表现性准则的目的是让我们和学生对合格的标准都有更清晰的认识,即我们的目的不仅仅是"评分"。因此在制订评分规则的过程中以及在制订自我反思报告的评分准则的时候我们要谨记这一点。下面,我们以写作为例介绍制订评分规则的方法。

(一)选取有代表性的学生作业为样例

教师要先把那些能够体现教学目标的任务所要求的技能或行为的有代表性的学生作业挑选出来。例如,写作就是收集要评价的不同年级学生的各种类型的作文,记叙文、说明文或议论文。

（二）把选出的学生作业分成不同的水平组并说明分组的依据

把在第一步中选取出来的学生作业分为三个水平组：高水平组，中水平组，低水平组。以写作任务为例，回答其中体现出来的学生的写作水平可以被分成三组。请写每份作业被分入某个水平组的理由。换句话说，如果一份作业被分入高水平组，请说明为什么？什么样的作业才是高水平的？你把一份作业分入一个水平组时，是考虑了哪些因素？你向学生反馈对他的作业的评定结果时，你会怎么对他解释？回答这些问题就要以准则为依据，把所有选取出来的有代表性的作业进行分组。在这一步，教师应尽量使分组名单中的作业数量大且多种多样。

在编制的过程中教师要尽可能详细地描述准则，这样既有助于其他同事明白自己的想法，也能帮助学生更加熟悉使用的准则。教师可以选择使用具体性的评语，如"这个学生开头很好，但到中间时有点离题"，这样的评语比总结性的评语让人更容易理解。教师在此过程中要不断要求自己把标准解释得更详细，比如问自己："这个学生的回答中，哪些方面显示出他的推理过程具有逻辑性？"此外，制订准则是为了增强学生对不同表现水平的认识，所以我们就应该清楚地解释如此评定的理由。另外，教师要尽量避免做出那些抽象性的评价，如"表达能力强"，"理解性强"或"描述得好"，因为学生很难推断这些评语的具体含义。

（三）把分组依据总结为要素

到目前为止，在制订评分规则时，我们都遵循着"整体化的"思路。我们根据作文的整体水平制订出了包括高、中、低三个表现水平的详细列表，之后对每份作业给出一个总的分数。

但是在列表时，有的教师会提出疑问："我很难把这份作业分到某一个水平组，因为它的推理性强，但表述能力差。"面对这种情况，我们可以用分项评分规则，即根据多种要素来评定选取的每份作业。因为：

1.分项评分规则能展现出学生作业中的优点和不足。

2.分项评分规则能帮助学生更透彻地认识自己作业所处的水平。

3.整体性评价通常不能让学生看清需要改进的每一个方面，而分项评分规则可以把表现划分为能够单独改进的不同方面。

要总结出各分组依据的要素，教师可以通过集体讨论列出各种评语，并把它们与不同要素的各个水平联系起来。例如，人们评定写作时通常会考虑思想性、条理性、写作风格、用词、语句流畅性、常规用法、表达能力等要素。分别给它们标上1,2,3,4,5,6,7的序号，然后浏览列出的所有评语，逐个分类,再把代表各个要素的序号标在每条评语的前面。

比如说,写作高水平的思想性的说明可能会包括下面这些语句:"有意义","有主要观点、主题、中心思想、写作目的","以生活经验为依据",和"内容新颖,或者写法有新意"。写作高水平的语句流畅性的说明可能会包括"语句流畅——听起来也很顺耳","我可以大声流利地朗读这篇文章","句式多变","使用排比句,但并不繁杂","长短句结合","句子紧凑一致","句意清晰易懂"。

教师务必要使列出的"要素"表涵盖所有的重要内容,由于在思考一个规则所包括的内容时,往往会产生一些新的想法或考虑,所以我们可能会经常变动这些要素。

然后把制订的评分规则与相应的课程标准相对照,我们会发现两者有相似之处。因为规定的课程标准体现了我们对学生的基本要求,所以在日常教学中已经在执行课程标准的要求了。这种对照有助于我们了解这些课程标准在日常教学中是如何体现出来的。

我们还要把自己制订的评分规则和其他教师制订的评分规则作比较,找找共同点,一般也会有很多相似之处。因为是对同一种成果或表现所制订的评分规则,这说明,如果做法得当,评分规则并不是凭空想象的;它体现的就是我们在日常教学中所重视的那些因素,只不过我们把它制订成了书面的评分规则。如果在制订过程中没有错误,我们在日常教学中所重视的因素、规定的课程标准和课程标准的评价方式三者彼此之间都应该是相互对应的。

(四)定义每一个要素

教师要定义列出的每一个要素,这些定义应该是描述了这个要素的本质,而不是它的表现。例如真实性的定义是:反映了学生对自我反思过程的认真态度。它标志着学生进行自我反思的自觉性、用心程度和真实度,它体现了学生进行自我分析的真实努力程度。

描述要素表现的句子应该是包含在对"高水平表现"的解释中。如:真实性就是主动去学习,真正付出努力,非常诚实;学生真正努力去进行自我反思。这些都是对高水平真实性要素的表现性描述,所以不能作为真实性的定义。

(五)找出与每个要素的各个评分点相对应的学生作品做样例

根据各个要素的高、中、低水平的要求,分别找出最有代表性的学生作业,还要分出不同的学业阶段,包括小学低年级、小学高年级、初中和高中。

对最后挑选出来的这些例子存在这样一些称呼,如"样例"或"范例"。

这些例子能帮助教师对学生的作业进行一致评分,它们还能帮助学生进行更准确、更有效的自我评价。通过这些具体的例子,评分规则不再是含糊不清的,每个学生都能够清楚地把握"高水平"的表现标准。

如果教师每个要素的样例只提供一个,所有学生都会倾向于模仿这个样例。所以教师需要特别注意,每个要素的样例不能少于两个。

(六)不断改进评分规则

表现性准则和评分规则都是为了在实践中使用,只有在实际应用的过程中,我们才可能发现哪些内容是有效的,而哪些规定是不符合实际的。所以,我们要不断地对评分规则作必要的增减和修正,不断地选取最符合要求的样例,并且在必要的时候修订评分规则中所包括的要素,这样才会更具有实用性。为了使学生掌握这些规则,以促进学生的学习,可以让学生帮助教师完成这些规则的制订和修改。

三、表现性准则和评价规则在教学中的作用

在一所中学里,一名中学生投入很多时间完成了她的数学作业——运用一元二次方程解应用题。她得了"B",但没有任何评语。她一向成绩优异,认为自己已经达到了作业的要求,就去问教师要怎样做才能拿到"A"。教师回答说"我把 A 留给创造性高的作业"。学生要求举例说明,教师回答,"你应该从与教科书不同的角度设未知数来考虑这道应用题的解法"。

在这里,学生只得到一个字母表示的等级,但这一等级没有提供任何有意义的信息。与教师的讨论也导致了学生更大的疑虑——如果"创造性"是重要的,事先为什么不说明这一点?此外,"创造性"的含义是什么?学生会对如何取得成功感到很迷惑,这样就会降低学生自我评价的能力,而且可能影响学生继续努力的动机。

让学生了解合格表现的标准,可以提高学生的学习成绩、学习效率和自信心。在学生"做"前就了解表现被评价的准则,学生就会有明确清晰的目标。他们不用猜测什么是最重要的,或者教师将如何评价他们的表现。与教师使用同样的表现性准则和评分规则,学生就可以进行自我评价并借此提高自己的成绩。通过使用表现性准则和评分指南,我们就能够提高学生的学习成绩和表现水平,而不仅仅限于评价本身。"我们最终的目标是让学生自立。要实现这个目标,学生们必须了解成功的准则。但长期以来,这对学生们都是一个谜。"如果我们想让学生有明确的学习目标,不对如何才能

成功而感到"疑惑",关键就是让他们了解表现性准则。学生可以把它运用于实践,从而感觉更有控制力。就像评价专家理查德·史蒂金斯(2001)说过的:"学生可以实现任何明确而稳定的目标。"

使用评分规则是教学过程中不可缺少的一部分,它是连接评价和教学的关键。如果教师不先考虑清楚优秀的作文、优秀的画图、优秀的作答的标准是什么,那么他们就不能'教'学生达到优秀的水平。规定清晰的表现性准则会指出学生成果或表现中的重要方面或标准成分,还能帮助教师减少对学生表现进行评价的主观性。这种评价方法使他们能更好地判断什么样的文章是优秀的。评分者有一套公认的评分规则,使得评分者内部,不同时间,以及不同评分者之间的评分都具有一致性。规定明确的表现性准则和评分指南不仅能在教学结束后提供评估的工具,它还有助于明晰教学目标,甚至自身成为教学目标。表现性准则和评价规则能帮助教师弄清复杂学习目标的实质,使他们在教学中感觉轻松。好的准则系统地应用于评价学生表现的实践会使那些主观的、非正式的课堂观察最终成为客观又可信的课堂评价。高质量的、一致的表现性准则能够节约大量的时间。高质量的表现性准则能帮助教师们回答下列问题:"教学的期望目标是什么?我们是如何评价的?什么是合格的表现?我想完成什么样的教学任务?什么样的反馈能在下次提高学生的成绩?我的学生的能力处于哪种水平,如何进行下一步教学?我的教学有效吗?"……

当然,要发挥表现性准则和评价规则的作用,要求准则必须合理——能够切实反映学生成果或表现的本质要素。如果准则不包括重要的而仅是次要的因素,或者只是对那些不起关键作用的特点进行评价,而学生们却参照了这一准则,那么他们将很难达到期望的目标。

第三节 基于标准的教学的实施

一、确定表现性任务

表现性任务是通过给出特定的学习任务,观察学生在完成任务过程中的表现情况进行评价的。它既是一项学习,又是一次评价。要求学生对某个问题作出详尽的书面回答或建构一个真实存在的成果来表现他们对任务的理解和掌握程度。比如下面这道题：

从你所在城市的地图上选择一个临近的区域，找出该区域的突出特征。从你手头掌握的资料来确定该区域存在的一些严重问题，比如空气质量差、交通阻塞严重等。制订出几个不同的方案来改善该区域的状况，并考虑如何执行。选择一个至少能解决其中一个问题的方案，准备一份口头报告以便向市政部门进行口头陈述。别忘了同时准备一些备选的方案，并阐明放弃这些方案的原因。你的方案必须在一周后准备好。

设计和选择表现性任务，首先要明确评价的目的性：是为了激发学生对某方面或某领域的学习兴趣，还是强化学生研究性学习能力的提高，等等。其次，设计和选择表现性任务，应有明确的学习任务：是一个作品，还是完成一项调研；是组织一次综合展示，还是进行一项观察实验；等等。第三，设计和选择表现性任务，还要精心地设计完成任务的活动形式：是口头演讲，还是现场表演；是一项设计，还是一次实地考察；等等。设计和选择表现性任务，还要考虑任务是否适合学生的学年段，任务不可过难，过于复杂，也不可过于简单。

二、用评分规则评价和促进学生学习

在基于标准的教育中，我们把每个学生的实际表现同既定的能力水平相比较，然后判断他的表现水平。为了达到这一目的，我们必须设置表现性任务，并应用清晰、合理的表现性准则和评分规则收集到关于学生表现的足够多的信息。因此，表现性准则和评分规则可以成为强有力的教学工具，能够帮助提高学生那些被评价的表现和技能，使基于标准的教育成为可能。但要真正发挥表现性准则和评分规则的作用，利用评分规则评价和促进学生学习，有以下几点是必须注意的。

首先评价标准自身必须合理和具有可操作性。所谓合理是指评价标准和评分准则能够切实反映学生成果或其表现的本质要素，如一篇"好"的作文到底应该具备哪些本质的特征。如果准则没有包括重要的因素，而只是对那些不起关键作用的特点进行评价，而大家却又参照了这一准则，那么很难达到期望的目标。所谓具有可操作性是指制订出来的评价标准和评分准则具有较好的清晰度，能被大家所理解，而且大家的理解不会有太多的歧义，具有较高的一致性。

其次要公开表现性准则，使所有的人包括学生、教师、家长等等都了解表现性准则的要求，知道优秀的含义和成功的要素。教师明确自己的教育目标和对学生的评价,学生们可以知道自己的位置,教师也可以据此告诉家长,他们的孩子正在不断地进步。教师能够让学生了解表现性准则的具体做法有很多,比如,在入学第一周就把表现性准则的学生版提供给学生;详细说明什么是合格的表现;提供表现水平高和低的例子,可以是教师模拟的,可以是学生的作业,也可以是录像等形式;使用表现性准则对学生进行反馈,以建议学生如何提高学习成绩;给学生提供利用表现性准则进行自我评价和同伴评价的机会,也就是让学生练习给予和接受以表现性准则为基础而产生的反馈;让学生练习朗读表现性准则对合格表现的描述,并在多种情形下应用,比如,亲爱的妈妈爸爸——这是我所知道的如何写好作文的方法;在教学中有意强调表现性准则的要求,比如,在写作课的教学中,注意文章的思想性、组织性、写作风格、用词、语句流畅性和写作常规。

不仅要公开表现性准则,我们还需要在教学过程中把评分规则教给学生,让他们明白怎样做才会获得成功。如有一个教师在教室里放置了一个很大的公告牌,上面贴着一个与实际尺寸一样大的靶子。每次要开始学习一个主要单元时,她就和学生一起到公告牌前,讨论这一单元的"靶子"——是这部分知识的主要目标和基本原理。作为内容介绍的一部分,她会介绍学生在这一单元的学习结束时需要完成的表现性任务。她在公告牌上贴出用于评价学生最终表现的评分规则,并和学生一起回顾这一准则。她在往届学生的作业中收集样例把他们名字隐去后贴在公告牌上,这些作业分别代表评分规则的不同表现水平和目标。这个教师用代表高水平和低水平的作业的样例来帮助学生理解合格的标准,这就使得表现性准则和表现水平变得既清晰又具体。结果这位教师发现,"靶子公告牌"使她的教学更有力度,也提高了学生作业的质量。

最后需要指出的是,与教师自己制订的表现性准则相比,学生参与准则的制订能起到更好的效果。因此,我们可以让学生参与准则的制订过程,在自我评价和同伴评价中使用这一规则,使得他们能够"专注于"合格表现的重要因素,并利用这些知识使自己表现得更好。这一点会增强学生的动机、自信心和提高成绩。

当利用表现性准则和评分规则来评价和促进学生学习的过程时,有的教师也许会问:它究竟是教学,还是评价呢?事实上,它是评价和教学互相结合的极佳样例。当把评价和教学结合起来,使教育成为基于标准的教育,就会产生很好的效果。因此,教师实施基于标准的教育,不仅能够使之在评价学生的能力方面发挥巨大作用,还能够提升课堂教学的质量,促进学生的发展。

第四章　课堂展示性评价

第一节　课堂展示性评价概述

一、对课堂展示性评价的认识

课堂是学生学习的主要场所,教师在课堂上根据教学实际,创设必要的情境,给学生提供主动学习的机会,使他们在活动中获得知识,感悟道理,体验情感,规范行为。在课堂上,为了刺激学生学习动机,促进学生学习,改善教师教学,对学生的学习过程和结果进行的评价就是课堂评价。课堂评价能够激励学生的学习热情,促进学生全面发展,是教师进行有效教学的重要组成部分。

我国以往中小学课堂中的评价活动,总体上呈现出三大特征:一是量偏少,教师和学生不重视课堂评价的作用;二是质不高,许多课堂中的教师对学生的评价仅局限于简单的陈述性知识的再现;三是忽视学生的主体地位,评价主体仅仅局限于教师。现代教学论和评价论认为,有效的课堂教学其实是在一步步或明或隐、或大或小的评价活动基础上展开的。开展以学生为中心的课堂评价是促进学生发展、提高课堂教学质量的有效措施和保障机制。同时学生是教学的主体,课程与教学的评价必须以尊重学生为基本前提,积极采用并推行学生自评,使评价成为学生认识自我、发展自我、管理自我、激励自我的一种手段。在课堂教学中渗透、贯穿评价可以更好地发挥评价的诊断、导向、激励、教学等功能,达到"评教结合、以评促教"的目的。

因此,我们提出课堂展示性评价这种新的评价方法。课堂展示性评价更加赋予课堂以评价的功能,在评价的同时又能促进教学。课堂展示性评价因为提供了课堂这个最大的表现舞台,使每一位学生的表现欲望得到最大程度的满足。它既评价学生在课堂教学过程中的表现,又评价学生取得的学习成果,融评价与学习为一体。在课堂教学中注重培养学生的综合能力和科学素养,是落实"立足过程,促进发展"的新课程理念的有效方法。课堂展示性评价,尤其注重教师和学生的积极参与,在教师和学生水乳交融的活动中展示评价的总结、矫正、促进和催发的教学功能,其运作机制绝不是学生被动地回答、教师有心无心地提出的没有实际意义的问题的过程。

二、课堂展示性评价的作用

建立在新课改基础上的课堂评价,应该以发展性评价理念为指导,以促进学生发展为最终目标。基于此,课堂展示性评价的主要作用表现在以下方面。

(一)评价的全员性营造课堂良好的评价氛围

在传统的评价方式中,评价的标准是单一的,即学业成绩优秀的学生与学习适应不良的学生使用相同的评价标准,这就势必会使知识掌握得牢固的学生得到更多评价的机会,而暂时没有领悟的学生很难有机会获得老师积极的课堂评价。这是将课堂评价游离于学生发展之外的做法,忽视课堂评价与学生发展之间的客观内在联系,没有达到促进学生尤其是学业上暂时落后的学生的发展。课堂展示性评价的实施,要求教师反思过去的评价模式,重新对自己进行角色定位,把教师由学生学习的评判者变为学生学习活动的赏识者,特别是对学业适应不良的学生的评价要用全新的视角,以"金无足赤,人无完人"为出发点来实施课堂评价,清醒地看到学业适应不良的学生有他们的"闪光点",学业成绩优秀的学生也有自己的缺点。未成年的学生正处于身心发展的阶段,但其发展具有不平衡性,加上学习基础、学习习惯、辅导等方面的不同,势必造成学习水平、吸收能力的差异。在课堂上对一些问题理解出现偏差、错误在所难免,这就要求教师宽容、尊重、信任、理解他们,让他们消除在课堂上怕出错的不安与恐惧,解除怕挨批评、受嘲讽的心理压力,从而置身于教师学生共同营造的良好课堂情境当中,为实施课堂评价创造一种自由、和谐、安全的环境。

(二)评价的及时性可保持学生积极的学习动机

许多反馈的实验都表明:每日及时反馈学习结果,较之每周的反馈,对学习的促进作用更大；不知道自己的学习结果，缺乏学习的激励，则很少进步。由此可见，不管是表扬还是批评，都要做到及时奖惩。在课堂上，教师给予学生及时的鼓励和表扬，即使只是一句简单的话语，一个赞许的目光，都能够对学生产生极大的激励作用，有利于培养学生积极的自我认知，感受成功的愉快，体验不断进取的乐趣，从而不断增强自信心，激发学习的内在动力。同样，教师若能及时指出学生在学习中出现的错误和问题，学生不仅容易接受，而且能够以积极的心态与老师一道采取措施以弥补不足。这样，必将有助于学生保持良好的学习状态，促进学生思维能力和情绪社会性能力的发展。

（三）评价的多元性以促进学生的全方位发展

美国心理学家加德纳的"多元智力"理论告诉我们，人的智力包括语言、数量、空间、音乐、运动、社交、自知等七种能力，但其发展并不平衡，课堂评价必须尊重学生能力的差异性，坚持因人而异、因材施"评"。"多一把衡量的尺子，就会多出一批好学生"，对不同的学生而言，课堂评价的"尺子"不仅应该有高低、长短的差异，而且应该有衡量角度的变化。总之，课堂展示性评价过程中，教师采取多种方式，通过富有感情的课堂评价，鼓励学生勇于挑战思维定势，促进自身思维拓展，不断提出新的想法，从而促进思维能力的发展。同时，教师站在不同的角度，通过积极的评价，肯定学生的优点、特点、爱好和强项，帮助学生看到发展的自我，增强学生对学习的信心和兴趣，促进全体学生进步。

除了教师评价标准的多元性，评价的多元性还体现在评价主体的多元性，教师评价，学生自评和互评都是课堂展示性评价的一部分。学生进行自我评价能够提高学生的学习积极性和主动性，更重要的是自我评价有利于学生对自己形成一个正确的认识，对自己的表现作出具体、客观的评价，进行自我反思，自我比较，找出自己的进步和不足，有助于提高学生的自我监控能力，培养学生的独立性、自主性和自我发展、自我成长能力。学生间的相互评价可以建立一种伙伴激励的机制。学生互评可以让学生学会准确地与他人交流，如向别人解释自己的想法，倾听别人的想法，善待批评以审视自己的观点，获得更正确的认识，学会相互接纳、赞赏、分享、互助等等。学生之间的评价不仅有利于互相学习优点，改正不足，还可以锻炼自己的判断是非能力和口语表达能力，不断地发展和完善自己。

（四）评价的激励性可引导学生不断进取

心理学家赫洛克·范德瑞特的研究表明：得到奖励或表扬的学生获得

的激励作用最大,而且有长期的效应。因此,在课堂评价中,教师给学生恰如其分的鼓励,必将让学生更能感受到老师的关爱,从而努力学习。不仅如此,学习上出现困难的学生更需要老师为他们鼓劲,激发他们继续学习的信心和勇气。比如,学生对某一问题回答不准确时,老师说:"说得不错,能再把它完善一些吗?"学生对某一问题回答错误时,老师说:"再想一想,还有其他的方法吗?"这样,教师既巧妙地实施评价,更不失时机地对学生进行激励。教师站在欣赏学生、宽容学生的角度,对每一个学生寄予期望,给出的评价必然促使学生继续去思考、探索,努力争取新的收获。

课堂教学是学生获得知识的主阵地。课堂上的学习评价是教学过程中不可缺少的环节,学生通过评价可以看到自己的成绩与不足,找到成功或失败的原因。通过评价还可以使师生互相学习、互相激励、扬长避短,调动学与教双方的积极性,促使师生共同发展。因此,课堂展示性评价对于让学生获得更充分、更合理的教育与发展,使"教"与"学"的双边活动达到和谐统一,发挥着非常重要的作用。

第二节　课堂展示性评价的基本模式

一、随堂自评的课堂展示性评价模式

在我们过去的课堂教学中,一贯采用以教师评价为主的评价方式,这种方式注重结果而忽略了学生学的过程,忽略了学生的兴趣和主动参与意识。于是,我们提出了一种以学生自我评价为主的随堂自评的课堂展示性评价模式。

随堂自评的课堂教学展示性评价模式具有以下一些重要特征:

(一)基于一定的培养目标

这些目标主要来自于具体的课程要求,也充分考虑了学生的实际情况。这些目标显示了学生发展的方向,也构成了评价的依据。有了评价目标,才能确定评价的内容和方法,才能不断反思并改善教师的教和学生的学,从而发挥评价的发展性功能。展示性评价的根本目的是促进学生达到目标而不是检查和评比。发展性评价将着眼点放在学生的未来,所以,展示性评价是了解学生现在的状态,不是为了给学生下一个结论或是给学生排队,而是用

于分析学生存在的优势或不足,并在此基础上提出具体的改进建议。

(二)注重过程性

展示性评价强调收集并保存表明学生发展状况的关键资料,对这些资料的呈现和分析能够形成对学生发展变化的认识,并在此基础上针对学生的优势或不足给予学生激励或具体的、有针对性的改进建议。

(三)关注个体差异

学生的差异不仅指考试成绩的差异,还包括生理特点、心理特征、兴趣爱好等各个方面的不同特点。展示性评价要依据学生的不同背景和特点,正确地判断每个学生的不同特点及其发展潜力,为每一个学生提出适合其发展的具体的有针对性的建议。

(四)注重学生本人在评价中的作用

展示性评价提倡发挥学生在评价中的主体作用,改变过去学生被动接受评判的状况。要让学生更多地参与评价内容和评价标准的制订,在评价资料的收集中发挥更积极的作用,通过"协商"达成评价结论,使得评价的过程成为促进学生反思、加强评价与教学相结合的过程。

下面以科学出版社《现代小学数学》第五册《两步计算的复合应用题》的教学为例来说明"随堂自评的课堂展示性评价"的基本方法。

教学目标:

1.学生能初步掌握只有两个已知条件的两步计算应用题的解题思路,能在分析数量关系的基础上正确解答。

2.在分析数量关系的过程中,培养学生的判断推理能力。在一题多变中培养学生思维的灵活性和敏捷性。

3.进行随堂自评的课堂教学展示性评价,使学生在自我评价的过程中充分调动学习的积极性,培养学生初步的反思能力。

教学过程:

一、引入

同学们,记得国庆节前夕,咱们全校师生都积极行动,打扮我们的教室,美化咱们的校园!一年级的小朋友当然也积极行动起来,他们一起在剪图片,图片中有苹果呀、梨呀,我一数,苹果正好是 8 个,梨呢?都放袋子里了,有几个呢?一年级的小朋友说:你知道苹果和梨一共有几个吗?

你会怎么思考这个问题呢?

完成《课堂学习 自我评价》第一题。

第一题:在真实的想法后打"√"。

1. 我不知道怎么办。　　　（　　　）

2. 我想听老师说。　　　　（　　　）

3. 我想先听同学说。　　　（　　　）

4. 我想自己先想想。　　　（　　　）

设计这道自我评价题的目的是让学生能在真实的课堂学习情景中,面对出现的新问题(这个问题对学生来说应该具有现实意义,与生活实际相联系的内容),展示学生真实的学习心理状态,不同的选择显示了学生对新问题不同的思维方式。从课后的统计结果看,83%的学生选择了"我想自己先想想"。从中反映出我们的学生在面对突然出现的新问题时能拥有一种良好的心态。同时也表明,绝大部分学生都有分析、解决问题和创造的潜能,关键是教学中教师是否提供了良好的素材。

二、展开

1. 苹果和梨一共有几个呢? 学生在独立思考解决办法的基础上进行小组讨论。

讨论中,学生各抒己见,踊跃发言,学习组长记录了组内同学的讨论结果。

2. 以学习小组为单位在全班作汇报交流,教师随机在电脑中记录学生的汇报成果。

如:(1)苹果 8 个,梨(　　)个,苹果和梨一共多少个?

(2)苹果 8 个,梨比苹果多(　　)个,苹果和梨一共多少个?

(3)苹果 8 个,梨比苹果少(　　)个,苹果和梨一共多少个?

(4)苹果 8 个,苹果比梨少(　　)个,苹果和梨一共多少个?

(5)苹果 8 个,苹果比梨多(　　)个,苹果和梨一共多少个?

(6)苹果 8 个,苹果的个数是梨的(　　)倍,苹果和梨一共多少个?

(7)苹果 8 个,梨的个数是苹果的(　　)倍,苹果和梨一共多少个?

……

3. 给应用题分类:这么多的题目,是不是同一类的呢?

一步计算　先求比一个数多几(少几),再求和;

两步计算　先求一个数的几倍,再求和;

　　　　　　　……

4. 分析两步计算的应用题:

(1)几道题目之间的联系:

相同点:相同的数量关系。

不同点:中间问题的表示方法,所以计算方法也不同,相差关系、倍数关系。

(2)分别进行计算(列综合算式)。

(3)小结:想不到一件小小的事情,竟生发出这么多的问题。

完成《课堂学习　自我评价》第二题。

第二题:在真实的想法后画"√"。

1. 我不明白这是怎么回事。　（　　　）

2. 我有点明白了。　　　　　（　　　）

3. 我能独立解决这样的问题。（　　　）

4. 我能自己编制这样的问题。（　　　）

这四个问题其实是在教学进程中,掌握学生学习程度的一种方式,了解学生学习情况,正确评价学生的学习过程,有利于及时调整教学思路。同时对学生来说,也是在学习过程中的一种有效的自我评价,了解自己的学习情况,为自己确定努力的目标。

三、作业

1. 两种类型中任选一种,出题,用尽量简单的文字把数量关系写明白。

2. 把题目让同桌做一做,再相互分析应用题。

完成《课堂学习　自我评价》第三题。

第三题:试着自己编一道这样的应用题,让同桌做一做,然后相互交流。

这道自我评价题是一道学习内容的检测题,目的是给学生提供一个自我检测的机会。激发学生对自己的学习过程进行监控,有效评估自己的学习表现,促进学生进行自律学习。

教师本着学生是学习的主体,让学生通过互相编题、解题的过程,在课堂上开展名副其实的交流,鼓励学生通过交流与思考,进行观点间的真诚交锋。新知识在学生自身的"再创造"活动中,自觉纳入其认知结构,成为有效的知识。

四、揭示学习主题

本课的主题是两步计算应用题,进行课后自我评价。

完成《课堂学习　自我评价》第四题。

第四题:课后反思。

1. 这节课,我有时思想不集中,浪费了一些时间;　（　　　）

2. 我不清楚今天学了什么;　　　　　　　　　　（　　　）

3. 这些知识我基本上懂了;　　　　　　　　　　（　　　）

4. 我能独立解决这类问题;　　　　　　　　　　（　　　）

5. 我能用自己所学的这些知识帮助同学解决这类问题。（　　）

学会反思,可激发学生思考自己的学习经历,提高学习的成效。学生自我评价的过程,也是自我反思的过程。教师试图通过有效的反思来提高学生的洞察能力,使学生的学习变得更主动、更有生气,从而更加有效。同时,教师在培养学生的自我反思的过程中,也加强了对自己教学工作的思考,这对于提高教学质量是非常有帮助的。

学生的发展是存在差异的,课堂中让学生在很短的时间内,根据学习的内容,阶段性地进行自我评价,给学生提供了多次解释与评价自己学习状态和学习结果的权利;使学生有目的、有意义地建构属于他们自己的知识结构,获得富有成效的学习体验,让课堂中的有效评价为学生自由发展创造足够的空间,实现不同的人在数学上获得不同的发展。

二、以评启学的课堂展示性评价模式

以评启学课堂展示性评价模式,是指在课堂上能大胆启用学生作为主角,让他们在展现自己学习的过程中学有所得,学有所思,学有所评,学有所进,学得开心。这一模式强调在整个学习过程中以多侧面、多层次的表现性评价为依托,以课堂自主性展示、课外自由型活动为舞台,通过学生主动的探究和创新的体验,在获得所需知识的同时培养主动学习的兴趣,培养解决实际问题的能力,培养合作与交流的精神,从而充分发挥每个学生的潜力,发展各种综合素质。

以评启学课堂展示性评价有如下作用:在教学中让学生以展示性的方式进行全新、全面、全程的评价,是为了使评价能关注学生的学习全过程,这与以往的教育评价总是从其他的教学活动中孤立、分离出来,只关注学生的学习结果,只为了评价而评价的方式迥然相异。因为课堂展示性评价把评价作为整个教学过程的一个环节,评价已成为自然的学习环境的一部分,学生在评价中进行学习,融评价于学习当中。在实施评价过程中,我们遵循"五为主"原则——教师为主导、学生为主体、发展为主旨、教材为主源、活动为主线;评价突出两个"度"——以强化学生"参与度"为目标,以评价内容"多角度"为着手,让学生变"苦学"为"乐学",变"死学"为"活学",变"难学"为"易学",变"学会"为"会学"。而且创设一种宽松、和谐、民主的课堂,让孩子们自由地进行展示性评价学习。充分尊重学生的不同需求,充分发展学生的不同个性,充分挖掘学生的最高潜能,从而达到了以评促能、以评激兴、以评启学的最终目标。

以常识课为例,针对小学常识教材中一些诸如收集活动类、调查考察类、观察活动类、实验实践类的课堂教学,我们提出了"课前准备,以评督学—课堂展示,以评促学—综合反馈,以评延学"的以评启学课堂展示性评价模式。

(一)课前准备,以评督学

根据不同课型对学生的不同发展要求,教师可以先发一张评价表供学生课外实践用。可以是个人调查用的自评表(如表 4-1),或是小组合作用的互评表等,当学生拿着这些带着要求的评价表格时,就会在课外自觉、主动地去完成调查、实践或收集的相关内容,从而达到以评督学的目标。

表 4-1 课外实践自我评价表

课题	课 外 实 践 内 容	课外实践自我评价				备 注
		★★★ ★★	★★ ★★	★★ ★	★ ★	
1.我们与食物	实践要求	1.调查家里一星期里所吃的食物,并进行分类 2.对偏食的害处有所了解并能尝试改正偏食的缺点				
	疑问记录					
2.主要食物:粮食	实践要求	1.调查家乡的主要粮食和粮食制品 2.调查了解大米的来历 3.能区别优质和劣质种子				
	疑问记录					

(二)课堂展示,以评促学

在学生丰富的课外实践活动的基础上,为了达到以评促学的目标,我们要求他们在课堂上进行展示性学习。在展示中进行相互评价,一方面能使课前准备的内容在课堂中进行展示性交流,另一方面能够在展示性的评价中促进不同层次的学习者向更高的目标前进。例如,浙江省编教材常识第十二册中有一个大单元的内容全都是历史知识,为此,教师可以设计一张供收集资料类课堂展示用的评价表(如表4-2),之后请各学习小组选择自己感兴趣的某一课进行课前重点准备,然后让学生在课堂上担当起"教师"的角色,让他们在"教"中学,在学中"教"。台上孩子自然是"抖擞精神、全力以赴",把最能吸引大家注意的、最能说明课文思想的、最能反映自己水平的内容以各种方法展示给大家。有拿出打印材料精选朗读的,有把关键内容制成课件展示的,有图文并茂、音形具备的光盘出示的,也有朗朗上口、侃侃而谈的,更有一问一答、丝丝入扣的,上起课来有模有样,有进有退,比起教师的讲课有过之而无不及,因为每一个学生都希望让台下同学给自己一个满意的评价。当准备小组上台"教学"时,台下孩子们此时则怀着双重的任务进行学习:既要认真听课,听出眉目来,哪些内容经过了组织,哪些方面准备不够等;又要接受台上"小教师"们的提问,或者直接向台上提出自己关心的一些问题以便作出对台上成员优劣评价的判断。课堂内,充满了紧张,充满了欢乐;充满了自信,充满了合作,真可谓"学习时兴致盎然","学习后兴致勃勃"。

表 4-2　小学常识课堂展示评价表

评价内容＼姓名			自我评价	小组评价	总评 班级合评	师评
能力评价	综合课文,独立思考 资料全面,内容新颖 讲述自由,形式多样 有问有答,富有创意	A				
		B	说明:			
	备注	C				
情感评价	收集主动、广泛 准备充足、充分 内容精彩、生动 交流认真、投入	A				
		B	说明:			
	备注	C				

为了帮助不同的孩子有不同程度的进步,突出评价的促进作用,教师除了注意适时引导台上台下的"上课"进程外,可以用更多的时间去关注学生的一些学习策略:

1.提问的策略——对那些有问题意识,在提问中能把握课文的重点和难点的孩子予以表扬,以促成其他孩子善于提问的能力。

2.小结的策略——能用自己的话叙述要点,突出对课文的理解。

3.澄清的策略——对提出的问题能加以考虑并提出一些解决的方法。

4.评价的策略——如何运用标准去判断孰是孰非,孰优孰劣的策略。

这样一些课训练下来,学生们在学习中真正得到了科学素养的培养。

(三)综合反馈,以评延学

通过课堂展示及在展示过程中激励性评价的恰当运用,能综合提高学生各方面的能力,并在无形中使学生找到持续学习的动力,即为以评延学。当课堂上,台上台下的孩子们在紧张学习的同时,作为他们学习过程中的合作者——教师,不但要教学引导适时,更要综合评价恰当,对台上小组成员的展示性表现要恰如其分地进行总结,对台下孩子的点点滴滴表现更要不失时机地在教师总评表上综合评价。表 4-3 就是一位教师为自己课堂设计的总评表,读者可以尝试设计更巧妙的综合评定表。在展示过程中学生的交互评价对学生更有好处,在互评中需要学生相互之间进行比较,从中找到各自在学习上存在着的优点及缺点,更为重要的是,当他们在了解别人和自己的同时,明确了努力的方向。这样在学生间的互相评价中,在师生间的合作评价中,在教师有心的综合评价中,学生们对学习的目的更明确了,对学习的要求更高了,从而达到了以评延学的目标。

表 4-3 教师综合评价表

评价内容 学号	提出 问题好	回答 问题好	补充 发言好	创新 发现	判断 评价优	听课 不认真
1	正正					
2		正				
3	下					
……						
突出表现记录						

三、苏格拉底研讨法式的课堂展示性评价模式

课堂讨论的评分是建立在教师对学生的主观印象的基础上的,而且多数课堂讨论类似于以教师为轴的自行车轮运转。既然我们已认同了学生应真正参与课堂学习讨论,那么,如何来评定学生参与讨论的质量,如何才能

促进更广大学生间的更好的互动,怎样做才能使讨论成为对其进行可靠评定的依据,苏格拉底式问题研讨法就能很好地解决以上问题。

所谓苏格拉底研讨法是把班级参与和课堂讨论中的表现作为学生学业成绩评定的一个部分,从根本上让学生学会更有成效地思考并为自己的见解提出证据。

在实施过程中,首先,教师提出一个高质量的起始问题,它直接影响研讨的质量与进展。一个好的问题往往不期待某单一或最合适的答案与预期反应,而是开放式探索性的,会不断引发对话并引起学生对学习内容更深广的理解。

其次,明确讨论所欲达成的目标。评价时注重考查讨论所要达到的最终结果是否明确,以及如何才能真正实现这些结果。譬如批判性思维、阅读理解技能、听说技能、多样的写作能力等。

最后,选择记录研讨过程的方式或设计简明的记录表。记录应当完全客观地反映研讨进程,因为它是进行评定的客观依据。

例如:看图作文课《我要找妈妈》

教学目标:1.能连贯地说清几幅图的意思,学习有重点地观察,发挥想象,按事情发展顺序写一段话。2.能体会人物的心理活动,把人物心理描述清楚。

教学过程这样进行:

1.前问题研讨阶段

——出示次序打乱的三幅图,请学生观察后排序。

——2~3分钟的静默观察,建议学生给图编上序号。

——说说你这样排列的原因。

当学生以合作的态度参与讨论,并给出以下句型:

a. 我同意(   )的观点,但我想加上另外的原因以说明为什么我认为(   )的观点是正确的。(给出另外的原因)

b. 我不同意(   )的观点,因为(   )。

生 1:我是这样排的,2—1—3,先是中间一幅,小钢在玩小鸟,再是第一幅,他看见小姑娘在哭,最后是小钢把小鸟放了。

生 2:我认为先是小钢把小鸟放了,然后是讲小钢牵着小鸟在玩,最后是小钢看见小姑娘在哭。

生 3:我不同意生 2 的观点,因为,按事情先后顺序排,应该是小钢先捉小鸟,然后看见小姑娘在找妈妈,最后是小钢把小鸟放了。

生4：我同意生3的观点，因为小钢放小鸟是看见小姑娘在哭，在找妈妈，他想到了小鸟也有妈妈，所以最后把小鸟放了。

生5：我认为，写文章时，可以把最后结果提前，用倒序的方法写。所以我同意生2的观点。

2.问题研讨

起始问题："我要找妈妈"是谁说的？

围绕这一问题，在回答过程中由学生自行提问，自行解决。

如：是小鸟（小女孩）说的，从哪里看出？……从神态、动作体会人物的心情。

生1：是小鸟说的，你看，小鸟扑打着翅膀，叽叽叫着。

生2：小鸟又不会说话，怎么会是小鸟说的呢？

生1：从画面想象啊！

生2：我认为是小女孩说的。

生3：你从哪里看出来？

生4：小女孩在找妈妈。

生5：你怎么知道她在找妈妈？

生4：旁边有警察叔叔，我们平常找不到妈妈总是请警察帮忙。

生6：小女孩在哭，一边哭一边在说"我要找妈妈"。

生7：我觉得小鸟也说了，这是一只刚学飞的小鸟，被小钢捉住了，它也急着要找妈妈。

生8：小钢把它放了，就是让它去找自己的妈妈了。所以这句话也是小鸟说的。

3.后问题研讨

以你的理解，用"我要找妈妈"为题写一段话。

4.朗读、分享各自写的文章

评价：从态度、内容等方面进行评价。

苏格拉底研讨法式的课堂展示性评价模式是从教师与学生一问一答中使学生从个人所知，渐次进入其所不知。在这里，知识和智慧是通过教师与学生之间的相互影响而获得的，通过一问一答教师了解学生的知识水平，知道学生所不知道的原因何在。在这种模式中，教师与学生有着密切的关系，教师是在循序渐进中诱发、引导学生而非灌输。教师决不将自我的观点、理想、价值标准强加给学生。

四、贴近生活的游戏式课堂展示性评价模式

"游戏式"课堂展示性评价模式的特色是：既通过课堂表现和作业评价学生学习的结果，也通过学生在学习过程中的表现对其在学习能力、学习态度、情感和价值观等方面的发展予以评价，突出评价的整体性和综合性。同时在轻轻松松的游戏活动中对学生的参与意识、合作精神、操作技能、探究能力、认知水平以及交流表达能力等进行了全方位的综合评价。"游戏式"的评价结合了个人、小组或团体评价的方式。评价的结果以简单的形式加以记录，呈现的方式可以是分数或等级，也可以采用评语与等级相结合的方式或其他各种记录方式。

如针对美术学科的特殊性，我们就可以在美术课堂教学中采用多种形式的贴近生活的"游戏式"课堂展示性评价。美术学科的课程内容并不仅仅只是美术创作或技法训练，而是文化的整体发展统摄下的一种综合性极强的美术课程。美术作业也不能单纯地用"优"、"劣"来评价，对于学生的艺术创造，以及学生在课堂中的种种表现，教师要以一种开放的现代的眼光去看待和品评。学生的美术作业以及他们在课堂中的表现反映着他们的心理发育水平、性格爱好，情感、感知能力和表现能力，教师要用不同的衡量尺度去要求学生的作业。要懂得尊重和赞赏学生作品里显示出来的独特想象力和个性特征，要善于从正面评价学生美术学习的过程，给学生以尊重、理解、关注、帮助、支持和表达对他们与众不同的赏识。

例如：

1. 玩具商场购物。泥塑玩具作品就是美术课中使用的"游戏式"课堂展示性评价中的一种：每位"顾客"以购物卡的形式选购自己最喜欢的"泥塑玩具商品"，并且从创意、色彩、造型方面讲一讲自己喜欢的理由。这种评价方法的特点是：用模拟展览会的形式，用游戏的方式将全班学生的泥塑作品同时展示出来。通过展示，让学生在欣赏和评价的同时，从别人那里吸取好的经验。学生评价表如表 4-4 所示。

表 4-4 学生评价表

评价内容 评价类别	创意	色彩	造型
自评			
他评			
作品介绍			

2.拍卖会游戏。如《帽子设计作品竞拍会》、《想象中的大西瓜——想象画竞拍会》等等。（模拟拍卖会现场,用游戏方式营造一种情景）

（1）角色扮演:

①一个学生扮演拍卖师角色主持拍卖会（竞争上岗）。

②其他学生扮演两种角色:参拍作品的设计师,参加竞拍的厂方代表。（分派角色,有意投入）

（2）任务分配:

①介绍和推销自己的设计作品。

②竞拍到自己认为能够为自己厂家赢取利润的设计作品。（主动地去思索、判断,得出自己的独立见解）

（3）游戏规则:

①设计师（学生）先为自己的设计作品标上底价（教师事先布置一张作品自评表,如表4-5所示,并限定最高价位）（量化评价）,并简单介绍自己的设计思路以推销自己的作品。（做肯定的自我评价）

表 4-5　作品自评表

造型	色彩	创意	实用	自己对作品的满意程度	定价（最高1000 元）

以下是一个学生介绍的设计思路:我设计的这种新型的帽子外观形象如一只七星瓢虫,这种帽子的主要功能是调节温度,我在它的里面装了微型空调,不论在炎炎夏日,还是在严寒的冬天,它都能使人感到像秋天一样的凉爽。到了晚上,瓢虫的两只眼睛会发出强光可以照着人走路。而且这些设备都不用充电,因为七星瓢虫头上的两根触角,正是两根接收太阳能的电线。

我对自己作品的满意程度是五星级,定价是 800 元。

②根据自己的分析,对别人的设计作品作出判断,并参加竞拍。（对他人的作品作出评价）

③拍得的最后成交价就是此幅作业的成绩并记到作业本上。

这样的评价形式突出的特点是强化了开放性的自由活动的空间,角色游戏亦巧妙地为每位孩子提供了审美评价的机会和愉悦的成就感。

3.表演和展示。如泥塑课——《创意首饰》后组织学生进行首饰发布会游戏,在发布会的游戏中展示自己的作品。

4.互送友情卡的游戏。通过作品欣赏和交流,相互赠送友情卡。在友情卡上写上一两句赞美和评价的话,或对对方的作品提出自己的意见和建议。

5.自己制作美术学习档案袋。自己动手制作档案袋,并美化档案袋的外观。学生在档案袋中保存和收集自己美术学习全过程的资料,包括构想草图、设计方案、美术作业等相关美术信息(文字或图像资料等),自我评价以及他人评价的结果。

通过建立美术学习档案袋的活动,学生学习美术的积极性和主动性提高了。教师通过学生的美术学习成长记录袋了解学生的学习态度和学习特点,了解学生对美术知识、技能的掌握情况以及在观念和方法上的进步,有利于发现学生的潜能,了解学生发展中的需要,及时给予针对性的指导。

"游戏式"课堂展示性评价模式能提高学生的学习兴趣,充分挖掘学生的美术潜能,在贴近生活的美术游戏中学生的美术素质轻松地得到了提高。

五、小组合作表演课堂展示性评价模式

小组合作表演展示性评价模式提倡课堂学习活动化、交际化,在合作学习的过程中,随着学生之间不同程度的交往和互相配合、互相帮助,集体的荣誉感、责任感、领导意识,以及与他人的交际能力、合作能力、平等意识都会悄无声息地得到增强;小组合作表演展示性评价模式能使学生之间建立横向沟通,避免使学生形成胆小、怕羞和孤僻的性格;小组合作表演展示性评价模式,能增强学生的学习兴趣,充分挖掘学生的潜能,在小小的舞台上展示自己的特长。这也是采用"小组合作表演展示性评价模式"的作用所在。

下面以音乐课为例来说明"小组合作表演展示性评价模式"。

在音乐课上,学生的学习效果往往要通过表演才能体现出来。无论是演唱、演奏、随乐律动,每一项内容都需要一个舞台,让学生尽情地表演,让他们练出胆识、练出自信、练出对音乐的迷恋。新课程标准提出,音乐教学要以学生为本,改变学生的学习方式,让学生主动地、积极地、愉快地学习音乐。小组合作表演展示性评价模式就可以起到这样的作用。

小组合作表演展示性评价模式的主要方法是:

1.一般8~10人一组,可根据班级人数把全班分为若干组,可按位置就近分组,也可按成绩搭配。

2.每组确立一名组长,组长须有较强的组织能力和较好的音乐基础。

他的职责是编排表演队形,给队员分工。

3.教师根据教学内容布置分组比赛的内容、形式及评价标准。

4.分组排练,教师巡视指导。

5.分组表演,成果展示。

6.教师评价。从基本功的表现、表情、队形、创意、合作能力等方面进行评价,表扬其特别精彩的地方,指出哪些方面需要努力,最后打分,一般为 10 分制。

案例:《可爱的家》

教学内容:《可爱的家》第二课时,歌表演《可爱的家》。

教学目标:通过表演,加强自己的音乐实践能力、合作能力、创新能力,并真正感受到可爱的家的温馨、和谐。

教学步骤:

一、明确目标,准备表演

师:同学们,上节课我们学唱、学吹了歌曲《可爱的家》,我们深深地被歌曲优美的旋律所陶醉,被朴实的歌词所感动。今天让我们四个学习小组组成四个家庭,通过人物角色分配,以及各种音乐表现手段如唱歌、用口琴伴奏、用打击乐器伴奏(教师提供碰铃、三角铁若干只)来表演歌曲。在小小的班级舞台上向同学和老师汇报你的学习成果,展示你的音乐才能吧!

二、分组排练。学生按表演小组在老师指定的地点排练,老师分组指导学生排练过程中的难题,管理秩序;组长分配角色;学生分头练习;组长指挥合练。

三、分组表演、评价展示。(小组合作评价表 4-6)

表 4-6　小组合作评价表

组　别	表演形式	教师评价
第一组	三生吹口琴,二人伴舞(在教室走廊上),一人碰铃伴奏,三人齐唱	从音乐表现要素吹口琴、唱歌来看,你们组掌握得不错,但有些同学表演时缺乏表情。在走廊上伴舞很有创意,扩大了我们的表演舞台。你们组的得分为 7 分

续表

组 别	表演形式	教师评价
第二组	四生搭起一个"葡萄架",一生当爸爸在看报纸,在音乐声中有节奏地摆动身体,妈妈边哼歌曲边"烧饭",一生当他们的孩子边唱歌边跳舞。二生口琴伴奏。演唱形式:齐唱。	看了你们组的表演,我深深地感动了,你们用最真挚的感情,表演了可爱而幸福的家,并且表演形式新颖,特别是表演孩子的杨姝同学,领唱舞蹈都很棒,只是有几个同学音乐基本功上还不足,希望你们以后的表演更精彩。你们组的得分为 9 分
第三组	二生口琴伴奏,一生指挥,六生唱歌。演唱形式:领唱、齐唱。	你们组唱歌、伴奏都较熟练,特别是能把第四课时学过的四拍子指挥法,运用到音乐实践中来,这个出发点很好,只可惜没有配好,唱歌的同学抢拍了。你们组的得分是 8 分
第四组	二人伴奏,六生边唱边跳。	刚才我看到你们组排练时很认真,现在表演时果然是动作整齐,说明大家有很好的合作能力和集体荣誉感,只是表演应该再投入些感情,不能为了动作整齐而左看右看地破坏了你们表演的意境。其实动作可以每个人都不一样的,只要有节奏就行了。你们组可得 8 分

以上五种课堂展示性评价模式,对于我们如何发挥课堂的展示性评价功能是一种有益的探索。同时这五种模式的探索也增强了课堂展示性评价的可操作性。希望这种探索能深化课堂中评价的改革,能进一步推动基础教育教学实践的发展。

第三节　课堂展示性评价的策略

我们在课堂展示性评价的实践中对应用的策略进行了研究,总结出课堂展示性评价以下的策略。

一、教师评价与集体评价相结合

（一）教师评价的基本策略

初入学的儿童,不会评价自己努力的结果,一般是依赖教师的评价。这个阶段,有无教师的指导,效果迥然不同。此时教师评价的意义是校正和激励学生吸取和接受一定的评价标准,学会掌握评价活动的方式、方法。

1.评在疑难处。如一开始,孩子们有可能不会质疑问难,觉得无从问起,提不出问题或提出的问题不切主题,不实用,提不到点子上。

教师则要有意识地多示范几次,确立评价标准。如让学生质疑后,教师告诉学生文章的主要内容,写作目的是什么。指出哪些问题偏离课文内容,可以不提。哪些问题抓住重点,学习时带着这些问题去思考就可以更快更好地学习课文。同时要有意识地引导学生的思维定格在某些词句上,让学生变无疑为有疑。并且也教会孩子们提问题的一些方法,如:对题目提问,对不懂的词语提问,对不明的现象提问,对一些用法特殊的标点提问,对人物的行为提问,对重复的句子提问等等,使孩子提问评价的水平逐步提高,让孩子们不仅敢问,会问,而且敢评、会评。

2.评在思路狭窄处。如上作文课——《一个苹果》指导说句部分,要求学生根据老师的提问,试着用恰当的语句来回答。

师:颜色?

生;黄的。

师:仅仅是黄色吗?

生:噢,这个苹果黄里透红。

师:好极了。红艳艳说明这个苹果已经成熟了。形状呢?

生:圆溜溜的。

师:能打个比方吗?

生:像小皮球。

师:想象丰富。真不错。还有其他说法吗?你说。

生:像小灯笼。

生:像小气球。

生:像小姑娘的脸蛋。

师:比喻十分恰当。继续努力!大小呢?(手握拳示意)

生:和拳头差不多。

师:你看看,是大人的拳头,还是小孩的?

生:比我的拳头大多了。

师:说法多多,意思不变,会动脑筋,又有自信。请上来用手掂一掂它大约有多重?

生:它约有 250 克。

生:半斤左右。

师:真棒! 估计得很准确。手能当秤使,老师买时称过有 250 克重。凑近闻一闻。

生:有一股香味。

师:能用一个词来形容吗?

生:沁人心脾。

师:什么情况下有光泽?

师:在阳光或灯光照射下,苹果有光泽。这说明什么?

生:说明这个苹果非常新鲜。

生:说明它是刚从产地运来的。

师:十分新鲜又能使我们联想到什么?

生:吃起来一定爽口爽心。

生:我想水分一定十分充足。

生:我听得直咽口水。

生:我还想买几斤。师插:食欲大增。

师:你们说得真好,说出自己的真实感受,注重不重复他人意思。

在这个案例中运用多种感官,教师适时评价,推动学生想方设法地细致深入地去观察、感知事物,具体生动地描述所见所感,提高观察质量,从中掌握观察静物的技能和方法。通过眼观、手掂、手摸、鼻闻、脑想说出感觉,使学生思维活跃,课堂气氛很浓。最后让学生尝一尝,品品味道,把课堂气氛推到最高潮,诱发写作愿望。活动结束,学生个个想说,个个争说,指导写作就顺理成章。

3.评在节骨眼上。又以《一个苹果》为题说一段话。要求学生按由远及近的顺序,不能出现"颜色""形状"等词;讲得好的,可评为最佳推销员;以"这个苹果真可爱!"开头,遇困难可求助老师和同学。

师:现在开始交流,谁愿上来说,我们边听边评,共同帮助。

生:这个苹果真可爱。它的颜色黄里透红,圆溜溜的,像一个小球,又像一盏小灯笼……

师:这个比方真好! 形象、生动!

生：只是"黄里透红"和"颜色"这两个词重复了。你可以这样说"它黄里透红"或"红中带黄"。

师：你听得很仔细。

生：谢谢，你说得对。跟大人的拳头一般大，用手掂一掂，大约有250克重，闻一闻一股清香沁人心脾，在灯光下表皮显出丝丝光泽。

师："一股""丝丝"用词准确。但"克"和"重"怎样？（重复）或者可以说"大约重多少"这样更好些。

生1：老师这段话我是这样写的。"闻一闻，啊，一股清香扑鼻而来，沁人心脾，令人直咽口水。"

师：（伸出大拇指，激情地）真会说，把感情融入其间，特别是这个"啊"字。还有别的说法中吗？

生2：闻一闻，啊，一股清香扑鼻而来，沁人心脾，让人回味无穷。

师：你敢于创新，别出心裁，可是用"回味无穷"是否恰当？（学生纷纷举手）

生3：还没下肚，哪来"回味无穷"啊？

师：你再思考思考，等会儿再说好吗？

生4：闻一闻，啊，一股清香扑鼻而来，沁人心脾，真让人馋涎欲滴。

师：真好。（转向2，亲切地）相信你会说得更好。

生2：闻一闻，啊，一股清香扑鼻而来，沁人心脾，让人垂涎三尺。

师：（热情地）好样的。用一"垂涎三尺"夸张地突出了这个苹果的诱惑力。

生5：它清香扑鼻，表皮红润光泽，我想吃起来一定香甜可口，一定水分充足，一定十分新鲜。

师：这里可不可以调整一下，像这样说：我想，这个苹果一定十分新鲜，吃起来一定水分充足，一定香甜可口。你觉得行吗？

生6：点头，重讲这个句子。

师：这句话好在哪里？

生7：好像是个排比句，用了三个"一定"，突出苹果的新鲜。

师：的确是。这里用一个排比句，表达了三层意思，推理严密；由表及皮的红润光泽推测到"一定十分新鲜"，因为十分新鲜又推测到"一定水分充足"，因水分充足又推测到"吃起来一定可口"。挺合乎情理，令人信服。

生：听奶奶说这是香蕉苹果，吃起来香甜酥软，它来自山东，那里是盛产苹果的地方。听了我的介绍，想吃爱吃的顾客，赶快来买吧。

师：你谦虚好学，是个不错的推销员。现在我们再说给同桌听，看看能不能领到上岗证。

学生在评价过程中可以各抒己见，据理力争，潜在智能得以充分发掘，说话的条理性和灵活性均可得到强化，形成良好的写作竞争意识。但教师也要作相应的引导，比如切忌明哲保身，只顾自己，不顾他人；切忌为标榜自己，把别人评得体无完肤。

4.评在无路可走时。如上《少年闰土》时，对"闰土的外貌有什么特点"学生感到茫然，老师是怎样给孩子铺路架桥的呢？请看片断，师：大家一时说不出来。看来不是不会，而是不知道从哪儿说起。下面我们来做一个小练习，说不定对你们有帮助。谁愿谈一下两人在厨房初次见面时闰土的外貌描写，其他同学将"圆脸"的"圆"、"小毡帽"的"小"和"颈上套一个明晃晃的银项圈"一句用铅笔打上删去记号，然后看看他是谁，与他相对照，少年闰土有什么特点。

生：和这个人相比，闰土有"年轻"的特点，因为他的脸是"圆"的，他戴的是一项"小"毡帽。

生：还可以看出闰土是一个天真活泼的孩子，因为他的颈上套"银项圈"，到爸爸妈妈的年龄就不会这样打扮了。

师：说得很好，再仔细读一读这句话，看看闰土还有什么特点。还是说不上是吗？没关系，让我们再做一个练习，看一看有没有新的发现。请用铅笔把"紫色"换成"苍白"或"蜡黄"一词，读后说说体会。

生：老师这一换看出闰土还具有"健康"这一特点，因为他的脸是"紫色的"。

生：闰土整天在海边瓜地看瓜，拾零贝壳，看跳鱼儿，他的脸经风吹日晒已经变成紫色的了，这恰恰说明他非常健康。

生：课文第二段说，闰土是一个"忙月的儿子"，是一个穷苦人家的孩子，他生活在农村，不像作者"我"那样整天呆在高墙大院中，所以说他的脸是紫色的。

师：现在谁能总结一下闰土具有什么特点？

生：闰土有年少健康、天真活泼的特点。

以上，教师用删除、替换提供解决问题的方法，激活思维，引导学生联系文中的有关词句，评价人物特点。

5.评在迷途时。如一个三年级学生用"如果……就……"造句，"如果有人打我一拳，我就还他一拳"，当学生纷纷指责他时，他以"毛主席说'人不犯我，我不犯人；人若犯我，我必犯人'"来据理力争。大家一时语塞正用期待的目光望着老师，大概是想让老师给个公开的评价。也有几个孩子想发表不同的意见，但又怕没人呼应而作罢。教师应该怎么办呢？为了保护孩子的那份执著，老师便走近为他鼓掌，同他握手感到自豪，夸道"句子造得对，没语病，肯说真话，很有个性是个男子汉，刚强而不可战胜"。稍停片刻，又进一步引领"如果你能分清敌友，对朋友来说宽容忍让更是一种美德；对敌人来说，还得讲究还击的时机与策略，那么你也许能成为真正的强者或伟人"。发言完了，让学生评评老师讲得是否正确，既能平和众多学生的心态，明白评价得一分为二，对不足之处提出希望和建议，又能帮助他们确立正确的人生观（为人处世不能一概而论）。由此可见，当学生敞开心扉时，既是教师综合素养的真实考验，也是师生间一次灵魂的净化和升华。

　　由此可见，学生不会评价时，教师的评价是何等的重要，教师适时到位的评价，使学生的个性得到张扬，潜在状态得到提升，思维得到拓展，就能产生巨大的"能量"。事实证明，老师的评价大大激励了全体学生的学习积极性，上课发言的面特别广，想说话要说话的参与欲望特别强，他们觉得说错了没关系，会得到正确公正的评价。

　　（二）集体评价的基本策略

　　学生对评价基本入门后可进入集体评价。集体评价的意义在于从集体的舆论中形成和确立评价标准。在评价中教师要帮助学生学会首先看到同学的优点和进步，对学生要报团结友爱的态度。同时还应该让学生感到老师也是集体活动中的一员，切忌以"裁判员"、"审判官"自居。

　　在评价活动中，学生们渐渐能依据大纲中听、说、读、写的要求作为评价标准来实事求是地评价自己的伙伴。如在学生学"齿"这个字时，学生这样评价：我认为××小朋友把"齿"字的构成分析得很正确，我要向他学习。但是我要帮助他的是这个字不是"凵"部首，而是"止"字部。

　　在《打碗碗花》（人教版小学语文课文第六册）的课堂教学中，教师请一位同学朗读一段课文后，其他学生这样评价：

　　"他能读出'我'紧张、轻松、自信的语气，但语速上要有快慢之分，语调上要有起伏之别，重点词再突出点会更好。"

　　"我认为大家说得对，我好好练练，明天再读给你们听。"

　　但老师不仅要在宏观上引导方向，更要在微观上给予具体指导。例如，在评价作文片断"冬天来了风在哭雪在飞小动物怕冷不知到朵到那里去了可我不怕冷我是勇赶的"中，有个学生这样评价："连标点都没有，看不懂，一口气怎么读啊？错别字太多，意思不明白，不知道在写什么？"小作者听着同学们的"批评"羞得满脸通红。为了保护学生的自尊，激发学生写作的动机，充分挖掘他们的潜力，使作文评价成为学生爱写作文的催化剂，这位老师及时进行点拨："刚才同学说得很有道理，可老师却认为这段写得不错，同学们不妨来共同找一找文章的优点。"室内一片寂静，孩子们一脸惊讶。一阵搜索后，学生发现闪光处"风在哭""雪在飞"把风和雪写活了，他不怕冷，真勇敢。小作者的脸上终于有了一丝微笑，轻轻地说了声"谢谢"。这位老师继续评价道："同学们评得太棒了，我们评价习作既要看到缺点，也要看到优点，才能全面，以后你在评价同学作文时就该这么做！现在我们一起为这段作文锦上添花好吗？"指名学生上黑板修改，让小作者朗读一遍。老师夸道："你写得真好！像一首小诗，再大声地有感情地读一遍，好吗？"这位老师能够把学生的长处和亮点加以肯定，对其中的缺点和错误委婉地进行指点，这样的评价不仅促进了学生们之间的交流，而且也激发了学生们的写作热情。

集体评价增加了同伴交流的时间、空间。集体评价允许窃窃私语，允许寻求教师、同学帮助达到事半功倍之效。评价不许硬性统一，因人而异，优等生严格要求，好中求新，好中求异，中下等生鼓励为主，只要在原有起点上有进步就大加鼓励，给学生以成功的喜悦。

经过训练，学生们能依据评价标准，正确评价自己的伙伴。这些善意而中肯的评价以互助互爱、团结向上为基础，认真听取同学的发言，认真阅览同学的作文，认真给予别人评价，充分发挥评价的教育功能。

二、小组评价与自我评价相辅相成

各门学科的课堂教学各有其学科特点，我们要针对不同的学科采用不同的课堂教学评价策略。例如在音乐课中，我们以小组为单位，小组长负责制成立互评小组，对每个学生的每节音乐课堂学习表现进行评价。首先教师设计好课堂表现评价档案（如表4-7），让音乐小组的每个成员轮流记载本小组内的同学在每节音乐课上的成功与不足。表现好的同学在相应的空格内画★，表现不好的打○，不一定要每一项都打，表现特别好或特别不好时才打。评价档案是每个学生在每个学期中的成长记录，是期末时评定一个学生音乐成绩的主要依据。评价档案不仅对课堂教学起到了一定的调控作用，使学生的学习更加认真主动，而且解决了音乐老师最头痛的纪律和带学具的问题。

表 4-7　课堂表现评价档案

内容＼学生	甲	乙	丙	丁
听				
唱				
奏				
动				
说				
态 度				
合 作				
创 新				

　　每个学生都会在别人的表演后进行自我对照,当发现了自己有过人之处,低段的小朋友会毫无顾忌地当众表现自己,而随着年龄的增大,学生却越来越羞于表现自己。为什么会这样呢? 我认为这跟我们的评价方式有很大的关系。以前,我们总是以师评为主,所谓师道尊严,老师说对的就是对的,老师说错了,哪会有假? 怎么可以自己说了算? 老师老是说我错,那么出丑不如息手! 久而久之,很多学生就把自己封闭了。因此当学生年龄还小,教师在上课时应该经常问问学生:你认为自己的表现怎么样? 你觉得自己唱得怎么样? 使他们对自己的学习过程进行回顾和反思,让他勇敢地说出自己的优点,承认自己的不足,培养学习的主动性和对学习负责的态度。谦虚是一种美德,可是过于谦虚使学生不善表现自己,从而形成内向、害羞的性格。自我评价就是要培养学生通过比较,认识自己的长处和不足,自豪地说出我行! 我很棒! 渐渐地学生的自我评价就会越来越积极,学生也会变得越来越自信。

　　把评改权还给学生顺应新课标的需要,让学生变"被动"为"主动"。无论是构思写作,还是评改交流,都突出一个"自主",尊重学生的判断权,充分体现学生的个性,老师只做组织者和参与者。教师的作用就是在刚起步时,细致地在方法上给学生指导,让学生有一个明确的评价论据,这样学生才能饶有兴趣地参与进来。习惯养成之后,教师可以更大程度地给学生创造宽松的环境,尊重学生的自主权,充分体现学生的个性,从而激发他们的写作兴趣。

　　教师评价、集体评价是形成学生自我评价(独立评价)的基础。刚开始学生的独立评价是有一定难度的,经过一段时间的训练,学生领会了评价的范例,并获得了对同学的评价经验之后,就能积极地把评价要素纳入自己独立的学习活动中去。

如上《周总理借书》(小学五年制第四册第六单元)一课,教师鼓励学生根据提示语和对话内容积极参与朗读和读后自评。学生们朗读后有各种各样的自评:

如"我认为读得很流利,声音响亮,有表情"。

"我的声音适合演周总理,读起来不加字漏字,并能读出总理和蔼、亲切的语气,能让我上台表演一下吗?"

"我演小王,能读好他坚决、吃惊、激动的语气。"

"听了他们声情并茂的朗读,看着他们用恰到好处的动作来表达自己对文章的感受,我很佩服,觉得自己当学习委员的不如他们,抽空好好练,有机会再读给大家听,一定不会让大家感到失望的。"

又如每节课结束后,老师总要安排一定的时间让学生总结评价,这节课学会了什么?有哪些地方进步了?什么地方最感兴趣?还有哪些疑难?对老师有什么要求?等等。学生按标准对自己的学习情况作评价,能及时发现自己的优缺点。再以《一个苹果》为例:

"通过今天的学习,我学会了观察静物的方法,明白写作文要有具体内容,得用事实说话,还要合理想象表达,写出的文章才会真切感人,这方面我还不行,得向其他同学学习,平时多看书。老师能不能让我重写。"

自我评价使学生产生了自信,增添了学习兴趣,产生了再次尝试的欲望,并且让领先者听到其他同学的评价,使之不敢自满,永不懈怠,也能让落后者得到鞭策,奋起直追。

课堂展示性评价,是以教师的全面提高和学生的全面发展为目标,以教学实践过程和结果为评价范围。教师的作用就是最大限度地去开发学生的潜能,使得学生全员参与教与学,使他们各尽所能,敢于提出问题发表见解,全方位多角度地进行透视性评价,形成良好的合作氛围。

三、定性评价和定量评价并举

新课程标准指出:在教学活动中,对学生的兴趣爱好、情感反应、参与态度、交流合作、知识与技能的掌握情况等,可以用较为准确、形象的文字进行定性评价,也可根据需要和可行性进行量化测评。我们不应该吝啬使用赞美词,因为教师每一句表扬,学生都会铭记心中,特别是成绩不太好,自认为比不过别人的同学,老师的表扬也许能改变他学习的态度和价值观。当学生表现不足时,我们应该巧妙地否定,尽量从另一个角度去评价,绝不能说出损害其自尊的话,让他从此就不喜欢你,从而就不喜欢学习。

有一个四年级的学生,他不喜欢音乐,因为上课时不喜欢唱歌,不喜欢听音乐,只喜欢搞小动作,可是只要有机会他就想表演:唱很难听的歌给大家听,有一次他边唱边表演了一首歌曲《太阳出来喜洋洋》,照样很难听,但是老师说,你长大了可以做个演员。他下课时还在想这句话,拉住老师问他长大了是否真的可以当演员,教师说只要努力学本领肯定可以。他又问当演员需要什么本领,老师说唱歌好跳舞好都是本领。从此他上课时认真了许多。

课堂展示性评价除了可以使用质性评价,在课堂中同样可以常常对学生的表现进行量化评价。课堂中的量化评价可以结合小组比赛进行。如在音乐课上教师就可以进行这样的评价。下面是四年级的音乐课简案。

教案一:《聆听、阐述与体验》
教学内容:
1.听赏四段音乐。
2.按顺序编成一个简单的故事,进行艺术阐述。
3.律动体验音乐。
教学步骤:
1.听赏四段音乐,并想象相应的情境。
2.分组讨论,合编故事,每组推荐一生作艺术阐述。要求内容能与音乐特点相配。

表 4-8　各组表演内容

	第一小组	第二小组	第三小组	第四小组	第五小组
第一段音乐 优美、抒情	太阳东升	生命诞生	晨练	晨读	卖火柴的小女孩的希望
第二段音乐 欢快、活泼	小动物出洞	快乐的少年时期	开开心心吃早饭	考试结束,心情愉快	与奶奶见面
第三段音乐 热烈、激情	觅食劳动	精力旺盛的青年时期	紧张劳动	考上大学,去舞厅狂欢	与小伙伴玩
第四段音乐 宁　静	太阳落山回家休息	老年时期	回家休息	与同学道别	希望破灭

合作表演：以组长负责，通过排练。把故事情节用身体语言表演出来。要求有节奏、有表情地表现音乐，同学合作愉快。各组表演内容见表4-8。

以上每一项比赛老师都及时给予评价，评价表见表4-9。

表 4-9　评价表

	艺术阐述 30 分	表　　演 30 分	合作能力 20 分	创新能力 20 分	总　　分
第一组	24	20	15	18	77 分
第二组	29	25	18	20	92 分
第三组	20	22	18	20	80 分
第四组	20	22	18	18	78 分
第五组	27	20	15	15	77 分

总结："同学们，通过这次活动，我了解你们更深了，听到你们精彩的阐述，我不仅知道你们有丰富的想象力，较强的语言表达能力，而且还具有很好的音乐理解力；看到你们能结合平时所学的律动素材，大胆表演，更令我为你们感到骄傲。可是，竞赛有赢必有输，失败是成功之母，希望你们胜不骄，败不馁，能学会分享别人的快乐，勇敢面对新的挑战！"

教案二:《新年快乐》

教学内容:

1. 交互式合作学习《新年快乐》。

2. 复习 1,2,3,4,5,6 的口琴吹法。

3. 迎新年小小音乐会。

教学目标:

1. 体会快乐的心情。

2. 通过交互式合作学习的方式，学会正确评价自己和别人，从而培养自信，取长补短。

3. 学会有创造有个性地表演。

教学过程:

(一) 互式合作学习《新年快乐》

1. 提出评价要求。

师:(出示歌曲曲谱)"看了这首乐曲曲谱，我们不知道它是否能表达新年快乐，我们可以用什么样的音乐手段来塑造它呢?"

生："唱、吹、跳……"

师："你们能行吗？我请同桌学习后互相评价,让这张评价表(见表 4-10)告诉我,告诉每一位同学你行还是不行。"出示评价表(见表 4-10),讲解评价标准。

表 4-10　评分表

姓名_____	优　秀	10 分为优,1 分表示要努力,他得几分?	要　努　力
吹口琴	吹吸正确、清楚	10,9,8,7,6,5,4,3,2,1	吹吸错误
唱歌	唱歌动听有感情	10,9,8,7,6,5,4,3,2,1	唱歌音不准,不流畅
合作表演	表演大胆有表情,合作能力强	10,9,8,7,6,5,4,3,2,1	不敢表演

2. 听老师弹琴,熟悉歌曲。

3. 同桌合作学唱口琴,互听互评。

4. 同桌合作学唱歌词,互听互评。

5. 音乐小组(约 8 人)合作排练表演《新年快乐》,可唱、可吹、可跳、可用打击乐伴奏,同桌互评。

(二)新年音乐会

1. 表彰。师："首先我们来表彰刚才学习优秀的同学,得三个优的同学请起立。大家表扬!"老师为他们戴上自制奖牌。

2. 小小音乐会。分为四个组来分别表演《新年快乐》。老师分组评价。

(三)结束语

"今天是我们这个学期最后一节音乐课,口琴和表演是我们这个学期的学习重点,通过今天的合作学习、互相评价,你已经知道你学得怎么样了,我将保存这张表,作为期末音乐成绩的参考。为了让每一个同学都了解自己,了解别人,取长补短,请你们把这张表贴在墙上,下课时展览。展览结束后,请课代表交上来。"

评价是无形的激励,通过实施课堂展示性评价,教师可以清楚地认识到教学和评价之间的关系。随着教学改革和评价改革的不断深入,"以评促教、评教结合"的思想将会深深扎根于教师的心中,课堂展示性评价成为促进教师和学生发展的有效途径。

第五章 成长记录袋评价

第一节 成长记录袋评价概述

一、对成长记录袋评价的认识

成长记录袋(Portfolio)也译作档案袋、成长记录、卷宗夹、学习文件夹等。就语义分析来看,是 Port(携带)folio(资料)的组合,有"代表作选辑"的意思。最初使用这种形式的是画家和摄影家等艺术家,他们把自己有代表性的作品汇集起来,以便向预期的委托人展示。这是一种能够表现其个人艺术追求、设计风格、创作成就、涉猎领域,集不同时期代表作和艺术探索历程的作品集①。

成长记录袋评价是 20 世纪 80 年代西方中小学评价改革中形成和发展起来的一种新的质性评价方法。所谓质性评价,即力图通过自然的调查,全面揭示和描述评价对象的各种特质,以彰显其中的意义,促进理解。多以描述和记录为主,注重对学生日常的表现、真实的状态的观察和分析,可以深入地再现学生发展的过程。在充分肯定学生进步的同时又能为其指出问题所在以及今后努力的方向,以此来激活潜藏在每个学生心中自我发展、自我实现的内在需要,促进每位学生在原有水平上的持续发展。

---

① 黄光扬著:正确认识和科学使用档案袋评价方法,载《课程.教材.教法》,2003 年第 2 期,第50 页。

学生成长记录袋评价指将学生学习情况、有代表性的作品有目的地汇集起来,以显示学生在较长的时期内在课程的一个或多个领域中所作出的全部努力、进步、学业成就。成长记录袋可以说是记录了学生在某一时期一系列的成长故事,是评价学生进步过程、努力程度、反省能力及其最终发展水平的理想方式。其本质是激发学生的成就感和学习动机,通过学生的反思与改进取得更高的成就。

我国学者徐芬和赵德成认为[①]:"成长记录袋是根据教学目标,有意识地将各种有关学生表现作品及其他证据收集起来,通过合理的分析与解释,反映学生在学习与发展过程中的优势与不足,反映学生在达到目标过程中付出的努力与进步,并通过学生的反思与改进激励学生取得更高的成就。"

直到 20 世纪 90 年代以后,成长记录袋被广泛应用在美国中小学的各科教学之中。成长记录袋评价也是汇集学生作品的样本,但它们的目的和内容,是为了展示学生的学习和进步状况。成长记录袋内容的选择或提交,是由被展示作品的作者与成长记录袋提交的对象学生和教师共同决定的。成长记录袋因其个性化的关注学生的成长历程,使学生在感受进步、体现成功、建立自信的过程中获得内驱力,拥有判断自己学习质量和进度的机会。成长记录袋制作的进程,涵盖了一项从起始阶段到完成阶段的整个跨度的任务。

成长记录袋是学生把自己关于某一个主题作品放在一起,展示每一个学生在一个或多个领域的学习过程中所作的努力、取得的进步以及反映学习成果的一个集合体。成长记录袋评价是发展性评价的重要组成内容之一,通常它以文件夹的形式收藏每个学生具有代表性的学习成果,可以包括学生最好的作品和最初的作品,它能展示在不同领域中学生随着时间的推移所取得的进步,展示学生的进步和成长。成长记录袋可以督促学生经常检查他们所完成的作业,在自主选出比较满意的作品的过程中,反思他们的学习方法和学习成果,培养他们学习的自主性和自信心。可以说,成长记录袋评价一方面能够记录学生的成长过程,真实地反映他们在成长过程中的成功与挫折,让学生体验成功,感受成长与进步;另一方面,成长记录袋也为教师、家长和其他人提供了更加丰富多样的评价材料,使教师能够更加开放地、多层面地来评价每一个学生。

---

① 董奇主编:《成长记录袋的基本原理与应用》,陕西师范大学出版社,2002 年版,第 6 页。

二、学生成长记录袋的类型

结合国内中小学就成长记录袋应用所开展的实践探索,依据成长记录袋的不同用途,可以将它分为展示型、过程型和评估型三种类型,每种类型的基本特点如表5-1所示。

（一）展示型

收集学生最优秀或最满意的作品,而描述学习过程的作品不包括在内;学生有选择作品的权利,教师不能用自己的标准代替学生选择作品;鼓励学生考虑作品选择的理由,而相关的反省记录也可以装进去;其内容是非结构化的,每个学生的成长记录袋可以不相同。

（二）过程型

所收集的学生作品不仅指结果性作品（如作文的终稿）,还包括学生在完成这一作品过程中所产生的过程性作品（如作文的草稿和修改稿）。由教师完成的核查表、教师所做的课堂观察记录、表现性测试的结果、学生的自我评价和反省,或者来自家长的信息等,只要能真实地反映学生的学习过程,都可以收集。所收集的资料必须是在教学过程中自然产生的,这样才能真实地反映学生的学习过程。

（三）评估型

用于评估学生学习与发展水平的成长记录袋,其内容通常是标准化的,就像其评分过程一样,这种成长记录袋可以作为学生升留级的参考,也可用于一定时期的总结报告。

实际上,评价实践中产生的成长记录袋类型还有很多。比如美国南卡罗来纳大学的格雷德勒就以成长记录袋的不同功能为标准,把成长记录袋分为理想型、展示型、文件型、评估型和课堂型五种。对于中小学教师而言,究竟哪种分类方法更科学更合理,并不十分重要。重要的是正确认识各种成长记录袋的构成及优势,并能根据自己的教育教学需要,合理高效地应用成长记录袋。将成长记录袋的各种潜在功能落到实处,切实促进学生的发展与教师的成长。

三、学生成长记录袋的内容

选择什么样的作品放入到成长记录袋中,具有很大的灵活性。总的来说,其中包含的材料应是由学生自主选择,并与教师共同确定的作品。但其具体构成成分,则根据不同的使用目的、学科特点、学生差异等而有所不同。

表 5-1　成长记录袋种类及其内容

类型	构成内容	目的
展示型	收集的是学生自己选出的最喜爱或最佳的作品,以及他们对作品的自我反省与选择标准的说明。反映进步的作品不包括在内。其内容是非标准化的	在有家长和其他人参加的展示会上,呈现学生作品的样本。用以展示每个学生的所长和个性,充分发挥评价的激励功能,让学生体验成功,树立自信,增强学习的内驱力
过程型	记录学生在学习某一领域的进步过程或轨迹。帮助学生发展起对自己的学习过程或尽力进行反思、评估和监控的能力。培养学生的学习兴趣与积极性。家校间传递学生基本信息的来源	学生不断发展中所"积累"的所有信息与证据。学生除了负责选择和提交符合要求的作品以外,还要检查自己在一定领域中取得的进步以及尚待改进的地方,对自己的成长进行基本的思考与评价
评估型	由教师、学校或学区建立的用于评估学生学习与发展水平的学生作品集。(课堂行为观察评价表、试卷、成绩手册、教师寄语等)其内容和评分过程都是标准化的	作为学生升学、留级与否的参考,向家长和管理者提供学生成绩的标准化报告。可用于利害测试

　　总的来说,教育工作者一致认可成长记录袋的基本成分是学生在某一学科领域内的一系列作品,用以展现学生的成就、进步与不足,描述学生学习的过程与方法,反映学生的学习态度、兴趣与情感。但作品的收集应当是有明确目标的,不是随意的。

　　作品可以是作业、评定量表、检核表、轶事记录、测验、演示活动、反思性文字、自评和他评等。其呈现方式可以多样化:文字材料、草稿、图片、画作、剪报、录像、录音、杂志等。

　　尽管目前人们对成长记录袋评价的认识还不尽一致,但从理论和实践两个层面对这些不同的观点和做法进行分析和比较,我们发现,对成长记录袋评价的定义具有以下一些共同特征:

　　1.组成成长记录袋的基本成分是学生作品,而且数量很多。

　　2.作品的收集是有目标的而不是随意的。

　　3.成长记录袋评价应提供给学生发表意见和对作品进行反省的机会。

　　为了让教师对成长记录袋的内容有更直观的认识,我们可以参看图 5-1[①]。

---

　　①　雷吉尔(David Lazear)著,郭俊贤译:《落实多元智慧教学评量》,台湾远流出版公司,2000 年版。

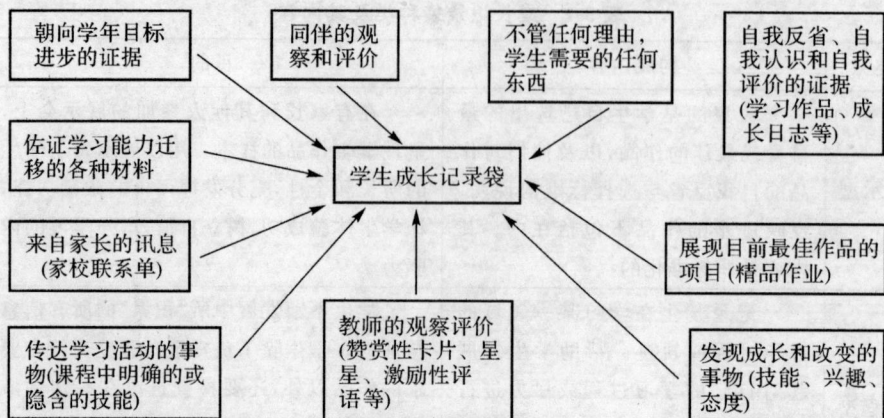

图 5-1　成长记录袋内容的组成

四、成长记录袋的作用

(一)促进学生反思

成长记录袋能够促进学生的自我评价与自我反思,这将充分发挥学生的主体性,激发学生的学习动机。成长记录袋的重要特征之一就是学生的参与,在成长记录袋创建和使用的过程中,学生可以自己选择将什么装进成长记录袋,可以参与成长记录袋标准的制订,还可以把自己的作品与其他同学分享。在这个过程中,学生对自己的作品进行自我评估和反省,对于不满意的地方学生可以进行改进以取得更好成绩。这就使得学生的学习主动性和学习动机得到极大的激发,也促进学生个性的发展。

学生的自我评价或反思可以通过制订具体的标准、班组或小组讨论、调查表等方式,引发和促进学生的自我评价和反思能力。表 5-2[①]就是运用成长记录袋促进自我反思的案例。

表 5-2　运用美术成长记录袋促进自我反省

美术成长记录袋的构成
一学期有 6～8 件作品,要求把每一作品创作过程中不同阶段的草稿、修改稿与最终稿都放入记录袋中。另外还有对每一作品按照反思调查表中的内容进行的自我反思。
美术成长记录袋的目标
通过自我反省,以及与教师、同学甚至是家长的交流,让学生主动地学习欣赏、鉴别、评述,了解艺术的创作过程,提高创作能力,同时提高自我评价与反思的能力。

① 徐芬,赵德成著:《成长记录袋的基本原理与应用》,陕西师范大学出版社,2002 年版,第28 页。

　　这种做法使学生清楚地发现自己在美术学习中的长处与不足,从而明确下一步的改进目标,并在不知不觉中培养起对自己学习负责的态度和精神。

反思调查表

1.本次作品的任务和要求是什么?

2.请描述你在创作过程中的思路。

3.你的作品表现了什么含义?是否与规定的要求相符?为什么?

4.你最喜欢这件作品的哪一方面?

5.你最不满意的是什么,如何改进?

6.你需要老师在哪方面提供帮助?

（二）促进学生自主学习

　　成长记录袋可以让每个学生看到自己的进步和努力,使学生逐步成长为自主学习者。成长记录袋是将学生自己最为满意的作品收入其中,当学生考虑在学习成长记录袋中放入哪些学习作品时,他们将思考这些作品是否能够真实地反映自己的能力,是否能够向他人展示自己的学习进步情况等,这就培养学生不断反思自己学习的能力,从而获得更大的发展。

　　有一位教师在使用了一学期的成长记录袋后,总结道:"在这一阶段的研究工作中,我摸索着进行,但我确实感受到了学生的变化。以前他们也看过不少课外书,但从没有注意读书之后有什么收获,这次收集描写雨的词语,他们积极性很高,很多同学开始有意识地收集词语。有的家长说:从那天开始,他家的词典、字典全出来了,有一本好几年都不见的字典也被找出来看。而且有的同学每学完一课都追着老师问:老师,这一课有描写人物心理的词语让我们积累吗? 有的同学干脆就直接说:老师,我知道描写人物心理的词还有暗暗高兴、惭愧、沉痛、心如刀割……同学们开始有意识地积累词语了[1]。"

（三）促进教师发展

学生成长记录袋可以促进教师反思，有利于教师的专业发展。成长记录袋评价是师生"实践—反思—发展"的过程。不仅学生取得了进步，教师通过此项活动也提高了自己。一方面，通过一系列的教学活动和学生们成长记录袋中的一件件各具特色的作品，教师能够更加清楚地认识到，学生没有好生差生之分，每一个学生都有闪光之处，都是有潜力的。每一位教师都应该站在学生发展的角度来评价学生，把评价定位在激励学生的进步上，即从每一个学生的自身发展来肯定学生的进步，让每一个学生都体验到学习的乐趣，养成自主学习的良好习惯。同时，在分析每一个学生的成长记录袋的过程中，能够更加深入地了解每一个学生的个体差异，比如学生学习兴趣或态度的不同，学生气质和动作速度的不同，对这些差异的认识有助于教师形成对学生的准确期望，以便在教学中因材施教。

另一方面，通过分析和反思成长记录袋中积累的学生作品，教师可以清楚地了解学生在学习过程中的成功之处与薄弱环节，促使教师反思自己的教学，考虑教学目标是否达到，在教学中有哪些地方做得不足，如何有针对性地改进才能更有效地进行教学等等，进而在不断反思的过程中促进教师自身的发展。

总之，成长记录袋评价为学生创设了一个宽松、愉悦的学习空间，充分调动了学生学习的积极性，让每一个学生都有充分发挥自己创造力的机会；学生通过参与学习活动和成长记录袋制作，获得了成就感，体味到成功的喜悦，从而对学习保持浓厚的兴趣；成长记录袋评价也使学生开始学会认识自我，开始有意识地发现他人的长处，学会客观地评价他人，学会与人相处，同时也增强了学生们的民主意识；评价使得学生与家长以及教师之间的关系更加融洽，从而促进了教育教学工作的开展。

第二节　成长记录袋的建立

如何指导学生创建自己的成长记录袋呢？成长记录袋的创建主要采用

---

[1]　苏琦著：《记录成长、促进发展——浅谈运用成长记录袋的几点优势》，http://www.teacher-blog.com.cn/group.asp? gid=197&pid=107910。

以下系列步骤。

一、明确建立成长记录袋的目的

　　成长记录袋评价的第一步就是明确目的。成长记录袋的类型、收集的具体项目、应用对象和有关人员、收集时间的安排等，都会因目的的不同而不同。那么，成长记录袋可以服务于哪些目的呢？归结起来，主要有展示学生的最佳成果，描述学生学习与发展的过程，以及对学生的发展水平进行评估三个方面。

　　如果创建成长记录袋的目的是为了展示优秀作品，那么材料的收集可以在任何时候，只要有满意的或喜欢的好作品出现，就可以把它收集起来。如以"展示特长"为主题，那么学生可以收集反映自己特长的一系列优秀作品。

　　如果创建成长记录袋的目的是为了反映学生的进步，那么所收集的作品必须是一段时间内累积起来的。比如，如果学生确定的主题是展示进步中的我，那么，其收集的作品就必须是在某一时间内的连续累积，作品的类型可以是一系列的作业，也可以是教师或同伴的观察记录、测试卷等。这种成长记录袋可以反映学生在某一学科上的发展情况。教师也可以对学生精彩的学习片段（包括学生精彩的回答、提问以及有创造性地解决问题的方法等）加以记录并放入成长记录袋。

　　如果创建成长记录袋的目的是为了水平性评估，那么就要求在同样情景下，在同一时间，按照一定的标准收集起所有被评价学生的作品样本。用于水平性评估的成长记录袋，目的是为了作为某一阶段结束（如期末、小学毕业）时的一种水平性评价，也可以用于选拔性评价，如升学考试。

二、确定成长记录袋的主题

　　要应用好成长记录袋，教师必须了解自己的教学目标，以及学生学习与发展的目标，清楚地知道学生是否达到了所期望的水平。基础教育课程改革纲要与课程标准为每一年级的学生的学习、教师的教学设立明确的目标，教师在教学过程中可以根据新颁布的课程标准中的目标及所用的教材，界定出一个清楚且具体的目标，结合学生学习的现状，来确定成长记录袋的主题。

　　以二年级的语文课程标准为例。此学年的教学目标主要集中在四个方面：即识字与写字、阅读、写话、口语交际及综合性学习。而对阅读的具体目标包括了喜欢阅读、对感兴趣的任务和事件有自己的感受和想法,课外阅读量不少于 5 万字等。这些阅读目标很难全部在课堂中实现,因此,阅读成为许多语文老师创建成长记录袋的主题。如老师可以指导学生创建以"我是小书虫"为主题的阅读成长记录袋。教师们利用阅读成长记录袋不仅能够培养学生对阅读的兴趣,还可养成学生课外阅读的习惯,在扩大知识面的同时,还可以帮助积累有关的词汇。成长记录袋的运用与传统的评价方法相比,将让教师们更多地考虑知识的运用、与现实的联系以及学习结果的产生过程,这正是基础教育课程改革在目标上强调的知识与技能、过程与方法、态度与情感的有机整合。

在一项研究中,根据需要我们在不同的年级和学科设立了不同的成长记录袋主题[①](见表 5-3)。

表 5-3 在不同年级不同学科设立的成长记录袋主题

年级	学科				
	综合	语文	数学	英语	其他
二年级	进步中的我	我是小书虫 爱心卡	有趣的数学	奖励卡	小巧手 小小书法家 小画家 小博士
三年级	进步中的我	聪明本	有趣的数学	单词接龙	小巧手 小小书法家 小画家 小博士
四年级	进步中的我	阅读袋 习作集	有趣的数学	单词接龙	小发明家 小科学家
五年级	有特长的我	笔耕袋 习作集	生活中的数学	单词接龙 猜谜语	小发明家 小科学家
六年级	有特长的我	笔耕袋 习作集	生活中的数学	单词接龙 猜谜语	金点子

---

① 钟惊雷,边玉芳著:小学生档案袋评价的实践探索,载《当代教育科学》,2005 年第 1 期,第 42—44 页。

三、确定要收集的作品与数量

确定了成长记录袋的主题以后,接下来要做的事就是决定要在成长记录袋中装什么东西。由于学生是成长记录袋的主人,所以学生可以自己决定成长记录袋的外形与结构,按照自己的兴趣与想象对成长记录袋进行设计与"包装",更重要的是学生决定着成长记录袋中收集什么样的作品,并对自己的作品进行评价。

那么,成长记录袋收集作品的标准是什么呢? 一个就是评价的目的。在成长记录评价中系统收集学生的作品可以为不同的教学和评价目的服务。成长记录袋的价值在很大程度上依赖于评价目的的清晰程度、所选材料的针对性以及成长记录袋的评价标准。另一个标准就是,选择在本次任务中,现阶段最好的作品。把一个主题的学生作品放在一起,它能显示学生在一个或多个领域中的成果、过程和进步。同时,成长记录袋可以包括学生最好的作品和最初的作品,它能表明在不同领域中学生随着时间的推移所取得的进步。

根据马丁-克尼普(1997)的报告,成长记录袋与纯粹的作品集的不同之处表现在:

1.在选择进入成长记录袋的内容时,必须有学生的参与;

2.进入成长记录袋作品的选择标准必须进行阐释;

3.作品的价值判断标准也必须加以阐释;

4.还应该有一些学生对作品的反应材料出现在成长记录袋中。

有了成长记录袋的内容和评价的标准就相当于有了不同等级的标准。学生能集中于学习的过程,并在提交最后成果之前对他们的作品进行修改。

学生不仅可以人手一个成长记录袋,而且还可以针对不同主题和学科制作"袋中袋"。班主任和各学科教师可以根据自己的班级和所任学科的特点及需要和全班同学协商后确定一个主题,或"展示进步中的我",或"展示多面手的我",或"展示课堂中的我",或"展示学习过程中的我"……确定了主题后,学生就可以有针对性地收集作品。在此之前,每位学生还必须每人设计一张成长记录袋的目录,将要收集的内容分门别类地列出来,便于自己和他人查阅。比如,表5-4是一位同学设计的一张成长记录袋内容目录。

表 5-4 学生设计的成长记录袋内容目录

一、语文类	
1	有好有坏的课堂作业本
2	从一般到优秀的预习本
3	一次全班成绩最好的作业
4	值得回忆的听写成绩
5	值得骄傲的一份考试卷
二、写字类	
1	由一般到优秀钢笔字作业
2	由一般到优秀毛笔字作业
三、生活类	
1	摄影作品
2	一本记载着我成长的日记
3	一本获奖得来的光荣笔记本
4	一篇不同寻常的读后感
5	自制工艺品(老虎头香袋)
6	一把让人吸取教训的梳子
7	一架在梦想中能载着我飞出去的飞机

设计完成长记录袋的目录之后,就可以按照顺序往成长记录袋中放入这些东西。

四、明确成长记录袋的参与者及其作用

从成长记录袋的目标出发,教师、学生、同伴与家长都将是成长记录袋的参与者。

(一)学生的参与

一般情况下,学生是实施成长记录袋的主体,学生可以自己决定成长记录袋的外形、结构、收集的作品以及对作品的评价;作为成长记录袋的实施主体,学生还需要对作品进行自我反省或反思。在开始时,教师需要对学生进行帮助,需要培训学生评价自己的作品,表 5-5[1] 是克莱蒙及其同事提出的教师进行培训自我评价时的标准,供教师指导学生时参考。

---

[1] 徐芬,赵德成著:《成长记录袋的基本原理与应用》,陕西师范大学出版社,2002 年版,第 51 页。

表 5-5　自我评价指导的建议

①提出优秀作品的标准。让学生参与到标准的制订过程。如果不可能,至少要让学生在完成任务之前就对标准有清楚的了解和把握

②自我评价过程的指导。用作品样本训练学生发现符合要求的作品和不合格作品间的差别。此外,还要训练学生发现作品的优点和不足

③让学生进行自我评价练习。教师要在练习过程中,向学生提出一些问题,并对其自我评价的质量予以反馈和指导

④帮助学生根据自我评价情况提出发展的目标。有效的自我评价练习不仅要让学生能评价作品的样本,还要提出下一步的学习目标

⑤在课堂活动中依据目标与评价信息进行教和学

（二）教师的参与

教师在成长记录袋评价中起着激励与指导作用,比如在成长记录袋的目的和对象、主题、作品和数据等方面,教师可以帮助学生一起制订。教师除了要求学生按照教学目标实施成长记录装袋外,还要有计划地将学生的作品或反思结果进行反馈。

在成长记录袋的实施过程中,教师还应该制订一个成长记录袋的交流与激励性展示的计划,使每个学生都有机会展现自己的劳动成果,体会成功的喜悦,激发进一步收集的动机与积极性。

（三）同伴的参与

同伴的作用主要体现在对作品的评价上,同伴通过对他人作品的评价,不仅能够吸收到其他人作品中好的东西,还能够不断提高自身的鉴赏能力与批判性思维能力。并且由于同伴是儿童,他们看待作品质量的角度会与教师或家长不同,因此同伴对作品的评价能够促进学生的自我改进。

在同伴参与中,离不开教师的指导,这一点对于低年级儿童来说尤其重要。

（四）家长的参与

家长的参与更多地体现在通过成长记录袋中所收集的作品与家长进行沟通,用具体的证据来与家长交流孩子在某一时期学科学习上的优势、进步与不足,让家长在家庭教育中也能够有的放矢。

为了能够让家长积极地参与到评价中来,教师可以借助学校开放日和家长会的机会组织全体学生家长进行一次培训讲座,期间向家长普及一些观察孩子和与孩子有效沟通的技巧和策略,可以就家校合作的途径与家长一起商讨,让家长意识到家庭教育在孩子成长中的重要地位,帮助其以支持

者和合作者的身份参与进来。

首先,让全体学生家长了解这项任务实施的意义,明确家长在其中要扮演的角色以及需要尽到的义务和承担的职责。明确告知家长这学期的教学任务以及家长需要做的事情,使家长明确自己的职责和要求。必要时可以给家长一些更为具体的指示(如表 5-6①),以告诉家长如何评价孩子的作品,如何帮助孩子针对作品进行反思,以达到促进学生发展的目的。

表 5-6　一个写作教师设计的家长对成长记录袋的评价

家长对成长记录袋的评价
家长姓名＿＿＿＿＿＿＿＿＿＿＿＿　日期＿＿＿＿＿＿＿＿＿＿＿＿＿＿ 学生姓名＿＿＿＿＿＿＿＿＿＿＿＿＿＿＿＿＿＿＿＿＿＿＿＿＿＿＿＿ 　　请阅读您孩子的成长记录袋中的所有东西,包括最初的草稿和教师的注释。其中的每件作品都是按照从前到后、从草稿到终稿的顺序排列的。而且,每件作品都附有学生和教师关于这件作品的评论以及合作的过程。最后,成长记录袋中还包括一份书面调查表,在表中学生写了他们作为作者的强项和弱点。 　　我们相信对学生写作的最好评价者是学生自己,但是也应该包括教师和家长,我们希望您能够对他们的写作技能进行评价。 　　当您读完成长记录袋里的所有内容以后,请您与您的孩子谈论一下他们的写作的情况。另外,请花几分钟时间回答下面的问题。 　　成长记录袋中的哪件作品让您获知有关孩子的写作的信息最多? 　　它告诉了您什么? 　　在孩子的写作中您发现孩子的强项是什么? 　　您觉得您的孩子在作为一个写作者成长和发展方面有什么需要注意的吗? 　　对于孩子所在班级的写作方面您有什么建议吗? 　　其他评论或建议? 　　非常感谢您在您孩子的写作上所花费的时间

其次,学生成长记录袋的相关书籍和资料对家长开放,欢迎家长借阅。为家长准备一些家校联系单,以便保持教育的一致性。通过教师和家长共同关注学生的成长,可以及时交流关于孩子的各种信息,整合教育目标,协调教育行为,以促进学生的全面发展。

五、成长记录袋的收集与更新

在收集的过程中,教师务必要积极地动员学生参与作品样本的选择,如

---

① Diane Hart 著,国家基础教育课程改革"促进教师发展与学生成长的评价研究"项目组译:《真实性评价——教师指导手册》,中国轻工业出版社,2004 年版,第 108 页。

此可以帮助学生对任务形成一种积极的态度和责任感,从而使得他们愿意尽自己最大的努力去完成。放手让学生自己收集作品,来证明他们在课堂上确实有所收获。

教师应向学生明确使用的目的性,尤其对于低年级的学生来说,教师必须明确地提出对他们的要求,并让学生准确地了解教师的教学目的和需要他们做什么,怎样做。这样学生在动手收集之前就能对自己需要做什么有个清晰的概念。

不同年龄阶段的学生以及同一年龄的学生之间的认知水平是有差异的。所以,在低年级实施"成长记录袋"仍然需要老师亲自指导,完全放手让学生自己做是不太现实的。但要相信低年级学生也有能力来自主决定哪件作品应该被收集进去,适当地放权给学生有利于帮助他们认识和理解自己所学的内容的价值。待到高年级就可以让学生根据要求自己动手设计和填充材料了。

学生作品及相关证据是在教学过程中产生并收集起来的。也就是说,成长记录袋中所收集的具体项目,不是在某一教学过程结束后,专门安排时间通过某种活动来完成而是在日常的教学活动中自然生成,并根据需要收集起来。这样,教师们反映的费时费力的问题也可以在很大程度上得到解决或缓解。

学生在成长和变化,新的作品也在不断增加。所以,材料应该是定期更新的,这样才能保证成长记录袋动态地反映学生的成长过程。总结实践经验,在低年级比较适宜的做法还是老师指导学生完成更新。

六、成长记录袋的反馈与展示

及时评价、及时反馈和指导是成长记录袋取得实效的关键所在。信息反馈是师生间加强沟通和增进理解的桥梁。通过成长记录袋的反馈不仅可以促进信息的传递还可以进行师生之间的对话。

教师要及时对所收集的资料进行分析和反馈。收集不是目的,促进学生学习与发展才是成长记录袋应用的出发点和归宿。教师如果把学生辛辛苦苦收集起来的作品放在一旁而不作评价,其潜在的教育价值也就无法发挥。教师要尽量和学生一起回顾他们的成长记录袋,发现其优势和不足,一方面指导学生不断改进学习,另一方面也促进自己教学质量和专业能力的提高。

定期展示,在展示的过程中注重反思。教师引导学生对自己的作品及各方面表现进行观察、比较、分析、评比,引导学生反思这一阶段自己最大的优势和潜能以及不足之处以便完善自己各方面能力,体验到学习成功的喜悦,发现自己闪光点和特长潜能,从而激发学习兴趣,以获得求知的成就感、情绪的愉悦感、学习的成功感。

只有学生在展示的过程中激发出进一步收集的动机,才能保持学生的兴趣和积极性,才能把行为持续下去。因此,在创建成长记录袋时教师必须运用切实可行的激励策略。另外,每个月在班主任的指导下利用班会课进行一次整理,每学期进行一至两次展示交流。还可以在家长会上展示学生的成长记录袋,可以让家长清楚地看到他们的孩子在课堂上实实在在地学到了什么,取得了哪些进步,让家长成为学生教育的积极参与者。

七、成长记录袋的外观与保存

教师尽量避免分发给学生现成的、完全统一的成长记录袋,可以为学生提供一些材料,鼓励他们开动脑筋,充分发挥想象力,按照自己的喜好来设计自己的成长记录袋。

学生是成长记录的主要记录者,教师应该告诉学生在封面上写上自我介绍、喜欢的座右铭、喜欢的格言、自己的画像或照片,配上其他图案、卡通画等等,使别人一看到封面就可以了解到"学习成长记录袋"的小主人大致的情况。这个封面,既体现了学生的特性,其实也是展示学生风采的一个小小舞台;从封面上,我们可以看出每个学生身上可贵的闪光点。要有一张目录,使别人对其中收集了哪些材料能够一目了然。

更好地呈现和展示自己的成长记录袋,教师可以将每个学生的成长记录袋保存和刻录在单独的软盘或光盘上。不便于储存、检索和管理的作品,可以通过应用电子技术,建立包括文本、声音、图像以及视频信息的电子成长记录袋来解决。

学生的成长记录袋应主要由学生本人保管。从学生成长记录袋的价值看,真正需要不时翻阅成长记录袋的人是学生本人而不是教师,其目的在于帮助学生形成元认知学习能力,学会监控自己的学习过程,从而逐步实现学会学习。所以,学生成长记录袋不需要保存在教师的办公室或者学校的教导处,成为点缀、形式,甚至垃圾。教师要做的事,是通过定时检查、表扬优秀等方式,指导和督促学生建好、用好自己的成长记录袋,发挥成长记录袋的真正作用。当然,也要教育学生,定期整理,保存好自己的成长记录袋,一旦有需要,随时能上交。

　　许多教师对学生的保管能力心存疑虑,但实践证明,即便是一年级的学生,如果教师的规定具体明确且便于操作,他们也可以井井有条地保管好自己的成长记录袋。所以教师应当相信学生的能力,让学生自己保管的目的在于培养学生自我管理与监督的能力和习惯。

第三节　成长记录袋的评定

　　建立成长记录袋是为了利用成长记录袋开展多种形式的展示性评价。成长记录袋评价是教师、同学、家长共同参与的过程,能够形成多元评价的格局。通过这种多元评价,让学生对自身有了更加清楚的认识,能够更加客观地评价自己,同时也学会更加客观地评价他人,学习他人的长处。

一、建立成长记录袋的定期评价制度

　　在建立成长记录袋的基础上要对成长记录袋进行评定。成长记录袋的评定是指对成长记录袋中作品的评定及以成长记录袋为整体的评定两个方面。成长记录袋的评定结果及其相应的结果报告将在很大程度上影响学生今后的发展。根据教学的进度和学生的具体状况,进行定期的成长记录袋评价活动,比如一月开展一次,并制订月评价表。这样的定期评价制度能够较好地发挥学生的主体作用。

　　学生是成长记录袋的设计与执行者,因此,我们要充分调动学生,使其成为成长记录袋的主人。学生可以选择将什么样的作品装入成长记录袋中,可以撰写学习日志,作为成长记录袋的一部分。

　　成长记录袋评价还有学生自我评价的部分,它要求学生对自己的学习进行自主评价。学生需要对作品进行自我反省或反思,写多写少均可,以自己喜欢的形式写在本上,可以在文字的中间插入自己喜欢的图案或贴画,也可以是其他形式的装饰,总之应让学生喜欢这项作业。开始时,需要教师帮助,鼓励学生进行反思,指导他们如何反省或评价自己的作品。渐渐地,学生就能够根据自己的情况作认真的反思。如有一位学生在看到自己成长记录袋里的一篇习作时,他回忆道:"这是我写得最满意的一篇文章,也是我印象最深的一次习作。因为这篇作文倾注了我很多心血,它是我改了多次才完成的。第一次,我写的文章,语句不通,中心不明确,而且错别字也很多。

第二次,我一句一句地读,逐字逐句地改,然后再让同桌给我提意见。第三次,我在老师的帮助下,再次修改,终于成为一篇很不错的文章。后来,这篇文章被刊登在《初航》报上。我太高兴了,这是我第一次在写作方面取得成功。通过这一次写作过程,使我明白了一个道理:好文章是修改出来的。从那以后,我每次作文都能反复修改,写作水平大大提高,好作文自然层出不穷。今后,我要养成不断修改的好习惯,并且要多看书,多积累,努力提高自己的写作水平。"这样的例子数不胜数,许多学生通过反思找到了成功的捷径,总结了很多学习的经验,成绩突飞猛进。再如一位同学看到自己由一开始写到现在的每个阶段的书法作品,感慨万千。他说:"这是我两年来的作品,这里凝聚了多少的汗水和心血。从一开始的横不像横、竖不像竖,到今天我能获全国铜奖,真不容易啊。"

学生还要自己对成长记录袋作出评价。如一位同学对自己的成长记录袋这样评价:"我觉得这是我学习的乐园,这也是我学习的过程。我喜欢它。"而另一位同学这样评价自己:"我喜欢成长记录袋里的十字绣,它是我花了十六天时间绣成的。"也有同学这样评价自己:"我喜欢自己的成长记录袋,因为里面放了很多奖状和习作集。"他这样评价自己:"我是一个真实的男孩,就像我写的文章一样,实话实说,别见怪。"还有的同学:"一张一张的'爱心卡',有我成功的快乐,也有我失败的教训。"通过这种多元评价,学生对自身有了更加清楚的认识,能够更加客观地评价自己,同时也学会更加客观地评价他人,学习他人的长处。

二、利用主题班会进行学生间互评

不定期开展各种主题班会,对某学科或某一主题的成长记录袋进行学生间互评。如开展"夸夸别人,说说自己"主题班会,这种主题班会使学生们看看"别人眼中的我"和"自己眼中的我",开展互评活动。如一位三年级的语文老师让同学们就成长记录袋中的作文进行互评时,列出了以下要求:

看到你觉得好的句子或词语用"＿＿＿＿"画出来。

对于作文中的错别字,要圈出来,而且要把正确的字写在原位置的上面。

看到不通顺的句子、病句或歧义句,用"＿＿＿＿"画出来。

在作文的后面写出这篇作文的优点(至少两处),以及需要改进的地方(至少两处)。

思考通过这种评价活动,自己有什么收获。

同学们都改得很仔细,圈圈点点划划,并且根据自己的看法写上了自己的意见或建议。学生们通过互评,看到别人眼中的自己,做到优点别人说,缺点自己说,不仅学会了客观评价自己和他人,还学会了与他人合作。活动的开展过程也是学生们心灵碰撞、行为反思的过程。

三、利用成长记录袋与家长进行交流

利用成长记录袋,让家长进一步了解自己的孩子和别的孩子的学习情况。家长可以就孩子一段时期的读书、学习、生活等情况写上评语,提出建议,几句话即可,但要以鼓励与表扬为主,最好能够写得具体些,让孩子通过这几句话明白自己的进步与改进的方向。如一位学生的家长这样评价:"从幼儿园开始,张扬就有获奖的证书存档(像演讲比赛第一名),现在又有新的成绩进袋。希望张扬再接再厉,更上一层楼。随着年龄的增长,成长记录袋里有更多的惊喜。"另一位学生的家长这样评价:"'成长记录袋'记录着女儿一个时期内的每一点所作所为,增强了她的动手能力,激励着她进步,丰富了她的人生经历,将成为她的美好记忆。"还有家长这样写道:"成长记录袋的形式很好,虽然孩子的笔法还显得很稚嫩,但我们相信你会一天天成熟起来。"家长也可以根据自己的标准给自己孩子打上等级。同时我们还应该就成长记录袋评价问题向家长征求意见。家长除了对教师的研究工作和学生们取得的进步加以肯定外,也可以提出建设性的意见。如有个家长这样写:"通过成长记录袋,我们看到了孩子成长的足迹,成功与不足。希望在老师的指导下,成长记录袋的内容能更丰富些。"

四、举行大型展示活动

为了进一步提高学生对成长记录袋评价的兴趣,教师应该经常召开成长记录袋交流展示会,一般每学期开展两次。学生以小组为单位交流自己的收获,介绍自己成长记录袋中的作品,然后由各小组选出代表在全班交流,给每一个学生以展露才华的机会。同时,同学之间互相对成长记录袋作出评价。如一位同学看了另一位同学的成长记录袋后,这样夸道"周奇的成长记录袋不但说明他学习好,而且说明他有很多特长。"

为了配合成长记录袋评价,还可以制作一份"评头论足"评价汇总表。在设计评价表的过程中,首先大胆让学生设计,充分调动学生的积极性,充分显示他们的小主人翁意识。在学生设计的同时,教师也设计一份,然后将所有的评价表公布,选出最优,教师归纳后再征求意见,这样经过多次反复,

代表师生共同意愿的评价汇总表产生了。评价表上还列有"我眼中的自己、同伴眼中的我、家长眼中的我、老师眼中的我"几个栏目,由教师、同伴、家长以及该学生本人分别写上评语,让学生通过这种无声的评语感受到老师、家长以及同伴的爱和希望,感受到同伴的关心和支持。具体如表 5-7 所示。

表 5-7 评头论足——来自"成长记录袋"的评价反馈

	我来说一说	评价者姓名 (签名)
同伴眼中的我 (来自小伙伴的评价)	姐姐的书法作品太好啦	李　娜
	你的勇敢男孩绣得真好	吴　彤
	你的作品真丰富	谢　飞
	你的作品很好,特别是封面,值得我们学习	赵　振
	我觉得你的东西很有价值	王　菲
	你的成长记录袋做得很精致,也很认真	李　立
	你的成长记录袋蕴涵着很多知识,真好	袁菲菲
	赵雨晴,你的作品太好了	李　珂
	作文写得特别好,值得我们学习	张　鹏
家长眼中的我	"成长记录袋"记录着女儿一个时期内的每一点所作所为,增强了她的动手能力,激励着她进步,丰富了她的人生经历,将成为她的美好记忆	
我眼中的自己	我用自己的心和小巧手做了一幅十字绣,我很喜欢它。我绣的是一个可爱的小男孩,他是我曾经的邻居,也是我的知心小伙伴,现在他搬家了,我很想念他	
老师眼中的我	内容丰富,作品精致,有特色,记录着自己的悲欢喜乐	

五、学生制订下一步的学习目标

收集、评价成长记录袋是为了促进发展。在对自己和同学的成长记录袋进行总结、评价和反思后,要求每一个同学在评价表上制订出自己下一步的学习目标。

如一位三年级同学在看了自己和同学的成长记录袋以后,这样反思:"为什么别人总能得到这么多的奖状和爱心卡,而我总是得不到呢?我仔细想想,觉得有以下几个原因:一是上课还不够专心,发言不够积极;二是作业太粗心,导致错误多;三是平时学习不够自觉,不肯多看书,多学习。今后我一定要克服这些缺点,争取得到奖励卡。"此后,老师发现这位同学学习变用心了,作业正确率明显提高,各方面的表现有了明显改观。

一位成绩优秀的五年级同学,当他看了别的同学的成长记录袋后,这样认为:"他们为什么得到的奖项是多个学科,多个方面的。而我只是语、数方面的,这是为什么呢? 也许我学得太狭窄了。我是不是也应该多看看其他方面的书呢,多学点其他东西呢?"后来他把自己的想法跟老师去说,老师非常赞同他的想法,并鼓励他大胆尝试。他开始去学大字,去学小提琴。据家长反映,每一样都学得很用心,很刻苦。半年过去了,他又在反思本上写道:"原来我还有这方面的特长,太好了! 如果没有当初的反省,也许就不会有今天的成绩。成长记录袋真好! 而且我深深地体会到:努力着是美丽的。今后我还要不断努力,更多地挖掘自己。"

六、成长记录袋作为人手一份的期末报告

教师在学期末必须有针对性地对每一个学生的作品或反思作一个书面评价,并把成长记录袋和评价作为学生综合学习报告中的一部分,反馈给家长和学生。教师要根据目标要求提出作品的长处与不足,同时提出建设性的意见或建议。如老师评价一位同学时这样写:"一个平时充实的孩子,她的成长记录袋也应是充实的。"对另一位同学这样评价:"它记录的是你的成长足迹,用心去护理它,它会长出肥硕的果实来。"对下一个小朋友这样评价:"你很用心地制作着自己的每一件作品,因此,你的成长记录袋也记录着你成长的过程,努力的过程,奋斗的过程。"

等到期末总结的时候,除了厚厚的一本评价手册之外,学生们都能领到一只纸袋。纸袋正面是学生亲手绘制的美丽的图画,以及学生自己亲手设计的目录,里面的内容被标识得一清二楚。打开纸袋,里面全是学生亲手收集的东西:各科作业、绘画作品、剪贴画、作文、书法、自编故事、自我评价……此外,纸袋里还有一份班主任及任课教师的评语:"他的动手能力很强,能剪出栩栩如生的小动物,我们希望他在假期中剪出更精致的作品。""我们建议他在假期中读完十本左右的儿童读物。"……

我们可以设想,当努力学习了一个学期以后的学生们在收到这样的成长记录袋时,一定会非常高兴和自豪。因为在这个记录袋里,他们能够看到一个热爱学习、积极上进的自我,也可以看到一个有特长并且心灵手巧的自我。他们可以看到自己的进步,体验到成功的快乐,找到自身的价值,从而激发起他们向更高水平迈进的信心。而当那些学生的家长在看到这个成长

记录袋时,他们不仅可以看到孩子的点点滴滴的进步,还可以更加全面地了解自己的孩子。于是,他们必定会十分乐意按老师的建议给孩子以最大的帮助和引导。

从实践来看,成长记录袋从一定程度上改善了过去为评价而学和教的状况,而转化为为学和教的优化和发展而评价。它更加关注学生求知、探索和努力的过程,以及他们在学校各个时期的进步情况,从而深入学生发展的进程。更加关注学生的个体差异,尊重学生的主观愿望,真正实现有意义更富有个性的学习。成长记录袋既是过程又是结果。它既是对于作品样本、成绩记录和个人反思的有目的、有组织的收集,也是收集、分析并运用这些作品和经验来指导学习的过程。在这个过程中,学生学会了对自己的学习负责,发展了对自己的理解能力进行评价的能力。成长记录袋既是一种评价方式,同时也是一种学习方式和教学手段。它提倡的是明确的预期、共同参与决策、自我反思以及互相合作的过程。评价手段具有激励作用,评价形式生动活泼,评价过程具有反思作用。个性化的关注学生的学习和成长,收集资料丰富,灵活度高。增强教师与学生的合作与理解,有助于改善师生关系。因而,成长记录袋评价已成为促进学生全面发展的一种有效评价方法。

第六章 作业展示性评价

第一节 作业展示性评价概述

一、目前作业评价存在的问题

作业是反馈、调控教学过程的实践活动,也是在教师指导下,学生独立运用和亲自体验知识、技能的"二次学习"过程。通过作业学生可以巩固基础知识,掌握技能技巧,发展思维能力,所以教师要重视对学生作业的管理。作业评价是作业管理的一个重要环节。作业评价的目的不仅仅是为了考查学生达到学习目标的程度,更是为了检验和改进学生的作业过程,养成良好的作业习惯,形成优秀的学习品质。

传统模式下,教师按照自己对教材的理解和对学生学情的感知经验,要求所有学生完成同样的作业任务,然后教师对照既定的答案批改作业,找出学生作业中存在的问题给以反馈、纠正并打出分数,或者发现作业中存在的共性问题调整个人教学。这种模式下的作业评价,强调和追求学业成绩的精确化和客观化,忽视了学生学习的主体性和能动性,存在着明显的不足。主要表现在以下方面:

(一)传统的作业评价方式没有以人为本

传统的作业形式和内容是一样的,即同一内容,同一难度,同一要求。作业是全班统一的,有些学校甚至要求全年级统一,有些学生"吃不了",有些学生"吃不饱",这明显违背了因材施教的教学原则。与此相应的作业评价方式常常采用"√"、"×"来评判正误,"非对即错";用百分制、等级制进行评价,"只见分数不见人"。这些都是应试教育的产物,缺乏科学性,也没能以人为本。这种传统的作业评价方式固守在对知识学习的结果上,在评价学生学习成绩方面有一定的作用,但有些片面,较少关注学生的学习思维、作业习惯、作业过程、解题思路、学习情绪、创新精神和动手实践能力等方面,不能全面评价一个学生的素质及发展潜力。而恰恰是这些潜在的东西决定了学生的学业成绩和个体发展。

(二)传统的作业评价方式重结果轻过程

传统模式下,教师只评价作业的结果而不关心作业过程。学生做一道大型的数学或物理、化学题目,整个解题思路完全正确,但因一开始就看错了一个数据,于是中间结果没有一个是对的。学生会得到完全否定的评价,只能得一个"×"或者零分。即使自拟题目的作文,在评卷时教师也常会因个人喜好给学生打分,与自己观点较接近的给分就高,与自己观点相反的即使学生全文很流畅也不能得高分。传统作业评价对过程的关注很少,把过多的注意力放在了结果上。如果学生用自学或其他从非课堂教学中得来的,超越现行教材的方法解题,教师将这些解法当作不受欢迎的甚至将受到禁止,这不但严重地挫伤了学生自学的积极性,而且从培养创新精神与实践能力这一标准来说也是非常不可取的。

(三)传统的作业评价方式缺乏师生交流

传统的作业评价是教师"一张桌"加"一支笔",学生被剥夺了参加评价的权利,他们只能被动接受教师的评价。久而久之,压抑了学生主观能动性的发挥。学生对教师的依赖性增强,自主学习和自我评价意识越来越淡化,从而也影响了学生的学习积极性和学习成绩的提高。传统模式下,作业评价方式机械:学生交作业,老师改作业,课代表发作业,学生看对错号、改错题,教师复批。学生和教师之间的联系纽带就是那些没有感情的符号——"√"、"×"。评价过程中师生之间没有思想、情感的交流,教师不了解学生对错的原因,不能真正了解学生的学习情绪;学生也不了解教师批改的标准。

作业是学生学习的外在表现,是个体学习品质的外露,所以"作业评定"在评价中占有重要的地位,是学生发展性评价的重要组成内容之一。"多一把尺子,就多一批好学生",我们作业评价的目的不仅仅是为了考查学生达到学习目标的程度,更是为了通过检验来改进学生的作业过程,激发学生的学习兴趣和热情,促进学生的发展。因此我们在作业评定中要充分渗透新课程改革的理念,除了关注学生作业过程中基础知识和基本技能的评价之外,更注重学习中其他因素(包括智力因素和非智力因素)的评定。扬弃以往在作业评定中忽视学生作业情感的做法,充分发挥作业评定的人文性和激励性,对学生的学习过程进行全面、综合的评价。

二、新课程背景下作业的多样性

(一)自主型作业,让学生选择适合自己的作业任务

这一类型的作业主要体现学生的自主性,发挥学生的主动性,给学生留有自主选择的空间,让学生自选内容、自选量度、自选难度、自选形式、自定作业。这样的作业形式,能够培养学生的特长,发展其个性,使学生自主学习、主动发展。同时,也可以让学有余力的学生吃得饱,学有困难的学生吃得了,促进学生的整体发展。

(二)实践型作业,培养学生解决实际问题的能力

实践型作业通过让学生解决现实生活中的问题,加强了作业的实践性,使得学生能够把书本知识运用到生活实践,培养了学生解决实际问题的能力。教师可以根据不同的授课内容布置调查任务、实验操作、现场表演等不同形式的作业,把学生的视野引向现实的生活。在学生完成作业的过程中,不仅促进学生课堂知识与生活实践的整合,还激发了学生的学习动机与学习兴趣。

(三)开放性作业,培养学生的创造能力

学生都是极富个性的生命体,他们对教材的理解和诠释也富有独特性和创造性。创造型作业引导学生根据已有的知识,通过改、说、唱等形式再现、拓展、延伸课文内容,或加工、整理、采集、剪贴、展评与课文有关的图文资料,编辑专题手抄报、电脑报,或根据对诗文的理解进行书法、绘画创作等。通过让学生自主发挥、各抒己见的作业,为学生营造一种敢想敢说的氛围,培养和提高学生的创造能力。

三、作业展示性评价的特点

新的课改理念告诉我们,对学生的作业进行科学、全面的评价,能起到激励教育的作用。因此,"用发展的眼光看孩子"是我们对学生评价的指导思想,在评价学生的作业时力求多元。

(一)重视激励

作业评定应激发学生的内在动机,把评价作为学生再学习的一种动力,

同时要使每个学生品尝到学习成功的喜悦。传统作业中当学生作业出现错误时,就会用触目惊心的"×"作批示,这当然有警示的作用,但也常常会引起学生的反感,挫伤学生的学习积极性。因此,在作业本中的红"×"应该不要再出现。

尊重每一个学生,尤其是尊重他们的学习成果。评价时我们改变过去那种"区分性评价"为"激励性评价",尽量捕捉学生作业中的亮点。如有的学生字写得好,即可得五角星一颗;有的学生理解与众不同,富有创新,即可得笑脸一个;有的学生作业质量高令人赏心悦目,即可得大奖一个,并获"作业能手"称号。

(二)关注过程

作业是学生学习品质的体现,是学生思维过程的展示,是学生学习掌握情况的表现,因此作业有重要的评价功能。而评价是为了发展,因而作业应该成为学生展示其掌握学习过程的一种手段。如当学生的作业发生错误时,将被标记上"?"等更人性化的符号,在学生改正错误后再把"?"改为大苹果等,由此作业的过程性得以凸现。

对多数学生来说,很难一次就将作业做得很满意,而且也不易养成主动改错的习惯。但是每个学生都希望得到赞扬与鼓励,都希望获得成功。如果学生每次体验到的都是失败,他们就会变得心灰意冷。为此,我采取一次作业多次评价的方式。即:学生做完作业,自评、互评、师评后再进行修改,教师再次评价,若修改正确,同样可以得到红旗、五角星、笑脸娃娃。这样多次评价一次作业,不仅有利于学生养成改错的好习惯,还会让更多的学生获得成功的体验,从而增强学习的自主性和自信心。

(三)以人为本

以人为本、以学生为本的理念是体现在教师日常工作的一点一滴之间,而不是一种口号,作业是学生个体日常的一种学习方式,应该充分体现以人为本、以学生为本的理念。作业评定中要体现以学生为本的人性化原则,主要体现在:充分尊重学生的作品,以他们喜欢的方式批改他们的作业;与学生充分协商,根据学生年龄阶段的需要,用学生喜欢的感性化的符号来代替冷冰冰的分数和触目惊心的"×",使学生乐于做作业,乐于改正作业中的错误。

(四)体现互动

作业评定是一个师生互动的过程。老师从这一过程中,可以发现学生学习上存在的问题,并给予感性的反馈意见,学生也能从教师感性化的评价符号中,感受到老师的激励和希望。

传统的作业评价是教师单向的评价,学生处于被动地位,思维处于"休克"状态,不利于学生纠正错误与培养学生自主学习的精神。我们改变过去这种单一的评价形式为多向评价,让学生也参与到作业的评价中去。教师可采用学生自评、家长参评、小组互评、教师总评等多元多向评价,让学生通过这样的评价,及时纠正自己的错误,指出别人的错误,正确评价自己与他人,把评价权交给学生,真正培养学生主动探索的主体意识。

(五)强化自主

作业评价应充分调动学生的主动性和积极性,通过评价让学生及时调整自己的作业行为,了解自己的学习情况,关心自身学业的提高,进一步发展自己的潜能。

(六)接近生活

作业评定突出学生对学习、生活的全方位体验的重要性。开创生活原型的作业方式,让学生在自然而然地投入中获得知识、技能、情感和态度的正面提升。

四、作业展示性评价的作用

(一)导向作用

作业评价的着眼点是促进学生各方面的发展、提高学生的整体素质,因此作业评价关注的不仅仅是本学科学生掌握知识的程度,还要把学生在学习中所表现出来的能力、情感及社会化等方面因素都进行综合考虑。以写作业评语为例,教师应该在评语之中使学生进一步明确学习目的。教师针对每个学生的具体学习问题作出评价,对学生的学习有明确的导向作用,使他们懂得学习的方向。比如有一则这样的评语:"得到这个分数的你远远比得到同样分数的别人更令老师高兴,因为你终于找到了适合自己的学习方法。"学生看到这样有导向性的评语,就能够进一步明白自己的优势和不足,明确自己的努力方向,充满信心地去学习。

(二)沟通作用

作业,尤其是作业评语是沟通师生的桥梁,它能改变学生那种看完分数便将作业本放回抽屉的状况。老师对出现问题的作业,对出错处均可写评语,在简短的评述中饱含惋惜中肯之情,学生也能找出自己出错的原因,从而提高学生学习的积极性。

实施新课程,改革学生作业评价,要针对不同需要进行选择,发挥师生互动评价的功能,构筑作业评价的立体框架,使评价的结果有利于学生树立学习的自信心,提高学习的兴趣,更好地发展学生的思维,促进学生的主动发展,体验学习的无穷乐趣。

(三)鼓励作用

每当学生有一点点进步时,教师的及时鼓励、及时表扬,会使学生产生浓厚的学习兴趣。"最近你的作业比以前认真了","老师看到你的进步真为你高兴",如此鼓励性的评语,学生自然会产生"我要学"的念头,因为自己的努力、自己的劳动得到了教师的认可。同时,教师要明白,作业中出现错误是正常的事,关键是如何根据具体情况给予针对性的指导,使学生在找出错误原因的同时得到指点,让学生看到评语后觉得"老师是最理解我的人"。这样,学生易于接受也乐于接受老师的意见,形成一种自我激励的自觉行为。

第二节　作业展示性评价的实施

传统作业被视为强化课堂教学的一个途径或工具,追求的是终结性的实效。新课程标准下的作业已不再完全是课堂教学的附属,而更是重建与提升课程意义的重要内容。在新一轮课程改革的理念下,作业评价要以学生发展为本,让学生通过独立练习和作业评价,获得成功的体验,使他们对后续学习更有信心。作业将成为学生成长的履历,成为激发学生积极情感、态度和价值观的重要工具。因此在学生作业评价的过程中,要解放评价价值观,改革传统评价方式,"用发展的眼光看孩子",以激励为主,关注学生的全面发展。

一、作业评定感性化

根据低年级学生形象思维占主导地位,对直观、感性的线条、图形比较敏感,而对文字的感悟力较弱的特点,在作业评定中采取感性的评定方式。

(一)图案评定法

学生作业出现错误时,采用"　、? ◣"符号作出评定,订正后再用相应的"√ ⊙(苹果)◣(旗)"等符号作出肯定;在最终评定时,采用一系列配套的"大小笑脸"、"大小红旗"和"星级"作为评定等级。这样的评定方式可以提高学生完成作业的自觉性,养成良好的作业习惯;同时,也培养学生有错就改的良好学习品质。

(二)"爱心卡"评定法

对作业评定做周期性的小结,评定周期的长短由老师根据课程进度和学生特点来制订,一个"评定阶段"完成一轮"作业周期自评"—"小组合作互评"—"爱心卡评定"。评定等级操作则通过"学生自己为自己打分—同学双向互动评分—教师用'爱心卡'寄语期望"这些步骤来完成。每个阶段结束后都让学生自查自评,发现自己的优点和缺点,能够初步形成"自我认同"、"自我督促"的自我意识和自我教育的能力;而"爱心卡"评定其实是教师与学生对话交流的过程,教师用学生最感兴趣的各式各样漂亮的小卡片,对学生在一个阶段的作业情况或表现情况作一个评定,如"老师发现最近你的字写得有进步,努力着就是幸福的!""把粗心丢进'垃圾筒'可不是件容易的事,老师相信你能行,好好干!""你值得你的同伴学习的地方就是——你对作业的一丝不苟。""相信自己是最重要的,作业要学会独立。"教师对学生取得成绩的肯定,对其不足的指导,对其智慧的赞赏,与其心灵的共鸣,都为孩子日后的成长起了一个人格的奠基作用。

二、作业评定互动化

把作业评定渗透到学生群体的交往互动中去,因为社会交往和社会互动是个体自我意识发展的杠杆,同时也能加快个体的社会化进程。例如:对口语交际课上故事的拓展部分作业,可以首先让学生进行自我酝酿,自我欣赏,可以辅助于动作、表情、体态等等,先进行自我评价;然后,找小伙伴相互交流自己的思路,用自己的语言相互评价,说说对方的优势与不足,取长补短,对自己的同伴作出一个恰如其分的评定。在这一过程中,教师不仅指导学生完成了作业评定,更是为学生创设了人际交往的一个良好氛围,让学生在评定过程中学会交往,分享自己的情感。又如,"每天秀一秀"作业展览,把优秀的作业展出后,每位同学都有权利对展出的作业"指指点点",并在"学习卡"上把自己的心得记下来,"寄"给自己关心的那位同学。这种特殊的评定方法,让学生在一种和平民主的气氛中进行交往学习,在学会学习、学会评价的同时,也学会了做人。在这样一种互动评定的过程中,每个学生都全程参与,张扬个性,弥补不足,让学生在更清楚更感性地认识自己、接纳自己的同时也善于发现别人的优点,互学互利。这不仅有利于学生潜能的开发,更为塑造学生健全的人格奠定了基础。

三、作业评定个性化

根据差异,分层设计:每个学生受其智力水平、思想能力、学习习惯、生活环境的限制,所表现出来的学习能力也不尽相同,因此给学生布置作业不能"一刀切,齐步走"。在进行作业设计时,老师们针对学生的差异,将作业设计成难易有别的 A,B,C 三组,让学生根据自己的实际情况选择适合自己的一组。基础差的学生做 A 组的一些基本练习,如生字、词语、背诵等巩固性练习;中等学生做 B 组练习,主要是对知识的理解和简单的应用;成绩优秀,学有余力的学生可以做 C 组难度较大的作业。例如在教学小学语文《青蛙睡觉》一文时,老师出的 A 组题,是让学生设计生字卡片,主要目的是让他们掌握最基本的生字新词;设计的 B 组题是按课文内容填空,以及创设情境:小蜻蜓为了不吵醒小青蛙,替小蜻蜓为小青蛙写一则留言条;设计的 C 组题是为班级中的优等生有一个发展的空间:在课堂教学中,仿写《青蛙睡觉》,充分发挥学生的想象力,进行个性化的写话训练。在这种具有层次性的作业过程中,不同层次学生的各种需求基本得到了满足。同时,在解答 ABC 三个等级题目的过程中,用感性化的"☆) ♡"符号来加以评定,把对孩子的肯定用一种特定的符号表现出来,使他们对自己有正确的自我认识,产生正确的自我评价观。同时也让他们在实践操作中不断向自己挑战,A 组题能出色完成的,可挑战 B 组题;B 组题能轻易解答的可挑战 C 组题,从而也培养了孩子一种新时代必需的挑战精神。不同层次的题目,针对不同层次的学生,这样既体现了教学目标的"下限要求",又体现了教学目标的"上限要求",使不同起点的学生在同一次练习过程中同时都有所提高。

根据特长,体现特色。每个学生都是一个独特的个体,每人都有自己的闪光点。教师可以根据学生的不同特点布置"特色作业",其内容、形式可以是丰富多彩的。如教学古诗《静夜思》后,教师可根据学生的兴趣和特长,充分调动学生的积极性,发挥学生的创造性思维,投其所好:喜欢绘画的,可以用五彩的笔画一画美丽的月夜,体验李白"举头望明月,低头思故乡"的情感;喜欢弹古筝的,用自己悠扬清亮的琴声来表达与李白的共鸣之情;喜欢朗诵的,可以选配乐曲来模仿古人吟诗,在情境中吟诵;喜欢写作的,可以想象李白在月圆之夜如何构思给家人写一封家信……把作业设计融音乐、绘画、诗歌朗诵、创作等为一体,充分地体现了每位学生的个性,用不同的方法来体会共同的情感基点——李白的思乡之情。在这样具有特色的作业中,不仅使学生的个性得以张扬,更重要的是学生对生活的体验得到加深。在作业之后,让每位学生为自己打分,又可培养学生自我评价的能力。教师也可以用"爱心卡""星星卡"等形式,用激励性的语言对学生的表现进行评价,如"从你手指尖尖流淌出的美妙乐声把我们带到了那个月明风清的夜晚……""你感人肺腑的字句,李白的家人看了肯定会感动得热泪盈眶!""你的画中藏着一首美丽的思乡曲!"等等,让学生在自己的表现中得到一种成功的动力。又如学习《葡萄沟》后,我们可以布置一些学生必做的基础题,另外还可以设计几个题目,让学生选做:画葡萄,根据课文为一串串葡萄上色,张贴到教室内,布置葡萄园;充满感情地朗读课文,读出葡萄沟物美、景美、人更美的意境;假如你去葡萄沟旅游,热情的维吾尔族老乡会怎样招待你,请写下来;请你为吐鲁番的葡萄干设计广告;查地图,找资料,请你当导游写一段关于葡萄沟的导游词。有学生在课后这样回忆这节课:"我在这节课中不仅学会了如何学习,更重要的是我看到了自己以前没发现的优点,我的'旅游广告词'得到了老师和同学们的肯定,真让我高兴啊!"

四、作业评定生活化

以语文教学为例,语文学习的天地十分广阔,把语文作业的设计与学生生活相联系,使学生在学校、家庭生活、社会实践中巩固语文知识,发展语文能力。

(一)联系学校生活的语文作业

1.充分利用学校的图书室,电子阅览室,加大学生的课外阅读量,努力做到"三个一"。即每周背一首古诗,每周读一篇童话,每周学会一个成语,做到一点加一个"◇"。

2.开辟校园文化阵地,如办班级手抄报,让学生自己动手采写稿件,自行审编,自行设计版面;让学生写花坛苗圃的保护公约,写各种花卉介绍牌等。可以采用舆论式评价,也可以自己做"我真棒"的奖品进行自我评定,贴到表扬栏上进行表彰,然后教师对学生的努力加以充分的肯定,孩子很在意自己的行为,自己的表现,自己的错误,自己的成功与失败,让他们在自我评价中正确地认识自我,教育自己,才是我们评价的最终目的。

3.每天晨读开展"一分钟演讲"活动,把自己看到的、听到的、想到的当众演说,以培养学生的口头表达能力。

(二)联系家庭生活的作业

通过家长会议、家校联系卡、育子卡等形式,实现家校双向互动的管理模式,让家长为学生提供作业实践的机会,教师及时进行家访检查,促进家庭作业实践活动的开展。例如,培养学生给家长当"秘书",职责是为家长写家庭成长记录、记经济收支账、写书信、写自家农副产品广告、写春联、撰写自家大事记等。每逢母亲节、父亲节、父母生日等还可随机布置一些表达节日祝福的作业,这不仅让学生懂得尊敬自己的长辈,同时也让家长参与对孩子的作业评定,评定方式可以采用家长撰写评语或"打星星等级"等。

有家长对这样的作业评价道:"灵活多变的题型,可以锻炼孩子实际操作能力,应用能力,孩子参与社会的几率增加,这有利于培养孩子的人际交往能力。"由于家长的参与,丰富了对孩子评价的内容,可以更客观更全面地看待一个孩子的成长,也使得孩子能充分展示自己各方面的才能。

(三)联系社会生活的作业

社会生活中处处有学生学以致用的实践性作业,如数学中的统计是最典型的实用性很强的知识块,教师可以让学生在生活中随时运用。如统计课外兴趣小组人数,马路上一小时过往的各种车辆数,最近十天的天气变化情况等。语文也是如此。每逢节假日,若学生和父母去旅游,建议学生做一些社会调查;组织学生开展模仿商人推销产品、为商家草拟广告、就某一社会现象进行评论、为某条街道找错别字等活动。还可随机布置一些有意义的家庭作业,如在传统的节日端午节来临之际,让学生去了解端午节的来历,查阅资料了解屈原的生平,收集、摘抄屈原的诗词进行赏析,了解端午节各地有哪些风俗,亲自动手包粽子、做香袋……通过多渠道的信息收集后,搞一个"端午情结"的作品展示会,让学生在交流互动中吸收知识。

学生完成的作业是学生的"成果",学生的成果渴求得到他人的评价,因此作业的批改力求涉及每一个学生,使每一个学生都感到自己得到了关注;批改的形式可以是由教师批改,也可以是同伴交流互评,对学生作业成果的评价,力求针对不同学生作出不同的评价,切忌一般化鼓励性评语,要评价出学生的特色,使学生感到自己与众不同,使学生的个性得到充分的发展。反馈形式力求多样,既可以让学生向同伴展示自己的解法,也可以是全班性的阶段性作业展评,使每一个学生都有成就感。因此我们对作业的批改和反馈,不能仅仅停留在完成与否、对错与否的层面上,应认识到作业对人的可持续发展也有着其他教学环节所不能替代的、积极的作用。

第三节　作业展示性评价的策略

一、评价方式多元化

新课程作业评价在评价方式上提倡多元评价,淡化单一的终结性评价;注重作业对学生成长的教育发展功能;在作业评定上,主张开放,不过于看重等级、分数的高低。如:有的教师为防止优秀生骄傲,给他们作业评价时严一点,为鼓励差生进步,给他们作业评价时松一点。学生作业批改一般关注两个方面:一是准确性,了解学生对已学知识的掌握程度;二是作业态度,书写是否认真、端正,是否是独立完成的。在对学生作业评价时最好分别给以评价,有的学生作业质量较好:字迹工整、书面整洁、正确率高。但还有不少学生的作业要么正确率高却书写脏乱;要么书写工整,但正确率低。对这样的作业更需要教师在作业批改中,因人因事而异。教师应注重用发展的和整体性的眼光去分析、评价学生的作业,多角度地看待每位学生,确定不同的评价标准,有效地激发每位学生的学习积极性。

二、评价内容整体化

新课程标准下的作业评价更注重整体性,由对纯知识结果的关注转向对学生生命存在及其发展的整体关怀。把作业评价渗透到师生群体的交往互动中去,师生、生生相互之间交流自己的思路,生生之间用自己的语言相互评价,说说对方的优势与不足,取长补短,对自己的同伴作出一个恰如其分的评定。在这一过程中,教师不仅指导学生完成了作业评价,更是为学生创设了一个人际交往的良好氛围。让学生在评价过程中增长见识,学会合作交往,分享自己的情感。同时帮助学生发现与发展潜能,认识自我,展现自我,促进学生生命整体的发展。

三、作业展示性评价与成长记录袋评价的关系

成长记录袋评价是目前国际评价界所推崇的一种质性评价方式,由于其基本思想与我国目前的新课程改革理念非常一致,因而这种评价方式近几年在我国开始被广泛使用。作业展示性评价和成长记录袋评价有着密切

的关系。成长记录袋评定是学生把自己关于某一个主题的作品放在一起，展示每一个学生在一个或多个领域的学习过程中所作的努力、取得的进步以及反映学习成果的一个集合体。成长记录袋评价通常以文件夹的形式收藏每个学生具有代表性的学习成果，可以包括学生最好的作品和最初的作品，它能展示在不同领域中学生随着时间的推移所取得的进步，展示学生的进步和成长。可以说，成长记录袋评价一方面能够记录学生的成长过程，真实地反映他们在成长过程中的成功与挫折，让学生体验成功，感受成长与进步；另一方面，成长记录袋也为教师、家长和其他人提供了更加丰富多样的评价材料，使教师能够更加开放地、多层面地来评价每一个学生。

成长记录袋评价的主要作品是学生的作业。如果确定的主题是"展示进步中的我"，那么，收集的作品就是在某一时间内学生作品的连续积累，如一系列的作业。这种成长记录袋可以反映学生在某一方面或某一学科上的发展情况。成长记录袋评价也可以让学生对学习成果进行反思，而对作业的反思就是对作业进行评价的又一个重要过程。教师可以结合学生成长记录袋，采用星级评价表，分平时小结和期终总结两部分进行。

（一）平时小结

平时小结就是每隔一段时间教师或者学生按照事先制订的评价标准对学生的作业情况进行总结。

比如，每周进行一次作业小结：凡是每周作业自觉完成，书写认真，清楚端正，正确率比较高且有创意的，可以申请五星级，在自评一览上画上五颗星。凡作业独立完成，书写比较认真，清楚端正，正确率一般的可以评为三星级，在自评一览上画上三颗星。

为了便于管理，教师可以制订一张作业评分表（如表 6-1），将评分表贴在作业本的扉页上，用此记录每次作业的得分情况。

表 6-1　作业评价表

周　次	项　目	星　级	需改进	组长评定
	课前预习			
	课中质疑			
	作业参与情况			
	作业完成情况			
	作业改正情况			
月小结				

（二）期终小结

在期末考试前,为了对学生一个学期来学习进行全方位的评价,教师可以设计一张问卷,对学生的作业进行全面了解。下面就是一位教师编制的期终作业问卷(见表6-2)。

表6-2　期终作业评价表

学期快要结束了,回忆一个学期来的学习你一定有许多的收获和感悟吧。

听爸爸妈妈的心里话,听听同学对你的知心话,还有老师的悄悄话,也写下自己对作业情况的评价。

分　类	自己的评价星级 ☆	爸爸妈妈的评价星级 ☆	同学的评价星级 ☆	老师的评价 星级☆
学习态度				
课前预习				
课中质疑				
合作参与能力				
完成作业情况				
操作……				
	签名:	签名:	签名:	签名:

（三）及时反馈收集

学生在完成作业时免不了会出错,教师应该指导学生及时订正,并把一些具有典型或代表性的题目加以收集,形成习题册(见表6-3)。在制作的过程中,要求学生收集信息时要做到客观全面又准确。习题册的收集可以促使学生进行必要的反思,形成良好的学习习惯。

表6-3　习题册

时间（月　日）	分		类	自评或备注
	粗心的作业	不懂的作业	其　他	

四、作业评定与期终评定的关系

作业评定还应该是学生期终评定的重要依据。作业展示性评价建议应该是一种"分项考查、综合评定、等级递进"的学生学业评价的模式。分项指每个学科较科学地、恰当地分成若干个项目进行考查评价,并使学业成绩的评价融入整个学与教的过程之中。综合指每个学科由若干个项目成绩按一定的权重、系数综合为一个成绩。等级递进指每项考试达不到优,可以申请重考,成绩相应递进。

例如语文成绩的评价,把语文科分为"字词句、朗读、阅览、听说、写作"五个项目,分别进行考查,给每个项目按"优秀、良好、及格、不及格"四个等级评定成绩,再按年级确定每个分项的权重和等级系数,然后综合评定语文成绩。而字词句、朗读、阅览、听说、写作这些项目的成绩,是以学生平时的作业成绩作为重要依据的。这样才能真正体现评价的过程性和发展性。

总之,学生的作业是学生的"成果",学生的成果期望得到他人的评价,因此作业的批改应使每一个学生都感到自己得到了关注;批改的形式可以是多元化的,可以由学生自主、同伴交流互评、教师批改,但应力求针对不同学生作出不同的评价,切忌一般化鼓励性评语,要评价出学生的特色,使学生感到自己与众不同,使学生的个性得到充分的发展。反馈形式力求多样,既可以让学生向同伴展示自己的解法,也可以是全班性的阶段性作业展评,使每一个学生都有成就感。因此我们对作业的批改和反馈,不能仅仅停留在完成与否、对错与否的层面上。我们相信,随着新一轮课程改革的深入,作业评定必将成为新课程评价体系中的一个重要组成部分而获得越来越多的关注,得到愈加广泛的应用。

第七章　学生学习日记评定

第一节　学生学习日记评定的基本原理

一、对学习日记的认识

日记就是每天所遇到的和所做的事情的记录,有的兼记对这些事情的感受。日记涉及的方面很广,可以自由地运用记叙、描写、说明、议论和抒情多种表达方式的文体,写给本人以备查、待用,属于自我服务性质。在日记的具体写法上,大致有备忘式、纪实式、随感式、研讨式等,几种方式也可综合运用。

学习日记与纯粹的日记有所不同,它是学生对自己学习的自我评价,是学生对自己学习到的概念、学习的过程及学习中蕴涵的情感、态度和价值观的展现。作为发展性评价有效途径之一的学习日记,可以很好地弥补现有评价体系过分强调甄别与选拔功能,不利于促进学生全面发展的缺憾。评价是为了更好地促进学生的发展,学习日记有助于提高学生的自评能力,培养学生的自主性和独立性。

学习日记也是学生对自我学习的反思。反思是学习中不可缺少的环节,它是学生对自己的思维过程、思维结果进行再认识的检验过程。对学生进行评价其中很重要的一个目的是让学生学会自我评价、学会反思。

学习日记不需要每天都加以记录,只是当学生觉得需要时,如在学习过程中遇到困难,在学习中有所发现等情况下,学生可以自行记录下来。学习日记是学生认识、接触周围世界并与之发生联系的反映,是学习情况的展示,是学生内心世界的独白。它可以让学生快速记下脑中一闪而过的思维火花,可以记载学生的整个解题思路和学习过程,可以记录学生在不同学科中的学习感受、自我评估的结果和掌握的关键概念。此外,日记具有很大的私密性,仅供记录者或与其关系较为亲密的人阅读。而学习日记一般是公开的,是教师与学生、家长与学生以及学生之间及时交流的一种对话形式。学生通过撰写学习日记,可以向教师、家长和同伴展示自己的学习经验、学习困难、自我分析、所提建议等,这有利于改善学习环境、学习气氛和教学方法。更重要的是,学生在撰写学习日记的过程中提高了自己的反思能力、自控能力,提高了自身的元认知技能,这些能力为学生的进一步学习和发展奠定了坚实的基础。

二、学习日记分类

学习日记是用来展示学生学习到的概念、学习的过程及学习中蕴涵的情感、态度和价值观的一种有效途径,通过对学习日记内容的归纳,我们把学习日记分为以下类型:

(一)展示思维过程的学习日记

展示思维过程的学习日记是指学生对有相当难度的课堂作业或习题,根据已有的知识一步步地分析解题思路,从而展现自己的思维过程。通过写作展示思维过程的学习日记,学生所学的知识得到了进一步巩固和掌握,学生的逻辑思维能力、反思问题的能力及解决问题的能力都将大大提高。学生通过写学习日记对问题及解决问题的思维过程进行全面的考查、分析和思考,从而深化对问题的理解,优化思维过程,揭示问题本质,探索一般规律,沟通知识间的相互联系,促进知识的同化和迁移,并进而产生新的发现。写学习日记是一种积极的思维活动和探究行为,通过写学习日记可以拓宽思路、优化解法、完善思维过程,使学生的理性思维能力得到发展。

例如,一位学生在做数学习题的过程中,碰到了困难,他开动脑筋,利用以前老师教过的知识,终于把这一难题解决了。他在学习日记中记录了这一思维过程:

星期天上午,我打开《数学思维训练》书,做习题练习。做到第四题时,一下子把我给难住了。这道题是 $\boxed{\begin{array}{l} 8,16,24,32 \\ 83,75,67,(\quad) \end{array}}$,要我们在空格内填上合适的数。

开始,我很着急,但很快冷静下来,开动脑筋,按老师教我们的方法:用加、减、乘、除算相邻的两个数,找出共同点。很快我就发现了一个规律,8,16,24,32 每个数都相差 8,而 83,75,67 也都相差 8。而空格在 67 后面,应该填比 67 小 8 的数 59。

做完习题,我轻松地呼了口气。检查一遍吧!咦!我惊奇地发现另一个规律,每一个对角线的两个数的和都等于 91。也就是说空格内的数,还可以用另一种方法解出,91—32=59。

通过这次习题练习,我明白了两个道理:一、遇到困难要开动脑筋,想办法;二、思路要开阔,解题的方法也许不止一种。

展示思维过程的学习日记对于培养学生的学习反思能力是最为有效的,把思考问题的过程用学习日记的方式记录下来,不仅有助于抓住头脑中一闪而过的思维火花,也能让学生自己体会到反思学习的乐趣,自觉养成主动探究的良好的学习习惯。

(二)展示学习收获的学习日记

展示学习收获的学习日记是指学生对学习过程中的收获和进步(如完成某项有难度的任务,考试取得好成绩,某件作品得到大家的赞扬等)的具体过程或事后的感想记录下来,从而展示自己的成功和喜悦。这类学习日记的最大作用就是能让学生加深对成功的体验,进一步激发学习的动力。

如一位学生在成功地完成了美术作业后在学习日记中记录了这一过程和自己喜悦的心情:

我们都尝到过甜头吧!甜头是什么呢?甜头就是凭着自己的力量去干好一件事,成功了!胜利了!心里就会感到舒服,这就是甜头的意思。在今天,我又尝到了甜头,那就是……

早晨,我起床后,感觉到今天心情特别好,就拿出水彩笔和白纸开始在课桌上认真地画画起来了。我先开始翻开美术书寻找一个个我喜欢的卡通人物,这些卡通人物似乎在说:"主人,快,快画我吧!你瞧,我穿着身花衣服,我是最美丽的!""主人,你看我,多么乖巧啊!挑我画没错……"我看见一棵大树,他似乎在说:"主人,画我吧!画我可以让您家里充满绿色!"我挑啊挑,终于挑好了,那就是那棵大树和一个伐木工人,然后,我把"他们"俩仔细地分析了一下,看怎样画。我先把树和伐木工人们的轮廓打好,再开始一点一点地画起来,起先还挺简单的,可画着画着,我就发现,两个难题,第一,树的叶子要画得怎样茂密才能突出呢?第二,这个伐木工人的面部表情上的那股开心劲儿怎样才能突出呢?我想了一会想到如何可把树叶画得茂密,那就是用颜色勾画出来。而伐木工人脸上的高兴劲儿怎样表示呢? 想啊想啊……嘿,先到镜子前面自己去笑一笑,有感觉了,就好画了,我顺着自己的思路画下去,总算画好了,跟书上一对照,简直像真的一般逼真。当时,我真想叫声:"哦! 我胜利了!"

又如一位学生在学习了课文《鲸》后,学会了许多说明方法:有列数据的方法、举例的方法、打比方的方法等等,并且还知道它们的用法。为了能更深地学懂、学透这些说明方法,他试着在学习日记中也写了一篇说明文,在文中展示了自己的学习成果:

可爱的小鹦鹉

我家养了一只可爱的小鹦鹉,它是我 10 岁生日时,叔叔送给我的生日礼物。为此,我十分喜爱它。

小鹦鹉的身体有 9 厘米长,不胖也不瘦,刚刚好,显得十分小巧玲珑。它全身长着非常光滑鲜艳的羽毛。头部的羽毛是金黄色的,好像是一项金黄色的小花帽,翅膀是淡绿色的,后背的羽毛有点偏棕色,腹部的羽毛有点发橙色,仿佛裹着一个橙色的肚兜。一对黑宝石似的小眼睛镶嵌在头的两侧。它的耳孔十分小,如果不仔细看,就很难发现,但是它的听觉很灵敏,稍稍有点风吹草动,就能迅速地作出反应,鲜红的小嘴弯弯的,好像是一把钩子。小鹦鹉有一双鲜红的利爪,不然,怎么能牢牢地抓住杆子呢? 有了这些,再加上一条有五彩羽毛的尾巴,就更加美丽可爱了。

小鹦鹉不仅外貌美丽,而且也很顽皮。于是,我就送它了一个雅号"小淘气"。每天傍晚放学,我总要先去看看它,它一听到我的脚步声,就昂着头,冲着我"叽叽喳喳"地叫个不停,好像在说"你怎么这么晚才回来,都快把我给饿死了"。它显得那样兴奋,一个人取得了重大成就也没有它那样高兴呢! 当我把谷子和水放进小斗里时,它就狼吞虎咽地,如饥似渴地啄起谷子来,口渴了,喝几口水,它食量很少每次只吃 10 粒谷子。当我把手伸进笼子里,小淘气故意咬我一口时,还用眼睛看看我,仿佛在问"疼不疼?"

小淘气也很爱干净,特别是夏天差不多每天都要洗个澡,而且只要有一点脏东西沾到它身上就马上跳进水里,洗得一干二净。它洗澡时先跳进水里,把身体浸湿,再把羽毛在毛巾上擦洗干净,跳上杆子,身子轻轻一抖,把水抖干,用弯的小嘴轻轻地梳理着羽毛不一会儿就干了。

一次,我把鸟笼放在阳台上,小淘气看到楼下的树木和街道,看到了汽车和人流,看到天空,看到了白云,它兴奋地叫着、跳着,它回过头来对我鸣叫不止,仿佛在说:"放我出去吧,我要在天空中自由飞翔!"我也想,大自然才是小淘气的家,我应该把它放回大自然,于是我打开了笼门,小淘气就飞了出来,在我头上转了几圈,就飞走了,还不时来看我,好像在跟我告别,这时,我心里既高兴又难受,想想等小淘气长大后,还会记得我这位曾经喂养过它的小主人吗?

展示学习收获的学习日记有助于培养学生的自信心,加深在学习中的成就感,体会到学习的乐趣,从而进一步激发学习的热情。

(三)展示学习疑问的学习日记

学生在课堂学习和平时的学习过程中,对老师或同学的想法和思路有不同的意见,而又来不及在课堂上提出或深入讨论的,或者是在自学过程中遇到一些自己无法解决的问题,都可以在学习日记中详细地阐述自己的理由,提出自己的见解,与老师和同学进行探讨。如有位同学在预习了《春天的雨点》这一课后,产生了几个疑问,加以思考以后,得出了自己的结论,但她仍然不是很确定自己的理解是否正确,因此在学习日记中与老师进行了探讨:

今天老师让我们回家后预习课文——《春天的雨点》。我先把课文简单地看了几遍,觉得这篇课文语句十分优美,故事也非常动人,主要写乌汉娜老师观察仔细,发现学生达丽玛上课走了神,就为达丽玛补课,然后又送她回家的事。但有几个问题我却不明白:一是为什么课文赞扬的是老师对学生的关心爱护,对工作的认真负责,题目却是《春天的雨点》,看起来好像是一篇写景的课文。二是老师讲的话是可以记牢的,但怎么能"印"在心里呢?三是乌汉娜老师"沙哑的嗓音"、"发干的嘴唇"说明她已经很累了,但又为什么还要坚持给达丽玛补课?

我本来想等明天上课时等老师告诉我答案,可是转念一想,老师不是说过遇到问题自己要先开动脑筋吗?于是,我带着这些问题又仔仔细细地看了几遍课文。哈哈,我明白啦!题目是《春天的雨点》是说老师对学生的关心爱护像春天的雨点一样。用"印"这个字更能说明达丽玛记得非常深刻。乌汉娜老师虽然很累还是坚持给达丽玛补课是因为她对工作认真负责。

老师,你说我的理解对吗?

(四)展示自我评定的学习日记

展示自我评定的学习日记是一种对自我进行剖析以后,把自己在学习过程或生活过程中的一些优势和弱点进行自我分析,对自身的优点提出更高的要求,对弱点则提出一些改进措施督促自己或希望老师提出一些有用的改进建议,帮助自己改正缺点。如一位同学针对自己粗心的毛病写了以下一则学习日记,提醒自己以后注意,并希望老师能帮助他改正。

"考试卷发下来啦!"课代表远远告诉我。我连忙向教室跑去,边跑心里边得意地想:我肯定是 100 分,不会错的!到了座位拿起试卷一看,98 分!怎么可能!我不禁瞪大了眼睛,回想起了前几天考试时的情景。

那天我接过老师发下来的考试卷一看,"哇!这些题目我都在练习上做过的,太简单了,这次 100 分非我莫属了"。我心里暗暗得意,做起题来也是笔下生风,刷刷刷一会儿就做好了。我草草地检查了一遍,就东张西望起来⋯⋯

现在好了,本来唾手可得的 100 分又泡汤了。看到这个 98 分,我就像被当头浇了一盆凉水,心都凉了,我呆呆地站着,泪水在眼眶里直打转,我真后悔啊!我暗暗告诉自己:"郭宇杰,你以后一定要改掉这个粗心的毛病,否则要吃大亏的!"

唉,这就是我最大的毛病:粗心!老师,你能帮我想想办法改掉它吗?

展示自我评定的学习日记是学生以追求自身学习的合理性为动力,进行主动的、自觉的、积极的反思。它通过自我认识、自我分析、自我评价从而获得自我体验。它是建立在学生内在学习动机基础上的,因此,写此种类型的学习日记对于提高学生的自主性十分有效。

三、学习日记——成长记录袋中的重要组成部分

学习日记可以用来展示学生学习到的概念、学习的过程及学习中蕴涵的情感、态度和价值观,是学生发展性评价的重要方法之一,同时也可成为各学科成长记录袋中重要的组成部分。我们把学生展示思维过程的学习日记、展示学习收获的学习日记、展示学习疑问的学习日记、展示自我评定的学习日记等等放入成长记录袋,教师和学生都能从中看到进步,起到学习日记和成长记录袋的作用。

有一位小学二年级的王老师针对学生的年龄特点,她把学习日记和成长记录袋巧妙地结合起来,通过这种发展性评价方式,激励和促进学生预习的兴趣和能力的发展。根据二年级学生的认知特点,她没有直接用"学习日记"的提法。她告诉学生:"从现在开始,我们每个人准备一个'聪明本',用它来写聪明作业。具体的方法就是在课前自觉预习,课后认真总结,并能把自己的收获和问题写下来,那就是聪明作业,它会使我们越来越能干,越来越聪明。"孩子们觉得这个"聪明本"真神奇,个个跃跃欲试,就这样成长记录

袋启动了。经过一个学年的实践探索,聪明本的效果已经出来了,孩子们课前预习的兴趣不仅得到了有效地激发,而且很好地维持下来,养成了良好的学习习惯;孩子们在预习中主动思考,提出问题,学习能力有了很大的提高。这是把学习日记和成长记录袋合二为一的例子,我们也可以把学习日记仅仅作为成长记录袋的一部分,也就是说成长内容除学习日记之外还有学生其他日常作品。

四、学习日记的作用

学习日记作为师生之间的一种新的交流工具,对于学生的发展具有如下功能。

（一）有助于表达学生的情感态度

由于长期受片面追求升学率的影响,学习逐渐变成了一个充斥着数字和符号的客观抽象的活动,学生的作业只有对和错之分,在大红的"√"和"×"之中,看不到学生学习的情感体验和成长过程,也看不到学生的思维过程和个性品质,只是判定是否掌握了作业所涵盖的知识,没有把学生看成一个持续发展的具有多重特点的个体。这样的教学,学生感受不到学习的乐趣,也不能充分发展个性,因此很多学生出现厌学情绪。学习日记为缓解这一现象提供了契机。

学习日记为学生创设了一个用自己的语言表达学习的认知过程、思想方法和情感态度价值观的平台,有利于学生放开思绪自主建构自己所理解的学习,有利于不同学生学习不同的知识,不同的学生在学习上获得不同的发展。学生写学习日记,可以像和自己谈心一样写出他们自己的情感态度、困难之处或感兴趣之处,教师也可以从中全面了解学生认知过程中的迷茫困惑、顿悟觉醒,能够深刻了解到学生内心的自卑或自傲、痛苦或快乐、疑问或明晰,便于教师有的放矢地进行个别辅导,培养学生学习的兴趣,帮助学生树立学习的信心。因而,学生从中获得的不仅仅是知识,而且还有深层次的情感体验、态度生成以及个性的展现与成长。有个学生在日记中兴奋地写到:"我对学习越来越感兴趣了,以前怎么就没有发现学习原来这么有趣。"从中,我们看到了学生学习态度的转变和学习动机的提高。

（二）有助于学生反思学习的过程

语言是思维的结果,写一篇学习日记,就是学生反思学习过程的一次思维过程。通过写学习日记,可以对新学得的知识进行精细加工,使思维过程明晰化。如在学习"植物的光合作用"运行机制后,学生有意识有目的地用自己的语言对新知识进行阐释,建构自己的理解。这样的学习日记,可以使教师深入了解每个学生对学习的不同了解,从中辨别学生是否在意义建构学习知识,便于教师及时帮助学生纠正不良建构。可见,通过学习日记,一方面可以促进学生思维的条理化,有意义地建构和存储知识;另一方面,可以帮助教师更深入地了解学生的思维过程,使因材施教成为可能。

此外,在写日记的过程中,学生要回顾自己所学的知识,发现生活中的问题,记叙自己理解知识的方式,寻找学习成功或失败的原因,进行批判性的总结,不仅便于教师及时发现问题,对学生及时辅导,而且学生易于接受并及时改正通过自己的反思认识到学习中存在的问题,最终促进学习能力的提高。所以,教师应该鼓励学生在学习习惯和学习方法等多方面进行自我评价、自我反思,选出最感兴趣的问题进行总结,特别是对错误进行反思,找出错误的原因,并将当时的想法写下来。

(三)有助于构建学生发展性评价

1.关注学生个体差异

一般的练习或考试都是采用统一的模式,教师也往往根据标准答案进行批改,从而得出一个抽象的分数。从这个分数中,常常很难体现出学生的个别差异,评价被置于统一的模式和规格之下,学生的个性被忽略。学习日记则完全是一种个性化的评价方式。虽然都是以日记的形式,但学生可以根据自己的想法自由地书写,展示自己在学习中的成果和困惑。通过阅读学生的日记,教师可以清楚地了解每一个学生的学习表现和能力发展,使尊重学生个体差异,促进学生全面发展成为可能。

2.倡导评价的多元性

一般的学习评价方式往往是以教师作为评价的主体,学生作为被评价的对象。作为一种相对固定的评价模式,学生在评价过程中是被动的,因此他们对评价的结果往往是消极应对的。而在学习日记中,学生既是评价的对象,又是评价自己的主体。通过自评,学生进行反思,自己发现自己的问题,因此学生更乐意对自己的行为进行调整。而且,虽然新课程倡导家长参与评价,但实际上,对于主要以练习和考试为主的评价方式,家长除了看一个分数之外是很难介入的。学习日记则为家长提供了一座了解孩子、全面评价孩子的桥梁。通过学习日记,还可以进行同学之间的互评,从而达到相互学习、共同提高的目的。因此,学习日记作为一种评价工具,为实施多元评价提供了一种可行的方法。

（四）有助于实现教学相长

"教学相长"就是学与教相互影响,相互促进,从而双方都能得到提高。学习日记为教师提供了获得反馈的途径,它可以让教师看到学生的学习情况,更能让教师看到自己的不足,从而不断地提高自身素质,调整教学,去适应学生的学习。

教学活动是师生的双边活动,而学生是学习的主体。只有全面了解学生,教师的教学才能做到有的放矢,教学效果才能达到最优化,才能起到促进学生发展的作用。教师可以从学生写的学习日记中,看到他的解题思路、推理过程、学习方法的掌握情况,以及存在的问题,也可以了解学生对一堂课,或一门课程的情感态度。这不但有利于教师及时掌握各个学生的学习情况并及时给予指导,更有利于提高教师对学生学习心理过程的分析、把握的能力,以及教学调控能力。如一位同学在日记中这样写道:"回顾一个星期所有的数学课,我的感受确实不少。我十分喜欢做与现实生活有关的应用题,希望老师能在数学课上带着我们多做做。此外,要是您能在课堂上给我们讲一些有趣的故事,或讲一些笑话,就更好了,这样我们就不会因为一直绷紧神经而觉得累了,而且我们的课堂会更加活跃,更加生动。我相信大家会更喜欢上您的数学课。"

第二节　学生学习日记评定的实施

学生撰写学习日记的目的是培养学生的反思力,提高学生的元认知技能。由于学习日记必须由学生本人亲手记录,对低年级的学生来说仍有一定的难度,这就要求使用学习日记的对象应是那些已有一定的书写和表达能力,能清楚而流畅地叙述某一件事物或表达对某一事物的看法的中高年级学生。

一、明确日记内容

刚开始写学习日记时,学生往往不知道该写些什么内容,这时,老师应该向学生详细地介绍学习日记的含义、种类等,并时常给学生加以提示,或给定一个主题,如指定某篇文章,让学生记录对该篇文章的预习过程;或提供一个范围,如指定一个单元的学习内容,让学生选择其中某一片断的学习过程加以记录,如"如何读懂课文内容,如何理解一个句子,解释一个词语,记住一个字形,某个概念"等等。如某位老师在讲到某篇课文的生字时,要求全班同学就如何记住该课生字的字形写一篇学习日记。其中有位同学写到:"哈哈!我想到了一个记'全'的好办法。以前我们记'金'字时,有的同学就是用猜字谜的方法来记的,谜面好像是'一个人,他姓王,腰里别着两块糖',这回我也可以用这个字谜来记呀,只要把它稍微改一下就好了。我改成'一个人,他姓王,腰里丢了两块糖',老师,你说这个办法好吗?"

只要老师加以适当的引导,抓住课堂教学或平时学习过程中的一些关键问题或精彩片断,让学生们谈谈自己从中学到了什么,明白了什么,有何感想,学生们思维的火花就能不断闪现,把这些灵感的火花及时记录下来,就是一篇篇十分精彩的学习日记。

值得注意的是,在刚开始时,老师不能一下子布置太多的学习日记,以免加重学生的学习负担,使学生对学习日记产生逆反心理。老师可以让学生把写各门课的学习日记的时间错开来,比如这周写语文的学习日记,下周写数学的学习日记……无需强行规定要在哪天记录,只需能在一段时间范围内(如一周)完成相关学科的学习日记即可。

二、适当提高日记要求

当学生们逐渐明白了学习日记应该记录些什么内容之后,老师可以根据学生的实际需要,慢慢提高要求。如可以让学生在学习日记中提出学习中遇到的一些问题和困难,或是要求老师提供自己想了解的一些知识,也可以在其中跟老师探讨某个在课堂中来不及讨论的问题,提出一些教学建议等。如有位学生在上《可爱的小蜜蜂》这一课文时,觉得自己的分段方法与老师和大家的不一样,于是她在学习日记中与老师探讨了这个问题:

今天的语文课上,老师让我们给《可爱的小蜜蜂》这一课课文分段。有的同学认为第一自然段独自为第一段,二、三自然段合并为第二大段,四、五自然段合并为第三大段。这样分段是按课文内容的"所见—所闻—所感"来分的。我觉得很有道理。但是我认为我的分段也不是完全没有道理的。我的分法是:第一自然段独立为第一段,第二自然段作为第二段,三、四、五自然段合并为第三大段。我的理由是:第一自然段是在写"所见",写作者所看见的景象;第二自然段是在写"所闻",写作者听养蜂人老梁讲蜜蜂的习惯;第三自然段不应该再归入第二大段,因为第三自然段已经在讲作者的感想了,所以应该和后面的联想到农民、做梦归为一个大段。

老师,你觉得这样分有没有道理呢?

在这一过程中,老师要有意识地培养学生养成一种自觉写学习日记的习惯,逐渐淡化老师的指导角色。学生通过一段时间的练习以后,已经逐步了解了学习日记。这时,老师就可以逐步放宽规定的范围,无需具体规定要写些什么内容,也无需再规定学习日记具体上交的时间,学生可以自主选择要记录的内容,觉得有需要时随时记录下来,随时与老师进行交流。

三、实施激励,养成习惯

为了让学生养成自觉撰写学习日记的习惯,也为了提高学生的写作水平,教师应对学习日记给予积极的反馈和评定,并改变原来只批改一个分数或简单的"优"、"良"等等级的评价形式,开始尝试使用感性化的语言与学生在学习日记中进行对话交流。此外,老师可以挑选一些好的学习日记在班上交流,如召开"说说我的学习经验"、"帮你解难题"等主题班会,让学生们各抒己见,把自己的学习经验或学习中遇到的困难与全班分享,并通过讨论评选出"十佳学习经验",在学习园地上进行展示,或评出"解题能手"等。学生通过这种互评活动,对自身有了更加清楚的认识,能够更加客观地评价自己,同时也学会更加客观地评价他人,学习他人的长处。学生在互评的活动中,不仅展示了自己的才干,解决了学习中遇到的困难,也培养了人际交往的能力,既学会了学习,也学会了做人。

对于学生在学习日记中记录的一些好的想法、好的建议,老师及时在课堂上给予表扬,让全班同学分享和讨论。如此,学生可以感受到成功的喜悦,体会到反思的乐趣,提高写作学习日记的积极性,自觉养成随时写学习日记的习惯。

第三节　学生学习日记中的评价策略

一、学生学习日记的评价方法

(一)自我评价

学生每天对学习进展进行回顾与反思,既有叙事,又有评估。在体现一定行为标准和价值取向的范式中,以书面文字的形式记载。自我评价的功能：其一，有助于培养学生自我评估和调节能力，优化学习策略；其二，促进学生自觉和诚信，真实、及时是日记的基础；其三，积累材料信息，为学生互评、教师评价及家长评价提供依据。

（二）小组评价

学习过程就是一种交往的过程。学生在学校中的交往有正式与非正式之分，而学习小组促进的则是非自然（即非单纯以感情亲疏为依据）的合作交往方式。评价是学习小组有效开展活动的"引擎"和"方向盘"。小组评价包括日常评价和每周小结。小组的日常评价，就是对日记中个体学习情况、自我评价进行有效的检查、评估；每周小结侧重对小组活动的评价，由四个成员轮流执笔，结合日记中的要点和平时实际，评估组员磨合状况、亲和度、根据学科特点所开展活动的频率和效果、组长的管理效果等，发现优缺点，提出建议。

（三）教师评价

学习日记中不仅有学生对所学知识的理性思考，还有学生对学习活动的情感体验，对学习过程的深刻反思，作为教师应该认真对待学生写的每一篇学习日记，针对不同的日记类型，作出适当的评价或反馈。

1. 及时阅读，适当归类

对学生每一则学习日记都及时阅读，根据学生所写的内容进行大致整理和归类。主要关注学生提出了哪些方面的问题、意见和建议，看看哪些问题需要老师解答或个别辅导，哪些需要在今后的教学中加以改进，哪些需要在全班进行辅导等。

2. 评语沟通，动之以情

教师批改学习日记时，应该根据学生的个性特点和日记情况，写上自己的评语。评语通常分为三类：一是鼓励性评语。针对日记的内容，表扬肯定。如"你的想法很有创造性，我们班将诞生一位发明家！"二是期待性评语。如"再努力些，老师相信你一定能实现自己的理想！"三是商榷性评语。如"再想一想，还有更好的解题方法吗？"

（四）家长评价

日记是家长掌握子女学习动态第一手资料的一种途径，是家长会和家访的必要补充；更重要的是，日记是家长评价子女，有机会让老师倾听他们声音的平台，加强家校联系，促进双方互动，共同促进学生的发展。

二、学习日记中的互动

(一)教师与学生在学习日记中的互动

学习日记是教师与学生、学生与学生之间开展互动交流的一个重要而有效的途径。通过师生之间和生生之间的交流互动,不仅加深了彼此直接的了解,强化了学生写作学习日记的积极性,更重要的是学生的自我反思和自我监控能力将大大提高。学习日记的评定将在很大程度上影响学生今后的发展,因此科学的评定是学习日记能否在教育教学实践中有效地发挥作用以及能否真正促进学生按既定目标优化发展的关键。

教师对学习日记评定的过程事实上是一个师生"对话"的过程,通过这种"无声胜有声"的师生交流,学生与老师之间的相互了解加深了,师生的心贴得更近了。在具体操作过程中,我们要求教师应对学习日记给予积极的反馈和评定,并改变原来只批改一个分数或简单的"优"、"良"等等级的评价形式,开始尝试使用感性化的语言与学生在学习日记中进行对话交流。如一位老师在看了一位小朋友找到背课文的好方法的学习日记之后,给予了积极的赞赏:"秀秀,看到你这样不怕烦瘟,积极探究解决办法的劲儿,真让老师感到无比欣慰。更令人赞赏的是你那股精益求精的精神,试想,有了它,还有什么困难能挡住你呢?"此外,诸如:"诚然如你所认识到的,解题的方法是多样的,希望你不断探究更多的方法,并且永远追求更好的方法。""老师读了你的作文不仅认识了可爱的'小淘气',还发现你已经掌握了举例子、列数据等说明方法,并能熟练地运用它们。看来,你学了课文的收获可真不小。希望今后能多学多练,掌握更多的写作方法和技巧,写出更多的好文章。"

通过在批阅学习日记的过程中使用感性化的语言,让学生在阅读老师评语的过程中,找到解决问题的方法,获得成功的鼓励,得到意见或建议的反馈……从而使学生把跟老师在学习日记中的对话,当作一种乐趣,从而提高写作学习日记的积极性。

(二)学生之间在学习日记中的互动交流

在互评中,让学生的个性尽情张扬,互相取长补短,促进发展。学生是学习的主体,互评是学习主体之间的相互评价。学生的学习动机受到其心理发展与知识经验的影响,多数学生希望得到表扬,渴望受到赏识,因此有效采取互评,更多地把评价活动与过程作为被评价者提供自我展示的机会与平台,有效调动学习热情,营造比、学、赶、帮的学习氛围。

　　学生之间的互动交流可通过多种形式来实现。如召开"说说我的学习经验"、"帮你解难题"等主题班会,让学生们各抒己见,把自己的学习经验或学习中遇到的困难与全班分享,并通过讨论评选出"十佳学习经验",在学习园地上进行展示,或评出"解题能手"等。学生通过这种互评活动,对自身有了更加清楚的认识,能够更加客观地评价自己,同时也学会更加客观地评价他人,学习他人的长处。学生在互评的活动中,不仅展示了自己的才干,解决了学习中遇到的困难,也培养了人际交往的能力,既学会了学习,也学会了做人。

第八章　激励式评价

第一节　激励式评价概述

一、对激励式评价的认识

激励式评价是指在教育教学中,通过教师的语言、情感和教育教学方式,不失时机地给不同层次的学生以充分的肯定、鼓励和赞扬,使学生在心理上获得尊重、自信或成功的体验,激发学生学习动机,诱发其学习兴趣,塑造学生积极向上的健康人格,促进学生发展的一种策略。

本质上,激励就是教育评价本身应有的含义。所谓让被评价者从评价中获益,首当其冲就是从评价中获得激励、获得自信和前进的动力,对于基础教育阶段的学生而言,更是如此。一方面,评价是检验学生学习结果的重要手段;另一方面评价是教育、教学服务的工具,不能被孤立于教育、教学之外,评价理应给予每个教育对象激励,使其获得自尊和自信,有进一步前进的动力和进一步努力的方向。但在很长一段时间里,我们不注重评价对每一个学生的激励作用,评价的激励功能却成为学习成绩好的学生的专利品。在各种各样的评价中,成绩好的学生一次又一次地获得表扬和奖赏,并从中获得激励和成功的体验,建立起自信和自尊。而更多的学生特别是学习成绩比较差的学生,不仅很少受到表扬和奖赏,甚至还要接受教师不断的批评、指责,甚至讽刺挖苦。有些教师在教育过程中会自觉不自觉地说一些伤害学生自尊的话,如:"你真笨"、"你是吃什么长大的"、"你真不是一块读书的料"等等。这些语言不仅不会对学生带来任何帮助,而且会削弱学生的自信与自尊。在以往这种单一选择式的评价中许多学生体验到的不是成功的感受,而是一次次失败的经历与"自己永远不如别人"的感叹。他们从评价中获得的不是激励、欢乐、自尊和自信,而是自信的丧失,自尊心一次又一次的打击。有些学生甚至选择了破罐破摔的办法,从此不问学习,任其发展。更可悲的是,还有一些心理承受能力差的学生会因为失去生活的目标和意义导致悲剧的发生。这一切显然违背素质教育使全体学生获得全面发展的宗旨。有鉴于此,我们倡导激励式评价,让每个学生都能从评价中获得激励、获得成功的体验,从而建立自信;让每一个学生从评价中明确自己的优势与不足,明确自己的努力目标,从而更好的发展。

二、激励式评价的实施要点

激励式评价的目的是通过各种途径和方法的评价使学生在心理上获得自新、自信和成功的体验。因此,评判任何一种评价是激励式的或不是激励式的,就要看其是否让学生从中获得了激励,进一步明确了自己的努力方向,有了进一步努力的动力。在实施激励式评价时要注意做到以下方面。

(一)激励式评价要面向全体学生

无论是学习落后的抑或是平时在班级中默默无闻的学生都应该受到关爱。多一把衡量的尺度,就会多出一批好学生。教师要不失时机地给不同层次的学生以充分的肯定、激励和赞扬,在课堂教学中,从学习态度、学习习惯、学习方法、学习能力等方面多角度衡量学生,争取对每一位学生都进行激励式评价。教师要能够营造良好的学习氛围,令学生们都沉浸在成功与被赏识的喜悦中,激发学生的学习兴趣,让每个学生都能够喜欢学习,自主学习,使每一个学生都能够获得发展。

(二)激励式评价要承认学生个体的差异性

激励性评价要根据学生不同的年龄、个性、气质、特点、学习水平,因人而异,因时而异,因境而异,作出针对性的评价。这样才有利于学生对评价的认同和接受。评价的认同和接受,有利于学生个性的发展和潜能的激发。比如,教师可以根据学生的年龄和心理特点对不同年级学生进行分层激励。对低年级孩子的激励以精神鼓励为主,用微笑、抚慰、点头或亲切的语言进行,并且持续不断;对于中年级孩子,教师努力为他们搭建受激励的舞台,让他们有更多的机会展示自我,从中获得自信;针对高年级学生正处于身心快速生长的时期,心理敏感程度相当大的特点,教师采取与他们民主、平等交流,用真实诚挚的语言去激励他们健康成长。比如,有的学生由于胆小或激动,当老师一提问他时,他竟把要说的话忘了,这时老师应笑容满面的对他说:"别慌,等会儿,想好了再说,好吗? 老师和同学相信你一定能答对!"

(三)激励式评价要保护学生的自尊

这是激励式评价最重要的一点。激励式评价倡导师生平等,教师要用发展的眼光,从多个角度去看待学生,尊重学生的情感体验,让学生在自尊、自信中快乐成长。因此,任何损害学生自尊的评价都不是激励式评价,都应该坚决摒弃。

(四)激励式评价要通过恰当的评价方式引发学生积极的自我评价

评价只有被学生认同,变成其自我评价的一部分,才能真正促进学生的发展。笼统的表扬并不一定能取得理想的效果。有时直接描述学生的成就或表现而不评价其所做的事情,也能引发学生形成积极的自我评价。在表8-1 中我们可以看到教师的语言可能引发的学生自我评价。如果教师的语言能够引发学生如表 8-1 中这样的积极性评价,那么就起到了激励式评价的作用。

表 8-1 教师语言引发的学生自我评价

教师的语言	学生的自我评价
你的解题方法很独特,而且节省时间	我的解题方法获得老师的认同,下次继续努力
你的解题思路很新颖	我有能力从别的角度去思考问题
你的想法很有道理	我对这个知识点有深刻的认识

激励式评价不仅可以使用表扬,也可以对学生进行批评。激励式评价为学生提供了一个自我展示的平台和机会,当看到学生的努力和成绩时,教师对学生进行表扬,让学生获得一种成功的满足和喜悦。但是,当看到学生的错误和缺点时,教师也可以对学生进行批评。批评使学生对错误有更加深刻的认识,以避免再犯类似的错误。当然,在批评时,教师不能伤害学生自尊心,要注意批评的方法,注意语言艺术。

第二节　激励式评价中需要注意的问题

一、激励式评价不等于表扬

表扬是形成自尊、建立自信的重要手段。表扬作为一种重要的外部评价，是被表扬者了解自己的重要资讯，对被评价者有非常重要的意义。心理学研究表明，表扬具有信息与诱因两方面的作用，它既表示了对受表扬行为的肯定，也表示了对个体应付出的进一步的努力所抱有的期望。学生从表扬中了解自己行为的正确性，了解自己在老师和班级中的形象与位置。而对于其他学生而言，获得表扬的同学的行为是他们的一个榜样，他们从教师对别人的表扬中学会判断对错与是非，从榜样中获得前进的力量。在行为主义心理学的视角中，表扬是一种正强化物。行为主义心理学的大量实验揭示，不管是动物还是人，一种反应或行为如果受到奖励，那么这种反应或行为在其以后出现的可能性就会增加。同样道理，学生的某种行为如果受到表扬，那么这种行为再次出现的可能性就会增加。在社会认知学派的眼里，亲历的经验是人们学习的最重要途径，人们从自己经历的成功经验中获得自信。但人们同样也用眼睛和耳朵学习，从同伴或其他与己相似的人获得替代性经验，从权威的言语中学习自信。因此正确使用表扬可以帮助学生树立目标，增加自信，变得更自尊；表扬还能表达教师的关注，对自卑和学习成绩较差的学生更有巨大的激励作用。从这种意义上讲，我们倡导多表扬，多给学生以正面的评价。尤其是对低龄的学生来说，他们的自我意识和自我反思能力都没有很好的发展，教师是他们发展中的重要他人，来自教师的表扬对他们而言有着更重要意义。因此表扬是激励式评价的重要内涵。比如，面对学生错误的理解，有一位教师这样说："虽然我不同意你的意见，但我佩服你敢于发表意见的勇气。"这位教师能用宽容的眼光去理解孩子，去保护孩子的自尊心，评价语言宽容、亲切、真诚，让学生感受到老师对他的尊重与赏识，从而增强他们继续超越自我的信心。

但同时需要明确的是，表扬并不等于激励式评价。这有两方面的原因：一是只有正确的表扬才能起到激励作用，二是除表扬外的许多方式包括批评和惩罚也能起到很好的激励作用。因此，激励式评价并不能简单地和表扬画等号。激励式评价的真正内核应该是：首先评价不能损害学生的自尊，无论是教师的日常评价还是学校内的终结性评价。其次应该让学生拥有更多的成功体验，培养学生的自信与前进的动力。第三，在评价中要大力倡导师生平等，其实也只有立足于师生平等这一根本点，才能真正达到用评价激励学生的目的。只有建立在师生平等上的评价，不管这种评价是表扬还是批评才能起到鼓励学生的作用。第四，激励式评价要促进每一个学生的发展，对不同的个体，评价方式和标准都应有所区别。如对于学习水平较低、与教学目标的要求尚有一定差距的学生应采用个体标准进行评价。这个标准既不要求学生和学生比，也不要求学生和教学目标比，而是让学生自己和自己比。只要比过去有进步，就给予表扬和鼓励，使学生从鼓励中获得成功的体验，增强自信心。总之，激励式评价应该既让学生找到进一步努力的方向，也让学生有进一步努力的动力。

二、表扬不是越多越好

(一)表扬的误用

我们来看一个心理学的小故事。有一位老人，住在一个广场边，广场上堆满了废铁桶。有一群小学生上学放学都要经过广场，他们对这些废铁桶充满了兴趣。每天放学后这群孩子都要对废铁桶拳打脚踢一番，以此取乐。老人有严重的心脏病，那些噪音真让他受不了。他想呀想，终于有了一个好办法。有一天他拦住那群学生，对他们说，我很喜欢听你们踢铁桶的声音，我想让你们继续踢下去，为此我给你们每人每天一元钱。小学生们很高兴，踢打铁桶更加卖力。在孩子们踢废铁桶的时候，老人便找个地方躲起来。一周后，老头又拦住那群学生，对他们说，我现在经济情况不好了，我只能给你们每人每天五角钱了。学生们听了很不高兴，但还是继续去踢桶。又过了一周，老人对学生们说，我现在经济情况更糟了，我不能付给你们踢桶的钱了，但我还是希望你们每天都为我踢一阵子。学生们愤怒地拒绝了。于是，老人得到了他盼望的安宁。

看了这个故事，我们在赞叹这位老人的智慧的同时，要认识到这位老人其实是通过奖励成功地把孩子们踢废铁桶的行为从原来的受内在动机激励转化为受外在动机激励，而一旦这种外在动机消失了，孩子们踢废铁桶的行为也就消退了。同样，学生去从事某种学习活动，比如说钻研数学、语文，认真学习外语，也是受不同的动机支配的：有的学生是为了得到来自教师和家长的表扬，这样的学生学习是受外部动机支配的；而有的学生就是非常喜欢这门学科,这样的学生学习是受内部动机支配的。这样的学生在钻研问题的过程中如果解决了一个难题,会有一种发自内心的喜悦,这种喜悦会远远超过教师的表扬所带来的满足感和成功感。对于这样的学生,没有教师的表扬就能去学习和钻研,并从中体验学习本身带来的乐趣,这时也就不需要教师外在的、额外的奖励和表扬。但是如果对有强烈内在动机的学生,教师不断地给予大量的表扬,最后这个学生就可能和故事中的学生们一样,学习的动力发生变化,原来是因为"我喜欢我要学",现在变成了"我喜欢再加上老师会表扬我"两个方面的原因才学,一旦老师的表扬没有了,学习的积极性就会下降。这说明不恰当的奖励和表扬可能降低学生原本已经很高的学习积极性。

人是从一次又一次的成功中获得自信的。成功会增加个体的自信心,而失败则往往会削弱个体的自信。为学生创造更多的成功机会是培养学生自信心的重要途径。对学生而言,来自教师和同伴的表扬是一种显而易见的成功标志。也正是在这个意义上,我们要求多给予学生以表扬,让学生在表扬中体验成功的感受,培养起自信和勇气。但如果学生完成的只是轻而易举的事情,并没有付出大的意志和努力,如果这时教师也给予表扬,而且每天甚至给同一个学生的表扬多达数次,这种表扬多了以后,学生就会觉得表扬是没有含金量、没有真正价值的,这样的表扬对学生起不到激励作用。更有一些能力强的学生会觉得这是表扬者对他能力的一种低估,反而可能会挫伤学生的积极性。另外,如果学生经常经历的只是轻而易举的成功,在此意义上建立起来的自信并不是真实的。这样的学生会急于求成,并很容易被失败所挫伤。

因此,表扬必须恰当,千万不能滥用。对完成简单任务的儿童予以过头的表扬,或者他明明没有付出过很大的努力却被老师在班上大张旗鼓地表扬都只会产生负面影响而达不到有效表扬的目的。

(二)正确运用表扬

Jannifer Henderlong 和 Mark Lepper 引用五个概念变量解释了表扬在不同情况下对被表扬者内在动机所产生的影响。有研究者提到,这五个概念变量的提出,可以使过去对立的两种观点(表扬促进或损害内在动机)统一起来。我们似乎可以将它们认作是影响表扬效果的变量。这五个概念变量分别是：真诚性、归因方式、自主感、胜任感和自我效能感、行为标准和期望[1]。

按照这样的理论，在日常的教学过程中我们可以这样说：

1. 你的进步说明你确实为这次英语测验做了认真的准备。你运用的多次阅读学习材料这个方法是非常有效的。

2. 尽管还没把这道数学题解答出来，但是我喜欢你为解决这道题所运用的各种办法。

3. 这真是一个又长又难的作业，但是你坚持做了。你能够不半途而废，坚持完成作业，真棒！

4. 我喜欢你在作文课上的表现，面对一个不熟悉的题目，你做了许多工作，查阅文献、与同学交流，把作文书写完成。你将从中学到许多。

如果学生努力了但是没有完成任务我们应该怎么表扬呢？我们可以这样说："我欣赏你为这个作业所付出的努力。现在让我们一起来研究，找一找你究竟还有哪些不明白的地方。"

教师在真诚、适当的表扬中，给学生指明努力的方向，可以使学生养成实事求是的科学态度、谦虚谨慎的求知精神，从内心建立起自信，学会欣赏他人，学习他人，学会合作，并自觉地融入集体中。这才是表扬应起到的促进学生发展的作用。

三、激励式评价需要批评

"多表扬，少批评"，是我们在进行教育教学过程中的基本策略。可在现实中，却已经演变成了"只表扬，不批评"。甚至认为，批评会挫伤孩子的积极性，是不可取的教育方式。其实，对孩子的教育，表扬也不可滥用，适当的批评也是必不可少的。

有老师曾在观察记录中写到，班上有一位自信心和各方面能力都较强的女孩子，平时老师经常表扬她，久而久之，她自己也觉得自己是班上最能干的孩子。有一次美术课，孩子们都在画画，没过几分钟，忽然传来"哇"的哭声。只见她一边不停地哭，一边在图画本上乱涂乱画。这时候，旁边的小朋友说了："她开始的时候画得好好的！后来被聪聪说了句'你画得不好看'，她就开始乱画了。"由此看来，一再地夸奖，一味地赏识，容易导致学生不能

---

① 吴维萍著：如何对儿童进行有效的表扬——国外有效表扬研究对实践的启示，载《外国中小学教育》，2008 年第 11 期，第 24—27 页。

公正、客观地评价自己,更容易滋长学生自以为是、不能正确面对挫折的不良心态。一个学生老是在表扬、掌声的环绕中,他尽管有浓厚的学习兴趣和昂扬的精神状态,但是,容易出现两种不利的潜在危害:一是对自己的要求和反思不够,他不能看到自己身上存在的缺点和错误,往往会导致自己潜在的缺点和错误蔓延,影响自己今后的发展;再者,老是生活在表扬的光圈里,孩子缺乏对挫折、对逆境的感受和应对能力。可人生是多元的,不可能总是生活在顺境中,一旦遇到挫折、遇到困难,他们就会轻则束手无策、意志消沉,重则不敢面对、厌世轻生。

可见,人们把激励式评价理解为不能批评和惩罚学生是一种错误的观点。虽然我们前面提到过,有些教师在课堂上用批评、指责,甚至用讽刺挖苦的语言评价学生,可能会严重地挫伤学生的自信与自尊,类似这种语言应该成为"教育禁语"。但这并不是说不能利用批评和惩罚来评价和教育孩子,如果批评和惩罚使用得当,同样能起到很好的激励作用。

韩国电视剧《看了又看》中有一位小学教师叫明远,他的一则教育故事也很耐人寻味。他所执教的班的班长叫明珠,学习成绩非常棒,但他有意孤立另一个叫哲远的孩子,叫全班同学都不要理睬哲远,结果使哲远整天精神不振,学习成绩直线下降。明远在得知这一情况后,在一天放学后专门留下了明珠,和明珠一块探讨明珠这种做法对他本人和哲远所造成的不良后果,最后明远与明珠两人达成协议:为了让明珠永远记住这件事,由明远老师用棍子在明珠的手掌上打五下。而韩国法律规定不允许用这样的方式惩罚孩子。这件事被明珠妈妈知道后,不肯善罢甘休,一定要校方辞退明远老师。后来是明珠爸爸得知真情后才平息此事。在这次事件中,明远老师采用的是一种契约式惩罚,而且是建立在尊重学生基础上的真诚的惩罚,这样的惩罚对明珠一生的发展都会产生重要意义。

在行为主义者看来,批评、惩罚刚好和奖赏的作用相反,即,使受惩罚的行为得到抑制,或降低受惩罚行为发生的可能性。在实践中,人们也大都在这种意义上使用惩罚与批评。学生在发展过程中总是存在这样那样的不足,许多时候学生甚至不清楚自己的不足,教师有必要对学生作出批评,让学生明白自身的不足,并进行自我批评和自我反思。同时,一个人立足于社会,总会面临各种挫折,总会受到外界和他人的批评,而不仅仅是表扬。如果学生从小学、初中、高中天天得到的都是表扬,没有批评,那可能一个微小的、合理的批评他们都承受不了。学生在学习过程中得到教师的批评该是一种正常的现象。

我们在批评和惩罚学生时要注意的是,批评的性质不同,会对学生的发展产生不同的影响。善意的批评可以让学生意识到自身的缺点,产生积极向上的动力,从而积极改正,向健康的方向发展。严厉地训斥和一味地指责也会使学生形成一定的心理负担,从而失去上进的自信心,降低了自己的志向水平。[①] 所以,不管是批评还是惩罚,都要尊重学生,在师生平等的基础上让学生感受到你对他们的期望与鼓励,这样的评价才是激励性评价。

此外,教师在对错误的选择与行为进行批评和惩罚的同时,指出应有的或正确的行为,这样批评和惩罚才能起到克服不良行为的作用。

四、表扬与批评的辩证关系

教育的方法千差万别、多种多样,但概括起来就是两种基本形式——表扬和批评。对表扬和批评的运用很有学问,两者如同两块魔方,对其进行不同的排列组合,会产生不同的效应。先表扬后批评,会使自尊心、上进心强的学生在前进中看到不足,但对后进生和意志薄弱的学生而言,会使他们刚燃起的希望之火被一盆冷水泼灭。而先批评后表扬则刚好相反,会使前者产生洋洋得意的优越感,难以思过自新,对后者而言则会鼓励其树立信心,增强勇气。[②]

赫尔劳克(E. B. Hurlock)的研究就是关于表扬与批评问题的研究。他的研究是在加法计算的单一作业中,将学生分成三个组,对能影响到学习热情的教师的表扬、批评以及放任自流三种效果进行比较。结果是受到表扬的一组最好,受到批评的一组次之,放任自流的一组最差。但是,如果从结果中得出任何情况下都是表扬为佳的结论,那就是犯了大错误。由于指导的目的、周围的环境以及学生的性格不同,教师有时适合用表扬鼓励学生,有时适合用批评责备学生。例如,后来的研究结果还表明,对优秀学生和内向学生给予批评或指出不足之处的评价,以及对顽皮的学生和外向的学生进行表扬或肯定其优点的评价的效果更佳。

在实践中我们也会发现,经常受到表扬的学生在得不到表扬时,比其他学生更容易失去活动的积极性。因此,即使对表现最好的学生,也应尽量采取有时表扬有时不表扬的方式来巩固其积极行为。认知心理学强调了表扬与批评的信息作用及接受者对信息的解释。表扬与批评的意义与效果,不

---

① 徐海芳著:多元化的评价——学生健康成长的摇篮新课程理念下的表扬与批评,载《小学教学参考》,2005 年第 12 期,第 25—26 页。

② 黎忠喜著:表扬与批评的排列组合效应,载《班主任》,2005 第 1 期,第 25 页。

仅取决于由评价者主观意图所决定的信息的性质,而且取决于接受者结合经验与情境两方面的因素所作的解释,并最终决定于后者。只有当学生从教师的表扬与批评中获取了关于自己行为对与错、行为恰当与否的信息、自己的能力与付出的努力的信息、关于自己所取得的进步的信息时,才能对学生的行为方式和积极性发生预期的、积极的影响。[1] 日本学者梶田叡一提出了正反评价和赏罚产生的心理机制(见表 8-2)。这对我们在恰当的时候使用恰当的表扬与评价会有一定的鉴借作用。

表 8-2　正反评价和赏罚产生的心理机能[2]

机能	给予表扬、正面评价	给予批评、反面评价
认知的传导	告之目标完成、遵守规范的事实	告之目标未能完成、违背规范的事实
强化	符合标准、规范行为的强化	违背标准规范、行为的抑制
明确努力方向	激发出朝着理想方向努力的更大干劲	唤起朝理想方向努力的干劲
感情的传导	传导由于学生适当的行为或成果产生的满足感等	传导由于学生不当的行为或不良后果产生的不快感等

儿童教育专家玛莉琳·古特曼认为,那些小时候经常受到父母表扬的孩子,在他们步入生活后很可能会遇到更多的失望。表扬是一种教育手段,因此表扬需要讲究科学、讲究艺术,表扬应该是一种因势利导,表扬也需要因材施教,对骄纵自负的学生应慎用表扬,而对自卑而不够自信的孩子则应该多用表扬,让他们挺直腰杆、挺起胸膛;表扬只是教育手段中的一种,没有一种教育方法放之四海而皆准,因此教育的殿堂中不应排斥和抛弃其他行之有效的教育手段,如科学有效的批评。表扬和批评是教育的两种手段,没有批评的表扬和没有表扬的批评,都无法使教育发挥其应有的作用。

新课程标准下的教师应该做到统筹兼顾,以表扬或批评的方式来帮助学生认清自我、把握方向,引导学生朝着正确的方向发展。在教学中我们强调教师要发自内心的表扬。在批评教育学生时,不要忘了爱护和尊重学生人格,理解学生,设身处地从学生角度去考虑问题。也不能只赞美不批评,否则不利于学生健康心理的形成。

---

① 王呈祥著:表扬与批评的外显意义、内隐意义及其对学生的影响,载《教育评论》,2001 年第 2 期,第 43—45 页。

② [日]梶田叡一著,李守福译:《教育评价》,吉林教育出版社,1988 年版,第 178—188 页。

　　综上可见，激励性评价并不等同于表扬，只有正确的、有效的表扬才能起到真正的激励作用，而且，激励性评价也可以通过恰当的批评达到激励学生的目的。在课堂中正确运用激励式评价，积极关注学生的进步和多方面的发展潜能，促进学生在原有的水平上的发展。保护学生的自尊心、自信心，体现对学生的尊重与爱护，关注个体的处境与需要，注重发展和变化的过程，以便更好地促进学生的全面发展。

第九章　不可忽视的学生被评心理

第一节　关注学生被评心理的重要性

一、学生被评心理的提出

被评价心理是指被评价者（作为个人的或作为集体的）在评价过程中可能发生的心理行为。被评价者虽然在评价的时间和空间上介入不多，但对测评成败也具有不可低估的作用。被评价者的心理状态如何，对评价结果的有效性和可靠性、评价活动能否顺利进行等，都产生直接的影响。

日本女子大学教授梶田叡一认为，评价对在接受教师评价的学生身上实际产生的影响往往超过教师的期望或意图。[①] 长期以来，我国的教育评价实践中，我们更多地从教师教学的需要出发来设计评价方案，但被评价学生对评价是怎么看的却往往被忽略。我们经常忘记认真倾听他们对评价的看法，对学生在评价中的重要作用往往采取漠视和忽略的态度。对教育评价中小学生主体的缺失、对学生被评价心理的忽视与我们"以人为本"的时代精神和"一切为了学生的发展"的新课程理念是背道而驰的。

作为教育质量的主要载体，作为教育最本质的意义所在，学生在评价过程中的作用是尤为重要的。教育评价要真正得到改革，就必须扎根于学生的需要。评价仅仅依靠教师的热情是没有用的。作为被评价者的学生在教

---

① ［日］梶田叡一著，李守福译：《教育评价》，吉林教育出版社，1988年版，第178页。

育评价过程中的主体性缺失，是制约教育评价改革发展的内在因素之一。评价与学习具有不可分性，两者相辅相成。当我们在进行评价改革时，我们不得不思考这些问题：怎样的评价对学生是最有效的？评价如何成为促进学生学习的动力？要想获得这些答案，就必须了解被评价者的心理，因为在实际评价过程中，被评价者的真实心理感受、需要和满意度对评价效果起着极其关键的作用。如果评价目标、评价内容、评价方式都没有紧紧扣住学生这个主体，那么一切的评价改革都只是专家学者或教师们心中的理想蓝图而已。要想真正实现这些美好的愿望，就必须了解学生的需要和感受，从他们的心理特点出发，把学生需要和评价改革统一起来。

教学是师生的双边性活动，评价除了关注教师的教之外，更重要的目的是为了促进学生的学。如果我们的教育评价没有真正从学生的心理特点出发，仅仅靠着教师们的"理所当然"的想法来推断学生心理，并作出相应的评价决策，这种评价者强加的主观愿望，即使是比较美好的意愿，对学生来说却还是外在的东西，可能并不符合他们的心理特点和内心需要，那么就很难真正被学生所理解与接受，教育评价的导向、发展、促进、激励等功能则更无从谈起。探讨被评价心理的特点，对促进教育评价改革发展有着不可忽视的重要作用。

随着教育改革的深入，改变传统评价的甄别功能，促进学生发展的呼声日益高涨，但在实践中却不能真正落到实处，考试成绩依然是评价学生的重要依据。究其根源，是由于我们的评价缺乏学生主体性，没有真正将评价与学生的需要紧密联系起来，没有真正从学生是否乐意接受这种评价的角度出发进行针对性地改革。因此，我们认为，教育评价的探讨，必须从学生的角度出发，对学生的被评价心理进行综合考查。

基于被评价者心理波动对教育评价产生重要影响，我们应该通过客观地了解和揭示被评价者在被评价过程中的真实呼声，探悉他们被评价的心理感受与特点，从而对评价的不足和消极作用加以有效的预防和调节，使评价发挥其积极的促进作用。通过对学生被评价心理及其影响因素的研究，可以为提高教育评价的准确性和可靠性提供一定的理论借鉴，为提高教育评价的准确性和可靠性提供科学的指导。

教育评价本身并不是目的，不是为了评价而评价，进行教育评价的根本目的在于对有关的教育对象进行价值判断，为教育管理、决策提供可靠的信息和依据，在于促进被评价者——学生自我完善和发展。因此，在教育评价过程中必须充分了解学生的被评价心理及其影响因素，调动学生的积极性，最大限度地发挥教育评价的导向、鉴定、激励、改进、预测等方面的功能,实现评价的目的。能否有效地发挥这些功能,在很大程度上取决于被评价者的心理状态。心理学认为,人的个体行为规律是:需要决定动机,动机支配行为,行为指向目标,动机具有十分重要的作用。教师在评价过程中帮助学生端正评价态度,排除心理因素中的不良干扰,正确对待评价结论等,有利于正确激励学生达成实现评价的目标。

学生作为被评价者的心理状态和心理倾向及其影响因素对教育评价的影响是十分重大的,所以教师必须了解学生被评价全过程的心理活动方式和规律。特别是对被评价过程中产生消极影响的心理现象及其发生作用的影响因素进行深入了解,并进一步掌握进行心理调控和干预的方法和措施,以便在今后的教育中,为学生的成长营造更加健康和积极的心理环境,以求克服消极被评价心理的不良影响,确保评价的客观性、准确性和有效性。

二、影响被评价者心理的因素

学生是教育评价活动的直接参与者,他们作为被评价者,对评价最有发言权,应当在评价中发挥他们的重要作用。只有把握评价中被评价者出现的各种心理现象与影响因素,了解评价中存在的不足,从而因势利导,处理好评价者与被评价者之间的合作关系,为更好地开展教育评价活动,提高教育评价的准确性和科学性提供一定的理论参考与借鉴。

教育评价以反映评价功能和需求为目的,以促进学生发展作为其出发点和终极目标,以评价者、被评价者、评价方法、激励方式等要素的相互作用为内在依据,通过评价结果的有效反馈来实现评价的发展功能。由此可见,教育评价的目的、教育评价的评价者和被评价者、教育评价的方法和形式、教育评价结果的信息反馈、激励方式是教育评价的基本要素。

(一)教育评价的目标

教育活动是有目的、有计划的活动,而教育评价就是把教育活动的实际状态与预定目标相比较,并作出价值判断的过程。因此,确定评价目标是教育评价工作的前提和基础。[①]教育评价目标是教育目标的衍生,教育目标决定着教育评价的目标。布卢姆认为,"教育目标是指明确阐明希望通过教育过程使学生得以变化的方式,即学生改变其思维、感情和行动的方式"。[②] 日

---

① 林昌华著:《学校教育评价》,四川大学出版社,1990年版,第64页。

② 布卢姆等著:《教育目标分类学》,华东师范大学出版社,1987年版,第2页。

本学者梶田叡一提出要把目标依据其基本性质分为两类,一类是期待目标,要"实现人格的完成,将受教育者培养成热爱真理和正义,尊重个人价值、尊重劳动和责任,充满自主精神的心身健康的和平国家及社会的建设者"。另一类是达到目标,通过教育活动使所有学生都能确实完成的性格。前者是一种理想的、反映了对教育成果的最大期待,后者反映了要使每个学生都能实际达到的、对教育成果的最低限度的要求。①

从以上对教育目标的阐述,我们发现,教育评价的目标最本质的意义就在于促进学生的发展。但是整个教育工作是非常复杂与庞大的,包含了多层次、多系列的子系统,相应地也包含了多层次、多系列的评价目标。如何确立科学合适的评价目标是关系评价的客观性,关系到是否能实现教育评价的发展功能,是评价工作成败的重要因素。林昌华提出,"评价目标需遵循以下原则:科学性原则、独立性原则、完备性原则、可测性原则、简易性原则、导向性原则"。② 侯光文认为,编制目标应满足下列要求:①所定目标应全面完整。②目标要正确、合理。③合乎实际,具有可行性。④含义明确,易于理解和掌握,具有可测性。③

我们认为教育评价应该发挥学生的主体性作用,通过师生共同协商交流,建构评价目标。因为评价目标的设置和学生的学习动机和心理需要有着紧密的联系,如果所设目标不切实际、高不可攀,那么必然导致失败,最终会导致学生的学习动机的下降。虽然当前的新课程改革在倡导以人为本、促进学生发展的评价,但在教育评价实践中这样的理念却往往流于空话,学生在评价中依然只是被动的受体,评价目标的制订没有很好发挥被评价者——学生的重要作用。所以,实现教师与学生目标的一致化,使双方朝着共同的目标和方向努力是评价的要点之一。

(二)教育评价主体

评价是一种观念活动,它包括评价主体和评价客体两个基本要素。评价客体应当是价值事实,它包括价值主体和价值客体及其关系、运动和运动结果,这是一种与价值主体相关联,以价值主体的需要为尺度,以价值客体的属性和功能为基础的二元存在。④

在教育评价活动中,参与评价的人员主要有评价者与被评价者两大类。

---

① 〔日〕梶田叡一著,李守福译:《教育评价》,吉林教育出版社,1988年版,第79—80页。
② 林昌华著:《学校教育评价》,四川大学出版社,1990年版,第67—71页。
③ 侯光文著:《教育评价概论》,河北教育出版社,1996年版,第75页。
④ 马俊峰著:《评价活动论》,中国人民大学出版社,1994年版,第189页。

由于评价者在评价过程中居于主体地位,对整个评价都起着至关重要的作用。因此作为评价者的教师在评价过程中担任了重要角色,他们依据一定的评价目的和方法对被评价者的发展水平作出判断,他们对评价的客观性起着直接的影响。如果由于评价者的不客观或不公正,可能会严重影响被评价者的心理,所以选择恰当的评价者对评价活动有着重要的作用。

评价主体与评价对象在评价过程中是相互影响,相互作用的,共同构成了评价活动。被评价者在评价中居于被动地位,但是被评价者是独立、自主、具有丰富个性和复杂思维意识的人,他们的心理对评价工作的顺利开展和评价目的的实现程度有着至关重要的影响。在现实评价活动中,被评价者与评价者相互作用关系的融合、配合程度,将直接影响评价功能的发挥和评价目的的实现程度。评价过程不是教师单向判断学生发展水平的过程,而应该是教师与学生一起互动协商的过程,通过这种交往来达到评价主客体的融合。李小融等人提出,教师的认知、情绪、人格因素和被评价的影响力都会影响到被评价者——学生在评价中的心理状态。[①]

教育活动的终极目标是促进每个学生的发展,因此,作为被评价者的学生其实在教育评价中占据着核心地位。在现实评价活动中,必须实现评价者与被评价者的交流互动,共同开拓促进各自发展的空间,其目的在于在评价活动交互作用中不断发展,完善自身,不断追求评价活动的最大效果,促进学生的全面发展,这是评价活动历史发展的本质所在。

评价主体的选择,必须符合被评价者的身心发展特点,才能为被评价者所理解、接受和配合,达到评价者和被评价者之间的有效交互,才能较为真实地评价出被评价者的发展水平。所以评价活动中评价主体的选择,必须符合被评价者的心理,获得学生的信任,为学生所真正接受,才能真正调动学生对评价的认可程度和参与积极性,起到其应有的作用,取得最佳的评价效果。因此,评价主体是教育评价中不可或缺的要素。

(三)教育评价方法

评价方法是人们为了认识教育活动的价值,以教育活动的某一要素或全部活动为对象进行价值判断所采取的活动方式、程序和手段的总称。[②] 它是在人们评价活动实践中形成的,是指为解决评价活动中的各种问题,保证评价活动正常进行,实现既定评价目的所采取的方式方法。"工欲善其事,

---

① 李小融,魏龙渝著:《教学评价》,四川教育出版社,1988年版,第135—171页。
② 侯光文著:《教育评价概论》,河北教育出版社,1996年版,第105页。

必先利其器",教育评价目标必须借助一定的评价方法才能实现。评价方法是教育评价活动中的重要因素,其恰当与否在一定程度上决定着评价活动的成败。

在评价活动中,若没有符合评价自身特点和具体目的要求的科学方法,就不可能取得理想的活动效率,实现预期的考试目的。评价方法在评价活动中的重要地位,是由评价方法与评价原理、实践、目的之间的特定关系所决定的。从根本上讲,任何一种评价方法都是针对实现一定评价目的而提出的,是实现评价目的所必须采取的手段或措施。不同的评价方法能针对学生的不同侧面进行有效评价,每一种评价方式都有其优势与不足,不可能用一种评价方法满足人们多元化和多层次的评价需要,所以我们必须要学会在恰当的时候选择恰当的方法来进行恰当的评价。但是实际上要达到这个要求的评价方式是很难的,所以我们不能简单认为哪种评价的优劣与否,关键的是我们如何根据评价方法的特点和学生的个体差异,选择与评价目标相符合的评价方法,有效地运用这些评价,真正促进学生发展,发挥评价的巨大功能。

（四）教育评价结果

教育评价的结果主要有两方面的作用:一是为评价者了解情况,改进评价提供依据;二是为促进被评价者发展提供现实的依据。教育评价过去比较注重鉴定和分类,而当今和今后的教育评价更加注重对教育的改进和发展功能。因此,教育评价的结果反馈对于克服教育目标的偏离,优化教育评价系统,促进学生发展有着举足轻重的作用。评价结果反馈成了评价过程的重要因素。

评价结果本质上是对被评价者作出的价值判断,是一个极为敏感的问题。评价结果的正确性、精确性直接影响着教育评价目标的实现,同时评价结果通过反馈过程影响学生的情绪、自信心和学习动机等。教育评价的结果获得之后,并不意味着评价工作的结束,而是走到了关键的一环。因为只有将教育评价结果进行及时反馈和有效利用,提供有用的信息和反馈,才能充分发挥教育评价的作用,达到教育评价的目的。

评价结果的反馈,对被评价者有着深刻的影响。被评价者通过评价结果提供的信息,运用其特定的归因风格对评价结果进行归因解释,从而获得有关信息。这种信息对学习动机的激发和日后学习的坚持性,帮助被评价者认识自身的优势与不足,从而扬长避短都有着重要的作用。但是评价结果犹如一把双刃剑,应用得当就能极大地促进学生的发展,应用不当,就会对被评价者产生消极的影响。评价结果的反馈方式和结果解释,都会影响被评价者的心理,不恰当的评价结果反馈方式和解释,可能会使被评价者感到受挫,产生焦虑,引起心理冲突,对其认知、情绪、自信心和学习动机产生影响。为此,我们应该针对不同被评价者的特点、需要和敏感因素采取不同方式,通过评价结果的正确反馈,促进学生的学习。不同性质的评价,因为标准不同,采用的方法和内容不同,解释的方法也不同。通过双方的讨论和交流,尽量防止评价结果的消极扩散,使被评价者从内心接受评价结果,产生认同感,正视自己的缺点和优势,从而加以改进。

(五)激励方式

教育评价的激励方式有很多,有物质方面的,也有精神方面的,有口头的,也有书面的,但总的来说主要分为两大类:奖励和惩罚。在教育教学工作中,恰当的表扬,可以帮助学生肯定自己,树立信心、激发学习兴趣,产生积极向上的动力;善意真诚的批评可以让学生意识到自身的缺点,从而积极改正,向健康的方向发展。

新课程下的教师如何才能做到统筹兼顾,以表扬或批评的方式来帮助学生认清自我、把握方向、引导学生朝着正确的方向发展。严厉地训斥和一味地指责也会使学生形成一定的心理负担,从而失去上进的自信心,降低了自己的志向水平。[①] 田爱香认为提高表扬与批评实效性的"四要素"分别是针对性、差异性、适度性、及时性。[②]

经常受到表扬的学生在得不到表扬时,比其他学生更容易失去活动的积极性。因此,即使对表现最好的学生,也应尽量采取有时表扬有时不表扬的方式来巩固其积极行为。认知心理学强调了表扬与批评的信息作用及接受者多信息的解释。表扬与批评的意义与效果,不仅取决于由评价者主观意图所决定的信息的性质,而且取决于接受者结合经验与情境两方面的因素所作的解释,并最终决定于后者。只有当学生从教师的表扬与批评中获取了关于自己行为对与错、行为恰当与否的信息、自己的能力与付出的努力的信息、关于自己所取得的进步的信息时,才能对学生的行为方式和积极性发生预期的、积极的影响。[③]

---

① 徐海芳著:多元化的评价——学生健康成长的摇篮新课程理念下的表扬与批评,载《小学教学参考》,2005年第12期,第26页。

② 田爱香著:提高表扬与批评实效性的"四要素",载《教学与管理》,2003年第10期,第18页。

③ 王呈祥著:表扬与批评的外显意义、内隐意义及其对学生的影响,载《教育评论》,2001年第2期,第45页。

　　由于学生的学习是一个承前启后、循序渐进的过程,所以评价的激励方式在很大程度上支配着学生的学习步调和意识倾向,特别是对学习的动机激发上,起着重要的作用。学生作为被评价者时,什么样的激励方式对他们更有效? 他们喜欢老师精神上的鼓励,还是奖学金、表扬信的奖励? 学生对于考试排名如何看待? 他们更能接受何种批评方式等等问题都值得我们深思。

第二节　一个学生被评心理的实证研究

　　鉴于目前我国的教育评价实践中学生被评心理的缺失,本人和我的学生俞婷婷进行过一个实证研究[①]:《初中生被评价心理及其影响因素研究》。研究通过编制初中生被评价心理的调查问卷,对 1000 名初中生的被评价心理进行调查,了解初中生对教育评价的目标、评价主体、评价方法、评价结果反馈、激励方式等方法的看法。研究虽然以初中生为对象,但对中小学生被评价心理的了解提供了第一手资料。

一、对评价目标的看法

(一)目标制订者

　　从总体来看,我们发现,初中生中,56.9%认为自己制订的目标最符合自己水平,23.9%的认为老师是最好的目标制订者,13.7%的则认为是父母(见表 9-1)。这与初中生的身心发展阶段是密切相关的。我们发现,随着自我意识的发展,学生越来越开始关注自身的发展,逐步了解自己,成人感和独立感日渐增强,所以在他们心目中,自己提出的目标最符合他们的水平,而不再像小学阶段那样倚重老师或父母提出的目标。

表 9-1　最好的目标制订者

	自己	父母	老师	其他
人数	543	131	228	52
百分比	56.9%	13.7%	23.9%	5.5%

---

① 俞婷婷著:《初中生被评价心理及其影响因素研究》,浙江大学硕士学位论文,2006 年 5 月。

经过 χ^2 检验,发现初中生眼中最好的目标制订者与性别、年级、成绩均不呈显著相关。

(二)目标的高低

1. 教师提出过高要求时的学生行为

从总体来看,当老师提出的要求过高时,初中生中,58.2％的选择"努力完成",19.3％的选择"看大家",14.2％的表示"难以接受",8.4％的表示"不清楚"(见表 9-2)。由此我们可以看到教师制订的目标在初中生中具有较大的权威和影响力,50％以上的初中生会努力去完成老师提出的过高要求。

表 9-2　老师提出过高要求时的行为

	努力完成	看大家	难以接受	不清楚
人数	555	184	135	80
百分比	58.2％	19.3％	14.2％	8.4％

从检验结果可知,性别与是否努力完成老师过高目标之间存在显著相关($\chi^2=12.005, P<0.01$)。64.2％的女生选择努力完成老师的过高要求,而53.4％的男生选择努力完成,女生比男生更倾向于努力完成老师过高的要求。

检验结果表明,年级与是否努力完成教师过高目标之间也存在相关($\chi^2=14.192, P<0.05$)。随着年级的上升,努力完成老师过高要求的比例逐渐下降,63.7％的初一学生选择会努力完成老师过高的任务,59.3％的初二学生选择努力完成,51.0％的初三学生选择努力完成,低年级的学生更愿意去完成老师的过高目标,而高年级的学生更少愿意去完成老师过高目标。

通过 χ^2 检验发现,成绩与是否努力完成教师过高目标间有极其显著相关($\chi^2=49.293, P<0.001$)。成绩非常优秀的有54.8％选择努力完成,成绩比较好的有67.0％选择努力完成,成绩一般的有59.7％选择努力完成,成绩较差的有42.8％选择努力完成,成绩非常差的学生只有25.0％选择努力去完成(见图 9-1)。所以成绩较好的学生更愿意努力完成老师过高的目标,成绩非常差的学生组与其他组尤其是成绩好的学生组有极其显著的差异,他们更不愿意去"努力完成"老师过高的任务。

2. 自设目标过高时的反应

从总体上来看,在总是达不到自己设定的目标时,48.5％的初中生会选择降低目标和要求,另外也有45％的初中生会选择"不达目的誓不罢休"(见

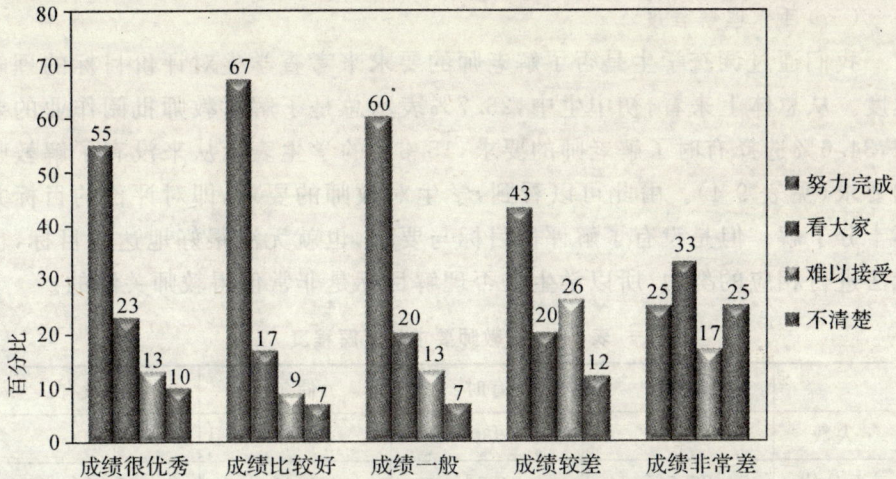

图 9-1　不同成绩学生对教师提出过高要求时的行为差异图

表 9-3）。由此我们可以看到初中生的自尊心和好胜心特别强,表现特别上进和冲劲十足,但是他们在遭遇挫折后又容易变换目标,对学习目标也是如此,这与他们身心发展的不稳定性有关。

表 9-3　达不到自设目标时的行为反应

	不达目的誓不罢休	降低要求	彻底放弃	没有目标
人数	429	463	22	40
百分比	45.0%	48.5%	2.3%	4.2%

从 χ^2 检验结果可知,性别与达不到自己目标时的行为没有显著相关。

经过方差检验,发现在达不到自己目标时会采取的行为存在极其显著的年级差异($F=10.272, P<0.001$)。通过比较,发现初一和初二、初三年级之间存在显著差异,而初二、初三年级之间并没有显著差异。随着年级的增加,不达目的誓不罢休的学生比例下降,初中生随着年级的上升和年龄的增长,在目标选择上更倾向于较易达到的目标。

从 χ^2 检验结果可知,成绩与目标高低的选择上高度相关($\chi^2=128.046$, $P<0.001$)。成绩越好的学生,达不到自己设定的目标时越不容易放弃,成绩不好的学生,越容易在达不到自设目标时降低要求,这主要与学生的动机水平有关。成绩非常差的学生群体在达不到目标时,选择"彻底放弃"和"没有目标"的比例远远高于其他组别,他们更容易选择放弃目标的行为,甚至没有目标,评价目标对学业成绩不良的学生的导向作用是比较微小的。

（三）目标理解程度

我们通过调查学生是否了解老师的要求来考查学生对评价目标的理解程度。从总体上来看,初中生中,26.7%表示总是了解对教师批阅作业的要求,34.6%选择有时了解老师的要求,15.3%的学生表示从来没有了解教师的要求(见表9-4)。由此可以看到,学生对教师的要求,即对评价的目标并不十分了解。但是没有了解评价目标与要求,也就无法很好地达成目标,也无法进行相应的努力,所以学生是否理解目标是非常值得教师关注的。

表 9-4　对教师要求的了解程度

	总是	有时	偶尔	从来没有
人数	255	330	223	146
百分比	26.7%	34.6%	23.4%	15.3%

通过 t 检验,发现在了解老师的要求方面存在极其显著的性别差异($t=5.618, P<0.001$)。男生中,24.0%选择"总是"了解老师的要求,30.2%选择"有时",24.2%选择"偶尔",21.7%选择"从来没有"。女生中30.2%选择"总是",40.1%选择"有时",22.4%选择"偶尔",7.3%选择"从来没有"。女生对教师的评价目标更容易理解。

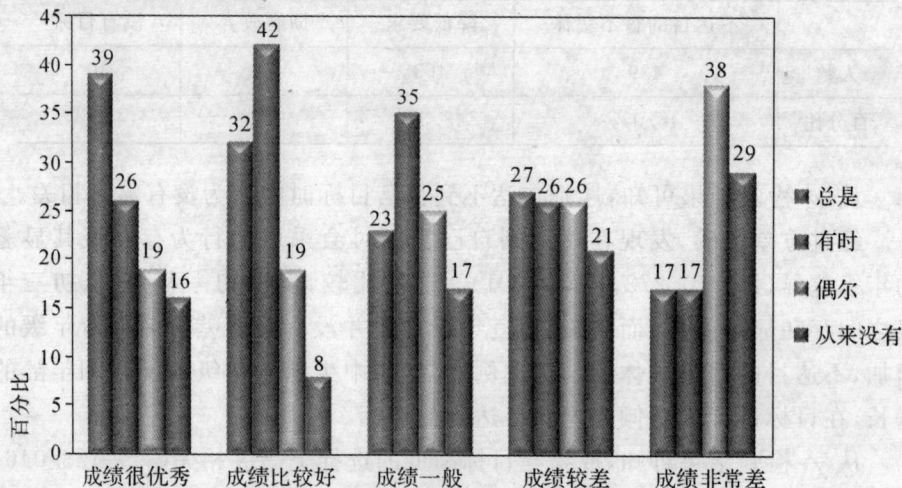

图 9-2　不同成绩学生对教师要求的了解程度差异图

经过方差检验,在了解老师的要求项目上存在不同成绩学生群体的显著差异($F=8.106, P<0.01$)(见图9-2)。成绩越优秀的学生,越是了解老师的要求,对评价目标把握更好一些;而成绩差的学生则反之。因此,学生

是否了解老师的要求和评价标准与他们的成绩有着紧密联系。

（四）目标价值大小

从总体上来看，60.4%的学生选择当评价与升学推荐相关时会特别努力学习（见表 9-5）。说明此时，初中生认为学习的目标价值比较大，会特别去努力，学习积极性也相应较高。

表 9-5 目标价值大小理解

	奖学金	个人荣誉	升学推荐	不清楚
人数	73	181	576	124
百分比	7.7%	19.0%	60.4%	13.0%

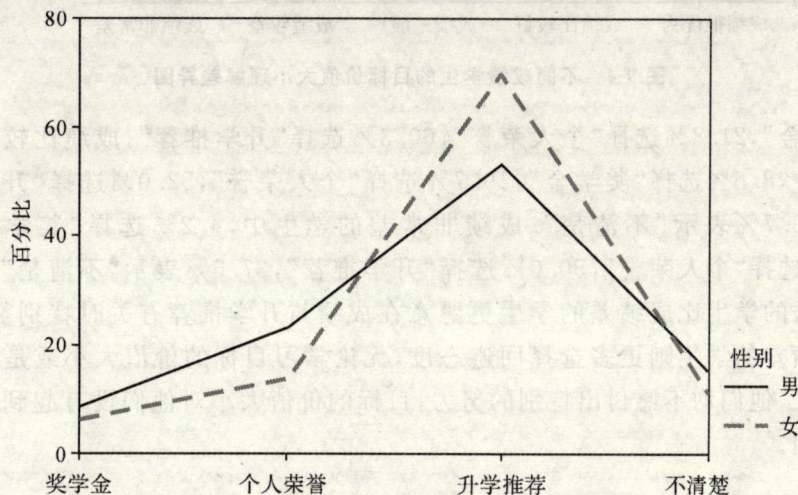

图 9-3 目标价值大小理解的性别差异图

经过 χ^2 检验，性别与目标价值大小取向存在极其显著相关（$\chi^2=26.409$，$P<0.001$）（见图 9-3）。女生有 13.7%选择评价与个人荣誉相关时会特别努力，69.3%选择评价与升学推荐相关时会特别努力；而男生中，23.2%选择"个人荣誉"，53.2%选择"升学推荐"，女生在选择"升学推荐"上比例明显高于男生，而男生选择个人荣誉比例明显高于女生。

从 χ^2 检验结果可知，年级与目标价值大小的取向不存在显著相关，而成绩与目标价值取向存在显著相关（$\chi^2=31.209$，$P<0.01$）（见图 9-4）。成绩非常优秀学生中，9.7%学生"选择奖学金"，12.9%选择"个人荣誉"，74.2%选择"升学推荐"；成绩比较好的学生中，8.0%选择"奖学金"，15.6%选择"个人荣誉"，64.2%选择"升学推荐"；成绩一般的学生中，7.2%选择

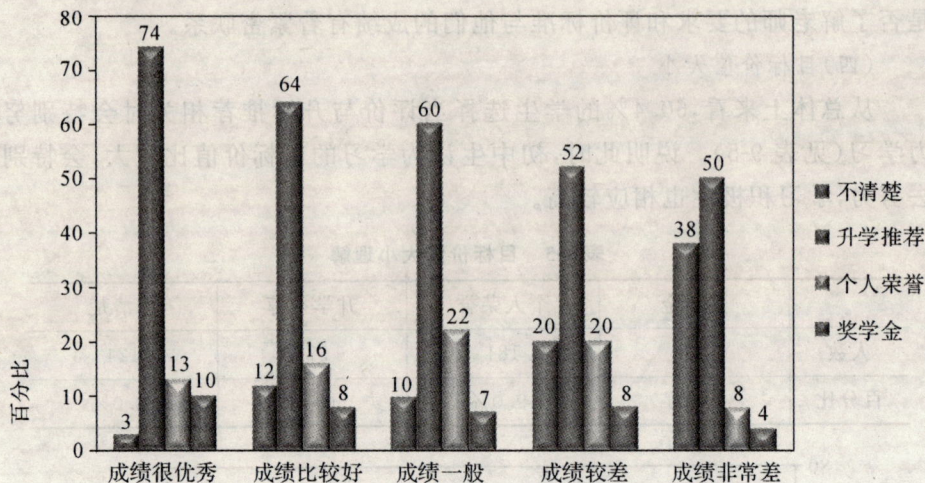

图 9-4　不同成绩学生的目标价值大小理解差异图

"奖学金",21.8%选择"个人荣誉",60.3%选择"升学推荐";成绩比较差的学生中,8.6%选择"奖学金",19.7%选择"个人荣誉",52.0%选择"升学推荐",19.7%表示"不清楚";成绩非常差的学生中,4.2%选择"奖学金",8.3%选择"个人荣誉",50.0%选择"升学推荐",37.5%表示"不清楚"。成绩优秀的学生比成绩差的学生更愿意在成绩与升学推荐有关时特别努力。而成绩差的学生则更多选择回避态度,无论学习目标的价值大小或是与什么相关,他们均不愿付出特别的努力,目标的价值大小对他们没有起到应有的作用。

二、对评价主体的看法

（一）最好的评价者

从总体上来看,初中生中,38.6%觉得自己最了解自己,最好的评价者是自己,24.9%认为同学最了解自己并能最好地评价自己,22.5%认为最好的评价者是父母,只有13.9%的初中生认为老师是最好的评价者（见表 9-6）。由此可见,初中生认为老师、父母对他们的了解程度随着青春期的到来开始下降,开始出现代沟,而同学的影响力逐渐增强,对自己的了解程度也加强了,所以他们认为最好的评价者是自己。他们的心理开始发生一些微妙的变化,我们也可以看到其自我意识开始觉醒,开始关注自己,开始关注同龄人眼中的自己,也可以看到初中阶段学生的重要他人发生的一些转移。

表 9-6　最好的评价者

	老师	父母	同学	自己
人数	133	215	238	368
百分比	13.9%	22.5%	24.9%	38.6%

从 χ^2 检验的结果来看,性别与谁是最好的评价者认识之间存在极其显著相关($\chi^2 = 20.121, P < 0.001$)。除了自己之外,更多男生认为老师了解他并能最好地评价他,而更多的女生认为同学能最好地评价她,这与他们青春期发育的早晚和性别差异心理是有关的。

经过 χ^2 检验,发现年级与成绩和谁是最好的评价者的认识之间不存在显著相关。

（二）教师评价的作用

从总体来看,初中生中 51.6% 认为教师对其的评价总是能帮助其认识自身的优缺点,36.2% 认为有时有帮助作用,10.1% 认为偶尔有帮助作用,2.3% 认为从来没有帮助作用（见表 9-7）。

表 9-7　老师的评价对认识优缺点帮助作用

	总是	有时	偶尔	从来没有
人数	492	345	95	22
百分比	51.6%	36.2%	10.0%	2.3%

经过 t 检验,在教师评价对学生作用大小问题上存在性别差异($t = 2.082, P < 0.05$)。男生中有 49.8% 认为教师的评价"总是"能帮助自己认识自身优缺点,36.2% 认为"有时"有帮助作用,10.6% 认为"偶尔"有帮助作用,3.4% 认为"从来没有"。女生中有 53.8% 认为教师的评价"总是"能帮助自己认识自身优缺点,36.1% 认为"有时"有帮助作用,9.2% 认为"偶尔"有帮助作用,0.9% 认为"从来没有"。女生认为老师的评价对其认识优缺点更有帮助作用。

经过 χ^2 检验,发现年级与教师的作用大小认识存在显著相关($\chi^2 = 18.632, P < 0.01$)。初一年级中,58.4% 认为教师的评价"总是"能帮助认识优缺点,32.2% 选择"有时",7.9% 选择"偶尔"。初二年级中有 52.8% 选择"总是"能帮助认识优缺点,32.9% 选择"有时",11.9% 选择"偶尔"。初三学生中,43.0% 认为教师的评价总是能帮助自身优缺点,44.0% 选择"有时",10.0% 选择"偶尔"。随着年级的上升,认为老师的评价对其认

识优缺点有帮助作用反而下降。

经过 χ^2 检验,发现成绩与教师作用之间存在显著相关($\chi^2 = 55.970$, P <0.001)。成绩好的学生认为老师的评价对其帮助作用大,成绩不好的学生认为帮助作用少。

(三)教师评价公正性

从总体上来看,初中生中,16.5%认为教师评价非常公正,55.9%认为比较公正,18.8%认为教师评价是偏心的(见表9-8)。由此可见,大部分初中生对教师给予他们的评价认为比较公正,但同时我们也应该注意到有近 1/5 的学生认为教师对他们的评价是不公正的,教师对关系好的或成绩好的同学偏心,这是值得我们警惕的。

表 9-8 老师的评价公正感受

	非常公正	比较公正	偏心	不知道
人数	157	533	179	85
百分比	16.5%	55.9%	18.8%	8.9%

经过 χ^2 检验发现,性别与教师评价公正感受之间不存在显著差异。

方差分析结果表明,初中生在公正性感受上存在显著的年级差异 ($F = 6.384$, $P < 0.01$)。通过比较,发现初一与初二、初三年级存在显著差异,初一学生有 25.2%认为教师评价非常公正,而初二学生只有 11.3%,初三学生只有 13.0%,初一年级的学生对教师评价更为信任。

经过方差分析,我们发现学生对教师对其的评价的公正性感受与成绩息息相关($F = 4.571$, $P < 0.01$)。学生的成绩与他们在被评价时的公正性感受是紧密相连的,成绩比较好的学生对教师给予他们的评价比较认同,而成绩非常差的学生,由于他们在评价中处在劣势地位,教师给予他们的评价和成绩都不是很理想,所以难免存在抵触情绪和逆反心理。他们对教师的评价作用认同度不高,这与目前的教育评价现状分不开。

(四)自我评价倾向

从总体上来看,在评价自己时,68.2%的初中生认为会客观地进行自我评价,12.6%的学生会在自我评价时存在自我拔高倾向,12.9%初中生则存在自我贬低倾向(见表9-9)。大部分初中生认为能比较理性地看待自己,进行客观的自我评价。

表 9-9　评价自己客观与否

	打高一点	客观	打低一点	看别人
人数	120	651	123	60
百分比	12.6%	68.2%	12.9%	6.3%

χ^2 检验结果表明,性别与自我评价倾向存在相关($\chi^2 = 9.548$,$P < 0.05$)。女生比男生选择客观评价自己的比例明显要高。

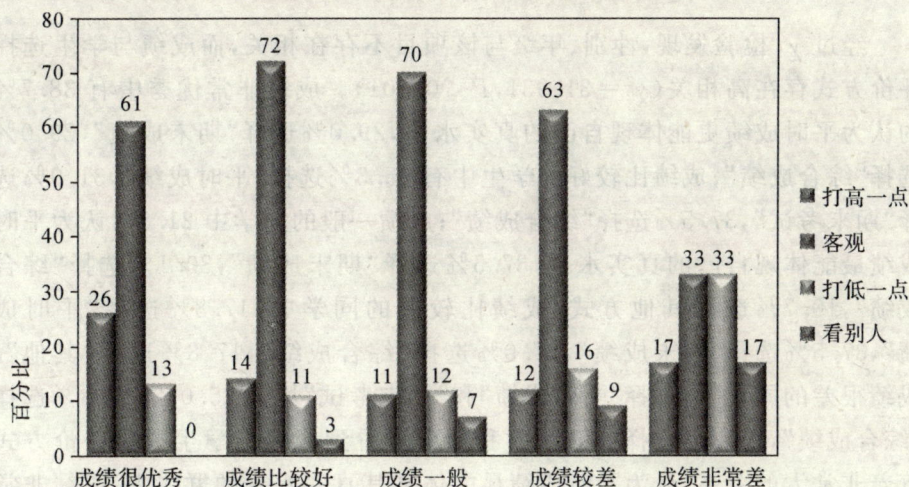

图 9-5　不同成绩学生的自我评价客观与否差异图

从 χ^2 检验结果可知,年级与自我评价倾向之间没有显著相关,而成绩与自我评价倾向之间存在显著差异($\chi^2 = 32.913$,$P < 0.001$)(见图 9-5)。成绩非常优秀的学生比其他成绩群体的学生更愿意在自我评价时打高一点,存在自我拔高倾向。成绩非常差的学生群体明显倾向打低一点,他们往往在学业上有自卑倾向,在评价自己时容易自我贬低。成绩优秀与成绩不良学生组在自我评价上往往存在两极性,都无法很正确、客观地认识自己。

三、对评价方法的看法

(一)平时成绩、期末成绩与综合成绩

我们通过考查学生认为什么方式最能体现其真实水平,了解他们对形成性评价和总结性评价的感受。从总体上看,初中生认为平时成绩最能体现真实水平的占 22.9%,认为期末成绩最能体现真实水平的占 35.2%,认为综合成绩最能体现真实水平的占 31.9%,选择"其他"的占 10.1%(见表

9-10)。初中生对期末考试这种总结性评价比较认同，同时，学生对平时成绩与作业和综合成绩方式也较为喜欢，初中生对评价方法表现出多元化喜好。

表 9-10　最能体现真实水平的评价方式

	平时成绩与作业	期末成绩	综合成绩	其他
人数	218	336	304	96
百分比	22.9%	35.2%	31.9%	10.1%

　　经过 χ^2 检验发现，性别、年级与该项目不存在相关，而成绩与学生选择评价方式存在高相关（$\chi^2 = 31.931, P < 0.001$）。成绩非常优秀中有 38.7% 的认为平时成绩更能体现自己的真实水平，29.0% 选择"期末成绩"，29.0% 选择"综合成绩"；成绩比较好的学生中有 25.3% 选择"平时成绩"，31.9% 选择"期末考试"，37.5% 选择"综合成绩"；成绩一般的同学中 21.8% 认为平时成绩最能体现自己的真实水平，37.5% 选择"期末成绩"，30.1% 选择"综合成绩"，10.7% 选择其他方式；成绩比较差的同学中，17.8% 选择"平时成绩"，37.5% 选择"期末成绩"，27.0% 选择"综合成绩"，17.8% 选择"其他"。成绩很差的同学中，选择"平时成绩"和"期末考试"均为 25.0%，33.3% 选择"综合成绩"，16.7% 选择"其他"。我们可以看到成绩与学生选择评价方式有着非常大的关系，认为平时成绩最能体现其真实水平的群体中，成绩非常优秀的学生比例最高。而在认为期末成绩最能体现真实水平的群体中，成绩比较好的、一般和比较差的中间这三个学生群体更倾向于总结性评价。成绩非常优秀的学生更觉得平时成绩最能体现其水平，他们更倾向于形成性评价。同时，选择其他的比例与成绩优劣成反比，成绩差的同学更倾向于用其他方式来展现自己的真实水平，例如特长或实际操作等。

　　（二）比较对象的喜好

　　从总体上来看，37.5% 的学生在平时学习中，喜欢与自己过去的成绩比，更倾向于个体内差异评价，这种与自己过去比较的方式可能压力相对较小。在相对评价中，29.5% 的初中生表示喜欢比自己好的比较，31.1% 的初中生表示喜欢和自己差不多的同学比较，1.9% 的学生选择比自己差的同学来作为自己的比较对象（见表 9-11）。说明初中生的上进心是非常强的，他们喜欢和自己差不多或者比自己好的同学进行比较，评价的基准是比较高的。

表 9-11　比较的对象

	自己好的比	自己差的比	差不多的比	自己过去比
人数	281	18	297	358
百分比	29.5%	1.9%	31.1%	37.5%

χ^2 检验结果表明,选择比较对象与性别没有显著相关,而与年级有较大相关($\chi^2=17.647,P<0.01$)。随着年级的上升,和自己过去比的学生比例下降,而和比自己成绩差的同学比的比例上升,在与成绩比自己好的同学比较的选项上,初三学生与初一、初二年级出现较大差异,他们更不愿意与成绩比自己好的同学比较。这主要与学业压力有关,高年级的学生由于学业压力增大,他们在多次的考试和竞争中开始理智看待自己的能力和水平。同时高年级学生的自尊水平也在提高,所以他们为了保护自己的自尊心,减少与比自己好的同学比较时的挫败感,不得不有意无意地采取心理防御,进行自我保护。

χ^2 检验发现,成绩与评价比较对象存在极其显著相关($\chi^2=107.721,P<0.001$)。我们从图 9-6 中可以看到一个梯度变化。成绩越好,越喜欢与比自己成绩好的同学比,成绩越差,越喜欢同比自己成绩差或自己过去成绩来进行比较。成绩好的同学更倾向于相对评价,与成绩好的同学进行竞争,成绩差的同学更倾向个体内差异评价,这与学习的成就动机有关。成绩好的同学更倾向于高目标的相对评价,与成绩好的同学进行竞争,成绩差的同学更倾向低目标的相对评价或者是个体内差异评价,他们竞争意识也较弱,而且成就动机相对较低。

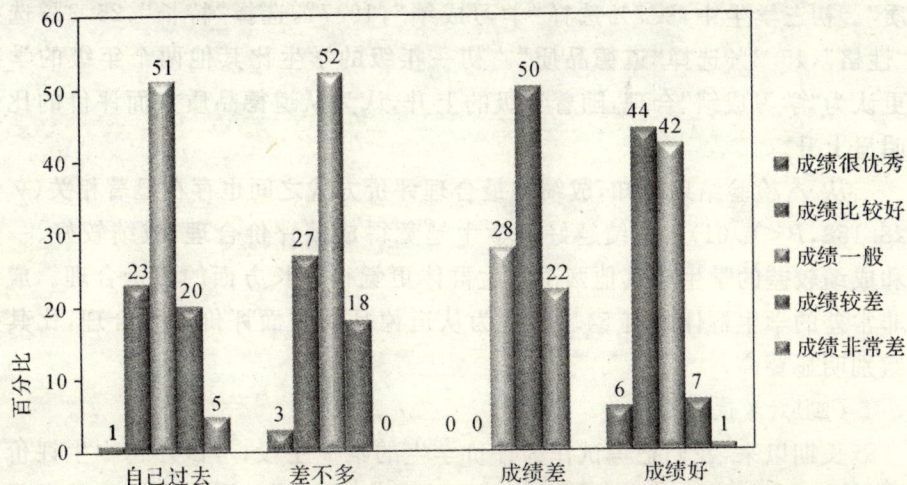

图 9-6　比较对象的成绩差异图

（三）评价内容

从总体上来看，初中生中，9.9%认为更多从学习成绩来评价更为合理，22.6%选择"特长评价"，25.2%选择"性格特点"，42.3%认为道德品质方面来评价比较合理（见表 9-12）。初中生认为应该从特长、性格，尤其是从道德品质方面进行评价更为合理，而认为从学习成绩来评价更为合理的人数较少。

表 9-12　更为合理的评价方式

	学习成绩	特长	性格特点	道德品质
人数	94	216	240	404
百分比	9.9%	22.6%	25.2%	42.3%

经过 χ^2 检验发现，性别与最合理评价方式之间存在显著相关（$\chi^2=14.672, P<0.01$）。男生 11.9%选择"学习成绩"，25.7%选择"特长"，24.0%选择"性格"，38.5%选择道德品质；女生中，7.3%选择"学习成绩"，18.9%选择"特长"，26.7%选择"性格特点"，47.2%认为从道德品质来评价更为合理，比男生更多地觉得从道德品质上来评价更为合理。男生选择其他方面尤其是学习成绩、特长方面的比例比女生高。

χ^2 检验结果发现，年龄与最合理评价方式之间也存在显著相关（$\chi^2=17.695, P<0.01$）。初一学生中，13.6%选择"学习成绩"，25.9%选择"特长"，20.2%选择"性格"，40.4%选择"道德品质"。初二学生中，6.5%选择"学习成绩"，22.3%选择"特长"，29.7%选择"性格"，41.5%选择"道德品质"。初三学生中，9.7%选择"学习成绩"，19.7%选择"特长"，25.3%选择"性格"，45.3%选择"道德品质"。初一年级的学生比其他两个年级的学生更认为"学习成绩"合理，随着年级的上升，认为从道德品质方面评价的比例明显上升。

从 χ^2 检验结果可知，成绩与最合理评价方式之间也存在显著相关（$\chi^2=28.158, P<0.01$）。成绩越好的学生越觉得成绩评价合理，成绩较好、一般和成绩较差的学生较其他两个学生群体更觉得特长方面的评价合理。成绩非常差的学生群体中有 54.2%认为从道德品质方面评价更为合理，比其他组别明显要高。

（四）对考试的看法

长期以来，我们把考试作为评价学生的唯一手段，考试在初中生评价中占据了极其重要的地位。这种评价方式的合理性严重影响到学生的学习积

极性和努力程度,所以通过初中生对考试的喜欢程度、合理性感受等方面的
考查,揭示初中生对考试的真实看法与感受。

1.考试合理性感受

从总体上来看,45.2％的初中生认为用考试评价自己不公平,6.8％的
学生对考试的公平性感受问题采取回避态度,不到一半的学生觉得考试这
种方式比较公平或公平(见表9-13)。

表9-13　考试成绩的合理性感受

	很公平	较公平	不公平	不知道
人数	78	380	431	65
百分比	8.2％	39.8％	45.2％	6.8％

χ^2 检验结果可知,性别与对考试成绩合理性感受存在相关(χ^2
＝8.316,$P<0.05$)。女生比男生更觉得考试方式对其不公平。

χ^2 检验发现,年级与考试成绩的合理性程度感受存在相关(χ^2
＝56.215,$P<0.001$)。随着年级的升高,初中生们越来越觉得考试不公平
了,对考试的合理性感受下降。

χ^2 检验发现,成绩优秀与成绩不良的学生存在显著差异($\chi^2 ＝14.822$,
$P<0.05$)。成绩越优秀,越觉得考试这种评价方式很公平。

2.对考试喜欢程度

从总体上来看,只有12.6％的学生表示很喜欢考试,57.5％的初中生并
不太喜欢考试,12.8％的学生表示不喜欢,17.2％的学生觉得对考试感到很
无奈(见表9-14)。大部分学生都不太喜欢考试方式,甚至很无奈,这就迫使
我们不得不反思当前的考试评价方式。

表9-14　对考试的喜欢程度

	很喜欢	不太喜欢	不喜欢	很无奈
人数	119	549	122	164
百分比	12.5％	57.5％	12.8％	17.2％

经 t 检验发现,在对考试喜欢程度上不存在显著的性别差异。

方差检验结果表明,对考试的喜欢程度存在极其显著的年级差异($F＝$
15.682,$P<0.001$)(见图9-7)。通过比较发现,初一年级与初二、初三年级
对考试的喜欢程度存在显著的差别。随年级上升,学生对考试的喜欢程度

逐步下降,这与学业压力增大有关。

经相关检验可知,学习成绩与对考试的喜欢程度存在显著相关(Kendall 相关系数为 0.081,$P<0.01$)。成绩越好的学生越喜欢考试,成绩差的学生对考试的喜欢程度明显降低。

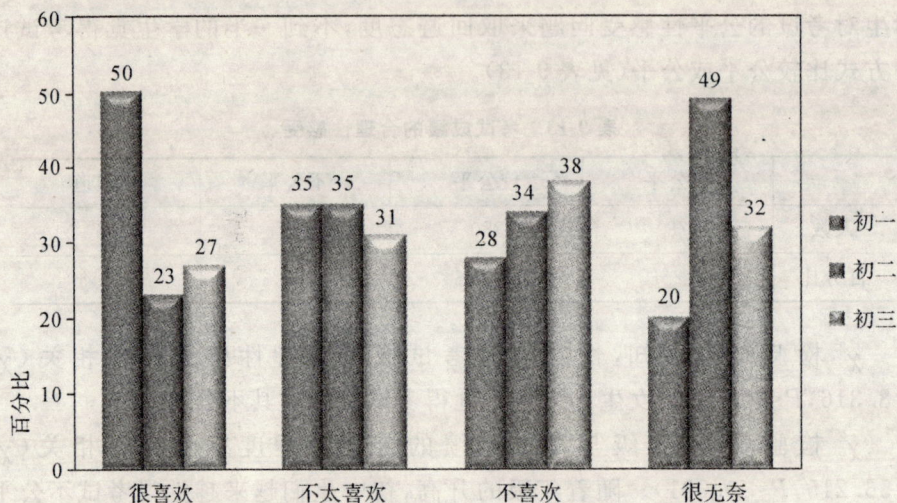

图 9-7　考试喜欢程度的年级差异图

3.考试紧张程度

从总体上来看,9.2%的初中生在临近考试时非常紧张,59.3%的学生觉得有点紧张,大部分初中生在临近考试时还是会感到有些紧张,并可能伴随一些焦虑情绪(见表 9-15)。说明他们因为考试而承受了一定的心理压力。考试这种评价方式比较容易引发学生的不安和紧张情绪,而过高的焦虑和紧张情绪对学习可能会造成消极影响,降低学习效率,甚至可能引发一些心理健康问题,在采用考试时一定要慎重,以免引起学生过多的不安情绪和紧张心理。

表 9-15　考试紧张程度

	非常紧张	有点紧张	不紧张	很平静
人数	88	566	158	142
百分比	9.2%	59.3%	16.6%	14.9%

由 t 检验结果可知,考试的紧张程度上存在极其显著的性别差异($t=3.904$,$P<0.001$)(见图 9-8)。男生中 7.9%感觉非常紧张,55.5%感到有点紧张,18.7%觉得不紧张,17.9%感到很平静。女生中 10.8%感到非常

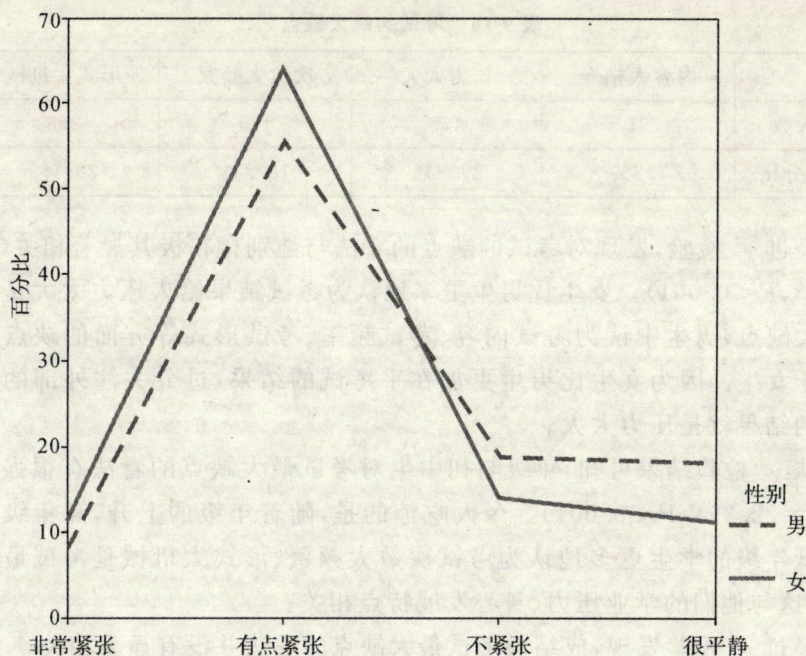

图 9-8　考试紧张程度的性别差异图

紧张,64.2%感到有点紧张,13.9%感到不紧张,11.1%感到很平静。女生比男生在临近考试时更容易紧张,这与男女生的生理、心理特点有关。

χ^2 检验发现,成绩与考试的紧张程度有显著相关($\chi^2 = 34.073$, $P < 0.01$)。成绩非常优秀的学生群体与成绩比较好、成绩一般、成绩比较差的学生群体之间有显著差异。成绩非常差的学生群体与成绩比较好、成绩一般、成绩比较差的学生群体有显著差异。成绩非常优秀和成绩非常差的两个学生群体之间没有显著性差异,他们的考试紧张程度相对要小,尤其是成绩非常差的群体,对考试感到不紧张的达到 60% 以上,这与他们的心理自我防卫机制有关。

4.考试的最大缺点

从总体上来看,47.8%的初中生表示考试的最大缺点是考试结果给人压力太大(见表 9-16)。我们可以发现,考试给学生带来的心理压力比较大,所以听到学生因为考试压力太大而发生的心理危机事件也不在少数。

表 9-16　考试的最大缺点

	内容太枯燥	压力太大	次数太频繁	形式太机械
人数	51	456	179	268
百分比	5.3%	47.8%	18.8%	28.1%

经过 χ^2 检验,发现对考试的缺点的看法与性别存在极其显著相关($\chi^2 = 18.523, P < 0.001$)。女生比男生更多地认为考试结果给人压力太大是考试的最大缺点,男生中认为考试内容、考试频率、考试形式等方面的缺点比例略高于女生。因为女生比男生更加在乎考试的结果,过分关注外部的评价导致的结果就是压力太大。

从 χ^2 检验结果可知,年级与初中生对考试最大缺点的看法有很强的相关($\chi^2 = 22.264, P < 0.001$)。令人吃惊的是,随着年级的上升,高年级的学生比低年级的学生更多地认为考试次数太频繁、形式太机械是考试最大的缺点,这与他们的学业压力、身心发展特点相关。

经过 χ^2 检验发现,成绩与考试最大缺点的看法并没有显著相关。

(五)排名与否

1.排名对学习的作用

从总体上来看,26.6%的初中生认为排名对学习的激励作用很大,55.3%的初中生认为有点激励作用,12.7%则认为排名对学习有消极作用,5.3%的学生则认为排名对学习没有作用(见表 9-17)。

表 9-17　排名对学习的作用

	激励作用很大	有点激励作用	消极作用	没作用
人数	254	528	121	51
百分比	26.6%	55.3%	12.7%	5.3%

从 χ^2 检验结果可知,排名的激励作用大小与性别相关($\chi^2 = 9.615, P < 0.05$)。女生中认为有激励作用的比例比男生高,排名对她们更有激励作用。

χ^2 检验表明,排名激励作用大小与年级高度相关($\chi^2 = 35.753, P < 0.001$)。初一年级的学生比初二、初三学生认为考试的激励作用更大,而随着年级的上升,学生觉得有点激励作用的比例逐渐上升,年级之间存在明显的变化。

通过 χ^2 检验,发现排名激励作用与成绩有极其显著相关($\chi^2 = 56.869,$

$P<0.001$)。成绩较差、成绩非常差的学生对考试的激励作用认同度上比较低。

2.是否公布排名

从总体上来看,我们可以了解,当成绩不理想时,22.5%的初中生希望公布排名,21.6%的学生希望公布前十名,42.2%的学生希望不要公布排名(见表9-18),由此可见,学生在自己成绩不理想时还是希望不要公布自己的名次的。

表9-18　成绩不理想时是否公布排名

	公布排名	公布前十名	不公布排名	无所谓
人数	215	206	403	130
百分比	22.5%	21.6%	42.2%	13.6%

经过 χ^2 检验,考试不理想时,希望排名与否与性别存在极其显著相关($\chi^2=37.888$, $P<0.001$)。女生比男生更希望不公布排名,一定程度反映女生自尊心比男生强。

χ^2 检验发现,年级与公布排名与否也存在极其显著相关($\chi^2=25.541$, $P<0.001$)。初二与初三年级的学生比初一年级的学生更愿意老师不公布排名。

从 χ^2 检验结果可知,成绩与学生希望排名与否存在相关($\chi^2=21.142$, $P<0.05$)。成绩比较差和成绩非常差的学生比成绩好的学生在考试不理想时,更愿意老师公布前十名。

四、对评价结果的看法

(一)评价结果的影响

1.对自信心的影响

从总体上来看,连续的考试失败对于大部分同学的自信心有极大影响,17.2%的初中生认为打击很大,47.3%的学生认为影响较大,只有8.1%的初中生认为没有影响(见表9-19)。

表9-19　连续的考试失败对自信心的影响

	打击很大	影响较大	影响较小	没有影响
人数	164	451	262	77
百分比	17.2%	47.3%	27.5%	8.1%

经 t 检验发现，男女性别与连续考试失败对自信心的影响呈现显著性差异（$t=5.534, P<0.001$）。连续的考试失败对女生自信心的影响明显大于男生，女生对失败的承受能力较低，女生更在乎外部评价，所以一旦外部评价比较消极，就会严重打击女生的学习积极性。

方差检验发现，连续的考试失败对初中生的自信心影响不存在显著的年级差异。

等级相关分析结果显示，学生成绩与考试失败对其自信心影响力是显著相关的（Kendall 相关系数是 0.181，$P<0.01$）。学生成绩与考试失败对其自信心影响程度呈反比，学习成绩越是优秀，考试失败对其自信心的影响越小，而成绩越差，考试失败对其自信心的影响越大。

2.评价结果对自尊心的重要性

从总体上来看，14.2％的初中生认为评价结果对其自尊心是极其重要的，60.1％的学生认为评价结果对其自尊心是很重要的，只有 4.4％的学生认为不重要（见表 9-20）。由此可见，大部分学生认为评价结果对其自尊心感受很重要，所以要注重评价结果的解释。

表 9-20　评价的结果对自尊心的重要性

	极其重要	很重要	不太重要	不重要
人数	135	573	204	42
百分比	14.2％	60.1％	21.4％	4.4％

经 t 检验发现，性别与考试结果对自尊心影响程度也有较高相关（$t=5.485, P<0.001$）（见图 9-9）。女生比男生更多地认为考试结果对其自尊心的影响很重要。

经过方差检验，发现年级间存在显著相关（$F=3.917, P<0.05$）。初一年级比初二、初三年级更多地认为考试结果对其自尊心有很重要的影响。

χ^2 检验发现，成绩与该项目有较高的相关（$\chi^2=37.899, P<0.001$）（见图 9-9）。成绩好的学生比成绩差的学生更多地认为考试结果对其自尊心的影响是很重要的。成绩差的学生认为考试结果对其自尊心不太重要，尤其是成绩非常差的学生有超过 1/5 的人认为考试结果对其自尊心不重要，这其实是心理防御机制在起作用。

3.评价结果对学习劲头的重要性

从总体上来看，18.6％的初中生认为评价结果对其以后学习行为的影响是极其重要的，56.1％的学生认为很重要，只有 3.1％的学生认为不重要

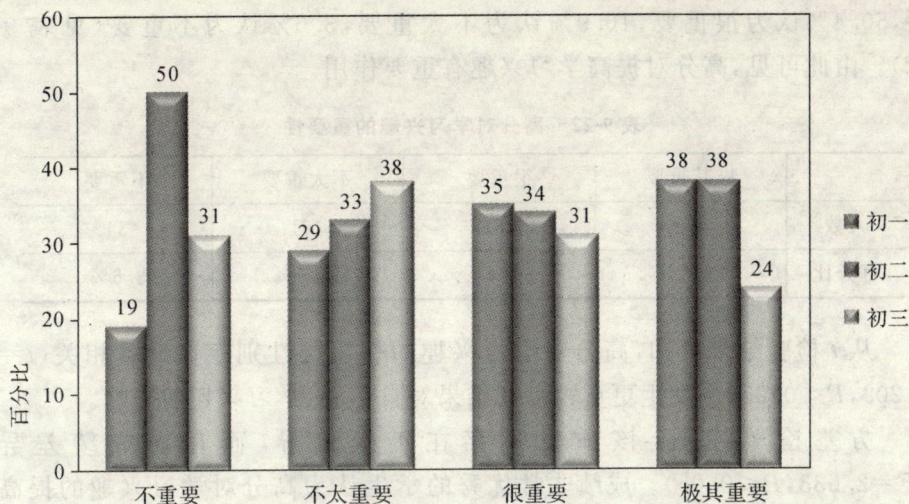

图 9-9　评价结果对自尊心影响的年级差异图

（见表 9-21）。由此可见，大部分学生认为评价结果对后继的学习行为非常重要，评价结果对于学习的影响力是非常大的。

表 9-21　评价结果对以后学习劲头的重要性

	极其重要	很重要	不太重要	不重要
人数	177	535	212	30
百分比	18.6%	56.1%	22.2%	3.1%

通过 t 检验发现，男女性别在对学习重要性认识上存在极其显著性差异（$t=3.551, P<0.001$）。女生比男生更重视评价结果对以后学习的作用。

从方差检验结果看，评价结果对以后学习的重要性认识上存在显著年级差异（$F=5.155, P<0.01$）。初一比初二、初三年级更认为评价结果对学习的重要性，选择"极其重要"比例随年级上升而下降，初三年级学生选择评价结果对以后学习"比较重要"的比例明显要高。

χ^2 检验发现，成绩与评价结果对学习重要性认识上存在极其显著相关（$\chi^2=33.010, P<0.001$）。成绩非常优秀的学生选择"极其重要"的比例高，成绩非常差的学生选择评价结果对学习"不太重要"、"不重要"比例较高，他们对评价的作用认同度较低。

4. 高分对学习兴趣的重要性

从总体上来看，初中生中，29.1% 认为高分对学习兴趣的激发极其重要,50.4％认为很重要,16.9％认为不太重要,3.6％认为不重要(见表 9-22)。由此可见,高分对提高学习兴趣有重要作用。

表 9-22　高分对学习兴趣的重要性

	极其重要	很重要	不太重要	不重要
人数	278	481	161	34
百分比	29.1％	50.4％	16.9％	3.6％

从 t 检验结果可知,高分对学习兴趣的作用与性别存在显著相关($t=2.209,P<0.05$)。女生更重视考试结果对自信心、学习兴趣的影响。

方差检验发现,该项目不存在年级差异,而存在成绩差异($F=2.633,P<0.05$)。成绩非常优秀的学生认为高分对学习兴趣的提高有极其重要的作用,而成绩非常差的认为高分不太重要、不重要的比例高,他们在考试中遭遇的低分尴尬使得他们对考试持有一种防卫心理。

(二)对评价结果满意的原因

1. 对作业结果满意的原因

从总体上来看,30.8％学生因为全对感到满意,评价对他们作业本身的肯定起到了一个鉴定判断的作用;而 28.8％的学生选择表扬性评语,他们更侧重评价对其引起的奖励作用;16.7％的学生选择作为典型示范,更侧重评价对其创造性的肯定(见表 9-23)。

表 9-23　对作业批改结果满意的原因

	全对	表扬性评语	当作典型示范	其他
人数	294	275	159	226
百分比	30.8％	28.8％	16.7％	23.7％

从 t 检验结果可知,对评价结果感到满意原因存在性别差异($t=5.502,P<0.05$)。女生比男生在作业全对时感到更满意,更多的女生比男生对老师的表扬性评语感到高兴。

方差检验发现,对评价结果满意原因与年级存在较大相关($F=5.196,P<0.01$)。初一年级的学生比初二、初三年级的学生对作业全部正确时更感到满意,初二年级的学生相比较其他两个年级更喜欢老师的表扬性评语。

从方差检验结果可知,在对作业评价结果感到满意的原因上,与学生成绩的优秀与否存在极其显著差异($F=4.601,P<0.001$)。成绩好的学生更倾向喜欢作业全对时的肯定和欣喜感。成绩非常差的学生选择"全对"的比例较其他学生群体明显要小,他们在对作业感到满意的原因问题上更多采取回避态度。

2.对考试结果满意的原因

从总体上来看,37.3%的初中生因为考得特别好时感到满意,35.2%的初中生因为考试能激励学习感到满意(见表9-24)。说明当考试对学习起激励作用和感情产生愉悦作用的时候特别满意。

表 9-24　对考试感到满意的原因

	反映真实情况	能激励学习	考得特别好	其他
人数	169	336	356	93
百分比	17.7%	35.2%	37.3%	9.7%

χ^2 检验结果表明,性别与考试结果满意的原因存在高度相关($\chi^2=21.781,P<0.001$)。女生在"考得特别好"时感到满意的比例高于男生。

经过 χ^2 检验发现,年级与考试满意度之间不存在显著相关,而成绩与考试满意度存在极其显著相关($\chi^2=32.064,P<0.001$)。成绩非常差的学生因为考试"反映真实情况"而感到满意的比例较其他组别高,成绩非常优秀的学生选择"激励学习"比例较其他组小。因为"考得特别好"感到满意的比例随着成绩的下降而下降,这与他们对成功的归因倾向有关。

(三)归因方式

1.对成功的归因

从总体上来看,50.1%的初中生将成功归因于努力因素,27.1%的初中生将成功归因于任务难度,认为题目简单才导致考试成绩理想(见表9-25)。

表 9-25　对成功的归因

	运气好	很聪明	非常努力	题目简单
人数	165	52	478	259
百分比	17.3%	5.5%	50.1%	27.1%

χ^2 检验结果表明,性别与学生对考试成功归因上没有显著差异,而年级与归因方式存在显著相关($\chi^2=38.784,P<0.001$)。学生对运气、题目简单

的归因随年级增高而上升,而对努力的归因随年级增高而直线下降。

χ^2 检验发现,学习成绩与对成功的归因方式也存在显著相关($\chi^2 = 57.415, P < 0.001$)。成绩非常优秀归因"聪明"比例高,成绩较好、成绩一般归因"努力"高,成绩非常差归因"努力"比例小。对成功归因"题目简单"的比例与成绩呈反比,成绩越优秀,对"题目简单"归因越小,成绩越差,对成功的归因中的"题目简单"比例越高。成绩非常优秀归因"能力"比例高,成绩较好、成绩一般归因努力因素比例高,成绩非常差的学生归因努力因素比例小,对任务难度归因比例高。

2. 对失败的归因

从总体上来看,我们可以发现,在对考试失败的归因上,79.4%的初中生认为自己不够努力导致了考试的失败,12.6%的学生认为题目太难导致失败,大部分的初中生对考试失败的归因主要是努力因素,他们对失败的外部归因比例较少(见表9-26)。

表 9-26 对失败的归因

	运气不好	不够聪明	不够努力	题目太难
人数	61	16	757	120
百分比	6.4%	1.7%	79.4%	12.6%

χ^2 检验,性别、年级与对失败的归因方式不存在显著相关,只有成绩与对失败的归因方式存在显著性相关($\chi^2 = 44.757, P < 0.001$)。不同成绩群体间存在不同的归因方式,成绩非常优秀对失败的归因"运气不好"高,"不够努力"比例较其他组略低,成绩比较好、成绩一般、成绩较差的初中生对"努力不够"因素的归因较其他组高,成绩非常差的初中生对失败的归因"运气不好"比例高,而努力归因明显低于其他组别。成绩非常优秀、成绩非常差的学生更多地把失败原因归结到外部的原因,这可能就是其心理防御机制在起作用。

(四)结果呈现方式

从总体上来看,学生对成绩呈现方式的喜好存在多样化的特点,不同的学生有着不同的想法和需要,对评价结果的呈现方式体现了价值的多元化(见表9-27)。

表 9-27　评价结果的呈现方式

	具体分数	等级	名次	老师评语
人数	274	215	231	234
百分比	28.7	22.5	24.2	24.5

经过 χ^2 检验,发现男女性别在这个项目上存在显著差异($\chi^2 = 9.700, P < 0.05$)。男生更倾向用具体分数和名次这些方式来表现其成绩或评价结果,而女生更倾向用老师的评语来体现自己的评价结果。长期有意无意地接受传统文化中的性别角色的教化作用下,女生比男生更强调顺从,而男性角色更强调竞争,所以女生比男生更不希望考试后排名或用分数、名次来表示成绩。

χ^2 检验发现,年级与学生评价方式喜好间存在较大的相关($\chi^2 = 18.784, P < 0.01$)。初一更喜欢"具体分数表示你的成绩或评价结果",初二更喜欢"等级和评语表示你的成绩或评价结果",而初三学生在名次选择的比例上要高于其他两个年级组。初三年级因为面临考重点高中的关键,所以名次对他们而言是最重要的,而初二学生不喜欢排名,随着自我意识的逐步觉醒和高涨,初二学生更希望不要考试排名,从而避免竞争失败,在他人面前保持良好的形象。

从 χ^2 检验结果可知,成绩与评价结果的展示方式存在高相关($\chi^2 = 50.197, P < 0.001$)。成绩好的学生更愿意用具体分数和名次来表示他们的成绩或评价结果,而成绩差的学生更愿意选择用老师的评语来对他们进行评价。因为成绩优异者更喜欢与人竞争,他们有很强的成就动机,通过考试和竞争来获得成功的体验,赢得较高的自信,他们更喜欢相对评价方式。

五、对激励方式的方法

(一)奖励物喜好

从总体上来看,27.5%的初中生喜欢口头表扬,28.3%喜欢奖学金,13.2%喜欢张贴在光荣榜上,31.0%喜欢可以带回家的表扬信(见表9-28)。初中生对奖励物的喜好存在多元化。

表 9-28　奖励物的喜好

	口头表扬	奖学金	光荣榜	带回家的表扬信
人数	262	270	126	296
百分比	27.5%	28.3%	13.2%	31.0%

经过 χ^2 检验,发现性别与选择奖励物的喜好上并不存在显著相关,年级与奖励物的选择之间却存在相关($\chi^2=15.671$,$P<0.05$)。随着年级的上升,学生越来越倾向选择奖学金,而选择可以带回家的表扬信的选择比例却逐步下降。学生对评价的奖励物的喜好有了非常明显的年级变化,不再以获得父母的奖赏而学习,更多倾向于经济奖励。

χ^2 检验发现,成绩与奖励物的选择上存在极其显著相关($\chi^2=40.054$,$P<0.001$)(见图 9-10)。我们发现一个有趣的现象,越是成绩好,越是愿意选择奖学金,比其他成绩群体更喜欢张贴在光荣榜上,更少比例选择可以带回家的表扬信。成绩越差,对奖学金和张贴在光荣榜上这两种奖励方式,尤其是对奖学金选择比例越少,对可以带回家的表扬信这种奖励方式越是喜欢。成绩不良的学生比成绩优秀的学生更需要获得父母的肯定和支持,而成绩优秀的学生更倾向获得外在的物质或荣誉奖励。

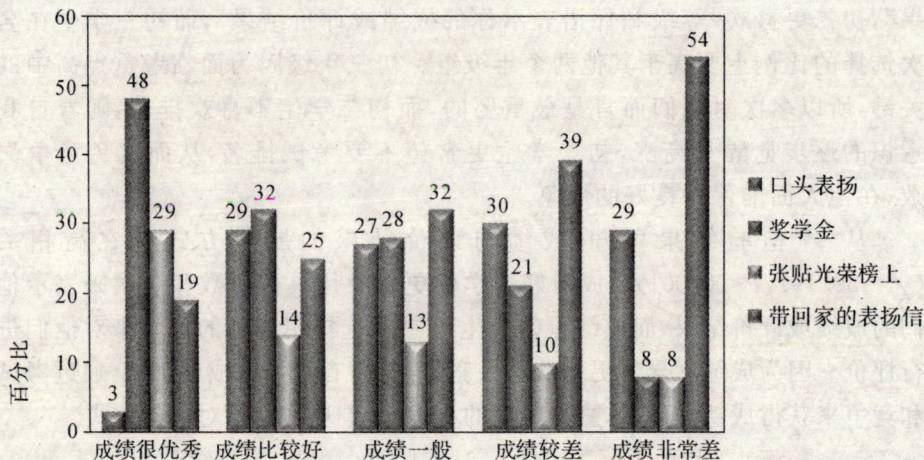

图 9-10　不同成绩学生的奖励物选择差异图

(二)批评方式

1. 批评公开与否

从总体上来看,我们发现,9.0%的学生在考试不理想时希望老师当众批评,69.3%的学生希望私下批评,14.3%的学生希望不批评,7.4%的学生则表示无所谓(见表 9-29)。由此可见,大部分学生希望能私下批评,更容易接受私下批评这种方式。初中生正处于身心发展剧烈变化的时候,他们自尊心很强,非常要面子,所以教师必须要针对他们的心理发展特点进行有针对性的教育,而不能一味地以粗暴的方式来教育批评他们。因为如果不从学生的心理特点和接受水平出发,就无法真正发挥教育评价的积极作用,其至起到反作用。

表 9-29　当众批评与否

	当众批评	私下批评	不批评	无所谓
人数	86	661	136	71
百分比	9.0%	69.3%	14.3%	7.4%

χ^2 检验结果表明,愿意接受批评的方式与性别存在极其显著相关($\chi^2 = 44.122, P < 0.001$)。男生比女生选择"无所谓"选项中比例比女性高出许多,而女生比男生更愿意接受私下批评这种方式,女生对批评方式较男生更敏感。

接受批评方式与年级也存在高相关($\chi^2 = 32.959, P < 0.001$)。初一年级的学生比初二、初三年级的学生更愿意接受公开批评方式,更多的初二、初三学生甚至希望老师不要批评。学生随着年级的上升,开始逐渐开始自律,自我管束。随着年级的上升,越来越注重自己在公众中的形象,希望保持自己在同学,尤其是在异性中的良好形象。所以教师在批评学生时必须注意教育的方式方法,这样才能取得较好的效果。

χ^2 检验发现,成绩与接受批评方式之间不存在显著差异。

2. 批评的接受程度

从总体上来看,我们可以看到,35.1%的学生在班级里受到批评时能虚心接受老师批评,40.5%的学生会选择默认,21.3%的学生觉得丢面子,3.1%的学生会怀恨老师(见表 9-30)。由此看来,在班级中公开批评学生的方式并不能被大部分初中生虚心接受,这种批评方式值得探讨。

表 9-30　在班级里受批评的接受程度

	虚心接受	默认	感觉丢面子	怀恨老师
人数	335	386	203	30
百分比	35.1%	40.5%	21.3%	3.1%

χ^2 检验结果表明,性别、年级与能否虚心接受老师批评不存在显著相关,而年级与能否虚心接受老师批评存在极其显著相关($\chi^2 = 29.855, P < 0.001$)。虚心接受老师在班级中的批评的比例随年级的上升而下降,初三年级学生较其他年级对老师公开批评采取默认要多,而且初二、初三年级感觉丢面子的比初一年级更多,呈现出显著的年级差异。

从 χ^2 检验结果可知,成绩对老师公开批评的反应也有一定相关 ($\chi^2 = 2.077, P < 0.05$)。成绩非常优异的学生、成绩非常差的学生感觉丢面子较其他组别比例更高,成绩比较差、非常差的学生在批评后怀恨老师的反应与其他组存在显著差异。成绩差的学生在受批评过后怀恨老师的心理其实是防御机制的作用。

(三)受批评后的反应

1.受严厉批评后的情绪反应

从总体上来看,我们发现初中生在受到严厉批评的反应中,48.0%感到难过,而39.4%则会在受到老师严厉批评时选择暗下决心努力,6.9%的学生感到灰心丧气,只有5.7%的学生表示对老师的批评无所谓(见表9-31)。由此可见,教师的严厉批评会在较大程度上使学生的情绪低落,在激起学生学习动机方面也有一定作用,但是要特别注意批评的方式方法,否则会造成初中生较大的受挫心理感受,影响其学习的积极性。

表 9-31   受到老师严厉批评时的情绪反应

	暗下决心努力	感到难过	灰心丧气	无所谓
人数	376	458	66	54
白分比	39.4%	48.0%	6.9%	5.7%

经 χ^2 检验,发现受到批评后的情绪反应与性别呈极其显著相关 ($\chi^2 = 20.560, P < 0.001$)。在受到老师严厉批评时,男生中,39.8%受批评后会暗自努力,44.0%会感到难过,7.9%感到灰心丧气,8.3%感到无所谓,而女生中38.9%在受到批评后会暗下决心努力,53.1%则会感到难过,5.7%感到灰心丧气,2.4%则表示无所谓。女生比男生更多感到难过,她们的情绪反应比男生要强烈,而男生更多觉得"无所谓"。女生情绪容易受老师批评的影响,而男生可能表面更"坚强一些"。

χ^2 检验发现,年级与受批评后的反应不存在显著相关,而成绩与受批评后的反应存在高相关 ($\chi^2 = 65.616, P < 0.01$)。在受到老师严厉批评时,成绩优良的学生较其他学生群体暗自努力倾向高,成绩非常差的学生认为考试不理想受到严厉批评时觉得"无所谓",感到"灰心丧气"比例高,他们很可能是因为形成了"习得性无助"。

2.批评的心理影响

从总体上来看,11.2%的初中生在受到老师批评后会感到非常沮丧,68.3%会感到难过,6.1%则感到很愤怒,14.4%的学生对此持回避态度(见

表 9-32）。

表 9-32　批评的心理影响

	非常沮丧	有点难过	很愤怒	不知道
人数	107	652	58	137
百分比	11.2%	68.3%	6.1%	14.4%

χ^2 检验结果表明,受批评的反应与性别存在高度相关($\chi^2 = 48.444, P < 0.001$)。女生更多的是感到有点难过,而男生感到很愤怒的比例远高于女生。

χ^2 检验发现,年级与受批评后的心理感受不存在显著相关,而成绩的优劣与受批评后的反应存在极其显著相关($\chi^2 = 43.997, P < 0.001$)。成绩非常差的学生中感到"有点难过"的比例较其他组别少,而批评让其"很愤怒"的比例较高,成绩非常优秀、成绩较好的初中生在受到老师批评后觉得"非常沮丧"的比例也少。

（四）教师期望

从总体上来看,初中生中,52.0%认为教师赞扬的目光和关注使得对学习充满动力,34.2%则认为有时有促进作用,10.2%认为很少对其学习产生动力作用,3.7%则表示不清楚(见表 9-33)。由此可见,教师日常的目光和关注对于学生的学习动机的激发有较大的影响。

表 9-33　教师赞扬的目光和关注是否使学习充满动力

	总是	有时	很少	不清楚
人数	496	326	97	35
百分比	52.0%	34.2%	10.2%	3.7%

经过 t 检验,教师的目光和关注对学生的激励作用上存在性别差异($t = 3.724, P < 0.05$)。更多的女生觉得教师的赞扬目光和关注使其学习更充满动力。

方差检验发现,年级与教师日常的关注对学习的激励作用不存在显著相关,而成绩与老师的关注对学生学习动力的激发程度存在显著相关($F = 12.640, P < 0.001$)。教师关注对学生学习的激励作用随着成绩的下降而减小。成绩越好的学生,认为激励作用越大,成绩越差的学生认为"老师赞扬的目光对其学习的激励作用"越小。

（五）教师的鼓励

从总体上来看，我们发现在初中生中，只有 24.7％的学生认为教师经常给予肯定和鼓励，大部分学生认为不太经常受到教师的肯定和鼓励（见表 9-34）。初中阶段教师给予学生的肯定和鼓励较少。

表 9-34　教师的肯定和鼓励频率

	经常	有时	偶尔	从来没有
人数	236	135	527	56
百分比	24.7％	14.2％	55.2％	5.9％

经 t 检验发现，性别与受教师的鼓励程度没有显著相关。

从方差检验结果可知，年级间与受鼓励程度有显著相关（$F=10.395,P<0.001$）。随着年级上升，初中生中"经常"受老师鼓励的比例逐渐降低，而"偶尔"受到教师鼓励的人数比例升高。初一年级与初二、初三年级的学生在受教师鼓励的频率上有极其显著差异，低年级的学生更多地得到教师的鼓励和肯定。

方差检验表明，成绩与是否经常受到教师的鼓励存在极其显著相关（$F=4.531,P<0.001$）。成绩好的学生受教师鼓励的情况明显好于成绩差的学生。成绩非常差的学生认为从来没有受到教师鼓励和肯定的比例要远远高于其他组别，尤其明显的是成绩优异组。由此，我们可以看到教师在鼓励学生和肯定学生方面存在一定的偏差，对成绩差的学生的鼓励和肯定较少。

第三节　学生被评心理对评价的启示

一、师生协商共建评价目标

评价目标在评价乃至学习的整个过程中都起着指挥棒的作用，它与学习动机紧密联系，只有目标合适时，才能最大限度激发学生的学习动机和学习兴趣。所以评价目标的适当与否直接影响着学生被评价时的心理状态，过高或过低的评价目标都会对被评价者产生消极的心理影响，也直接影响着学生的学习热情和效果。

（一）注重目标构建中的师生协商

我们应该让学生参与到目标制订的过程中,有效发挥他们的主动性。根据我们的调查显示,56.9％的初中生认为,自己制订的目标是最符合他们的水平的,23.9％的学生认为老师设定的目标最合适自己,13.7％的学生认为父母提出的目标最合适自己。由此可见,初中生眼中最好的目标制订者是自己,其次是老师。心理学研究表明,需要是动机引发的前提。如果这些目标没有符合学生的需要,就无法激发学生的学习动机,那么就无法把教育工作者的美好教育愿望转化为学生真正的内在发展需求。学生的积极性没有得到很好的唤醒,评价目标游离于学生的需求之外,所以难免造成目标的架空状态。美国心理学家施加发现,为设立目标而进行的师生协商,可以提高学生的学习和自我评价,参与"目标—协商"的学生比不参与"目标—协商"的学生取得更好的成绩。[①] 因为自我参与设定的目标使学生会有更强的责任感,他们为了达到自己的允诺会加倍努力,所以这种通过师生对话和协商共同建构的合适的目标,能更有效地促进目标的更好达成。

目前现有的教育评价目标基本上都是学校或老师进行制订的,常常缺乏学生主体性的参与,往往会忽视学生的个别差异,具有较强的"独裁"色彩。这种目标没有转化为学生的积极需要,学生被迫在这种外部强加的目标的束缚下,进行被动学习,所以很难达到预期的目的。只有转变以往教师单方面制订评价目标的局面,让学生真正参与到目标制订的过程中,通过师生协商,一起探讨适合他们的目标,从学生的真实心理需要出发,特别是教师应该在目标制订时加强男生和高年级学生的目标参与性,调动学生的创造性,来共同构建最合适的目标,使得教育目标得到最大程度的实现。所以,我们要充分发挥学生的主体性作用,让学生参与到评价目标的制订中来,这样才能促进教育目标和学生发展的真正统一。

教师作为学生的重要他人,对学生的学习具有较大的权威性和影响力。据调查,一半以上的初中生都选择会努力去完成老师提出的过高要求,在提倡学生参与目标设定的同时,必须发挥教师在目标设定方面的权威效应,不能从一个极端走向另一个极端。转变教师对目标制订的"独裁"局面,而通过师生协商共同构建的目标可以充分发扬教师的权威性和学生的自主性,激发师生双方的积极主动性。

---

① Gaa, J P. The effects of individual goal setting conferences on academic achievement and modification of locus of control orientation. *Psychology in the School*, 1979,16, pp. 591—597.

（二）强调目标的分层化

学生的学习成绩与其目标的坚持性有很大的关系。调查表明,成绩非常优秀的学生中有 64.5% 选择不达目的誓不罢休,远高于平均水平,25.8% 选择降低目标,3.2% 选择彻底放弃,6.5% 认为自己没有目标。而成绩越差的学生选择不达目的誓不罢休的只有 16.7%,远远低于总体水平,他们中有 50.0% 选择降低目标,20.8% 选择彻底放弃,12.5% 则没有自己的目标。据调查,成绩越好的学生,对自设目标越不容易放弃,成绩不好的学生,越容易在达不到目标时降低目标,彻底放弃甚至是从来没有目标。可见,成绩越好的学生越不会放弃自己的目标,拼命追求实现这个目标,而成绩非常差的学生在达不到自己的目标时容易浅尝辄止,降低目标,甚或彻底放弃努力,这与他们的成就动机有关。

班杜拉认为,成绩好的学生自我效能感强,他们对挑战性目标的成就动机较强,所以往往会采取锲而不舍的态度,克服困难。而成绩较差的学生自我效能感低,他们害怕困难的任务,逃避挑战,在面临困难时不会付出较多的努力,选择很快放弃。[①] 一旦评价目标过高,大多数学生就会选择力求避免失败的倾向;评价目标较易实现时,学生则会选择力求成功的倾向。所以成绩优秀的学生更倾向于力求成功的动机,而成绩较差的学生更倾向于力求避免失败的动机,会更多地降低自己的目标,两者在目标的高低水平上是完全不同的。

给学生设定高低合适的目标对学生的学习兴趣的激发和对学习的努力感上有非常强的作用。"学习者对任务与自己价值的估价(或是长时或是短时的),以及成功的机会,很明显是动机的重要成分。"[②]如果目标过高,高不可攀,会导致学生在学习中总是受挫,难以使其获得学习的成功体会,久而久之,会使其对学习产生一种放弃的心态。而目标过低,又无法激发其学习的巨大潜能,限制其发展,所以,目标的高低设置要因人而异。

传统的教育评价习惯于用一把尺子、一个目标来衡量全体学生,这就使学生特别是使学习困难的学生,因为得不到肯定的评价,而陷入更加困难的境地。梶田叡一认为:"为了实现学生或教师都不为某种框框所束缚,都能充分发挥自己的个性,通权达变地进行学习和教学的结构灵活的教育,应将全体教师都能把握的全校共同的目标尽可能地压缩到最低限度。"[③]每个学

---

① 边玉芳著:《学习的自我效能》,浙江教育出版社,2004年版,第10页。
② [美]麦克多诺著:《外语教学中的心理学问题》,春秋出版社,1996年版,第194页。
③ [日]梶田叡一著:《教育评价》,吉林教育出版社,1988年版,第86页。

生都有其独特的个性和知识背景,有各自不同的需要,也有截然不相同的抱负水平,所以应当针对不同的学生设置适合不同学生的合理目标水平。

针对不同的学生设置不同的评价目标,实现目标的分层化。对成绩优良的学生,给他们设置较有挑战意义的高目标。因为他们有很强的成就动机,抱着不达目的誓不罢休的信念,具有很强的学习意志力和坚持性,所以挑战性较高的目标容易激发这些学生的学习斗志,他们会在这种自我挑战中获得自我实现的满足感,分层的教育目标能促使这些学生在更广阔的舞台上发展自己,实现自我。而学业成绩较差的学生,在面对较高的目标时,长期的失败容易导致他们的自信心和学习兴趣的下降,甚至会引发他们的自卑心理和学习无能感,所以目标不能太高。我们依据维果茨基早年就提出的"最近发展区"概念,来设置让学生经过努力就能成功的目标,让他们在这种分层评价中获得成功体会,通过学习本身的刺激来最有效地强化这些学生的内在学习动机。然而,每一个学生都有着其独特的个性和差异,通过尝试对评价目标进行分层,设置几个级别,让学生完成他能完成的目标,然后继续向下一个目标挑战,这样的目标设置更能适应个体的丰富性和差异性。针对不同发展层次的学生用不同的目标和尺子去评价,分层递进,并在实践中不断进行有针对地修正,让每个学生都能获得成功的体验,从而激发其学习兴趣和动机,充分调动学生的自身积极性,为促进学生的发展提供广阔的空间。

(三)加强学生对目标的理解

成绩非常好的学生比成绩差的学生更注意老师的要求,对教师的目标理解程度较好,而成绩越差的学生对老师提出的目标的理解程度越差。成绩优秀的学生由于长期良好的学习习惯态度的养成,对评价目标的理解上也远远高于成绩差的学生。而这样循环过程,可能会使学生走入一个"怪圈",必然导致两极分化。调查表明,26.7%的学生选择总是了解老师的要求,34.6%选择有时了解老师的要求,23.4%选择偶尔了解老师的要求,15.3%选择从来都没有了解老师的要求。我们发现学生对教师的评价标准和要求并不非常了解,没有了解评价标准,也就无法很好地达到老师的要求,也无法进行相应的改进,所以是非常值得教师关注的。

经研究发现,评价目标越细致越具体越可以操作,学生的学习表现也越好。目标的明确和易于理解,越容易让学生理解评价的目标和老师的要求,从而加强目标对学习的指导性。教师对学生的要求不能简单地用笼统的词语概括说明,而是需要非常明确具体的、可以操作的目标,这样就能使学生知道努力的方向。学生只有真正了解教师的要求,了解评价的具体标准,才能将外部的教育愿望转化为自身的需要,才能有努力的方向和目标。学生对目标有了充分理解后,才能将学习由被动的知识接受转化为主动的求知过程,激发起内部学习动机,维持学习过程中的耐力。

通过调查,我们发现初中生并不十分了解教师的评价目标,目标在他们心中仍然属于比较模糊的概念,尤其是男生和学业成绩不良的学生对评价目标更加不了解,必须要特别注意。没有理解目标,就无法进行结果期待行为,根本就没有努力的方向,也无法将老师的要求变成自觉的需要,学生内在驱动力的激发更是无从谈起。所以要针对不同学生,尤其是男生和成绩比较差的学生,在讲述目标时,一定要达到明确化的要求,让他们理解目标,为他们指明其努力的方向和标准。

二、建立以对话为特征的评价主体

师生关系是整个教育大厦的基石。教育和教学活动在师生关系背景中展开,师生关系的恰当与否直接影响到教育评价活动的效果。雅斯贝尔斯说:"所谓教育不过就是人对人主体间的灵肉的交流活动。师生作为完整的、独特的个体在平等理解的基础上相互交流,教师在生活世界大背景上与学生整体精神相关联,对学生进行整体教育,让教学焕发出生命的活力,达到真、善、美和谐统一。"[1]

(一)强调师生主体对话

人本主义心理学家罗杰斯指出,人与人之间立足于彼此真诚、理解、相爱基础上的交往是人之所以成为人的心理前提。[2] 心理学家们认为学习和心理发展是一种被社会关系协调的过程。其中,对话不仅是传达信息、培养认知的方式,而且应当作为建构和显示思想活动的基本途径。学习是以对话式探究和活动系统为基础的,表现为某种思想共享和智力传递。对话在学习过程中占有中心地位,通过对话,分享彼此的观念,检验他们的知识和理解。[3]

"评价在本质上是一种心理构建物,强调教育评价过程中评价者之间以

① 黄忠敬著:教学理论:走向交往与对话的时代,载《教育理论与实践》,2001年第7期,第35页。
② [美]卡尔·罗杰斯著:《人的潜能和价值》,华夏出版社,1998年版,第42页。
③ 米靖著:论基于对话理念的教学关系,载《课程·教程·教法》,2005年第3期,第21页。

及评价者与评价对象之间的互动。"[①]传统评价中,教师是评价中的权威者和主宰者,而学生作为被评价者,只能被动接受评价。在教育评价中往往只有教师的声音,这种几乎是教师的独白的评价过程,缺乏师生对话的评价方式,从而造成了评价目标和评价现实相脱节的尴尬局面。所以我们倡导实行师生对话,达到师生间的真诚互动、情感交流、信息沟通的作用,达到师生间的相互启迪和智慧碰撞,从而促进教育评价的激励功能的发挥。"教师的职责现在已经越来越少地传递知识,而越来越多地激励思考,除了他的正式职能以外,他将越来越成为一位顾问,一位交换意见的参加者,一位帮助发现矛盾论点而不是拿出现成真理的人。他必须集中更多的时间和精力去从事那些有效果的和有创造性的活动:互相影响、讨论、激励、了解、鼓舞。"[②]师生在评价过程中应敞开心扉,真诚对话,从而满足学生的个性需求,帮助学生建构自己的知识体系,共同促进评价激励功能的发挥。

(二)加强学生自评

自我评价的稳定性受升学和青春期变化等因素的影响。埃克斯等指出,升学后学校环境的变化会导致个体的自我评价发生一定变化;另外,青春期出现的大量生理的、认知的和情感变化更会影响青少年的连续感和自尊。[③]

人本主义心理学认为每一个体都有追求自我实现的基本动机,强调人的主观能动性;每一个体都是独一无二的,教育不应用外在的标准约束学生学习,因为每个学生各有其天赋的学习潜能,教师的任务是要充分理解每个学生的条件,为其提供成功的机会,让学生自我悦纳,自我发展。所以加强学生的自我评价,有助于自主精神的发挥,形成积极的自我概念,促进其学习积极性的发挥,从而获得更好的发展。所以应该把评价的重点从他评转移到自评方面,让学生进行有效的自我评价,教师加强对他们的指导。尤其是要注意成绩优秀和成绩差的学生的自我评价倾向的误区,通过加强自评帮助学生认识自身的不足和优势,明了学习责任,促进评价目标的更好实现。

---

① 王景英等著:理解与对话:从解释学视角解读教师评价,载《外国教育研究》,2003 年第 8 期,第 39 页。

② 联合国教科文组织国际教育发展委员会编:《学会生存》,上海译文出版社,1979 年版,第 108 页。

③ Eccles JS, Midgley C. Stage, Environment fit:Developmentally appropriate classrooms for early adolescents, *Resear Motiva Educ*, *March*, 1989, pp. 139—181.

（三）注重他评的公正性

教师评价是否公平影响到教育评价能否在学生身上发挥激励的作用。美国行为科学家亚当斯认为，人的激励程度不仅受到自己所得报酬的绝对额的影响，而且受到报酬的相对比较的影响。个人会自觉或不自觉地把自己的付出和所得报酬算一个"收支比率"（即付出努力和收获报酬的比值），既同其他人在这方面的收支比率作比较，又同过去在这方面的收支比率作比较。如果比较的结果表明收支比率相等，他会感到自己受到公平的待遇，因而心情舒畅，如果收支比率下降则会影响情绪。学生在得到学习成绩评定之后也会从与其他同学横向比较和自己过去的纵向比较两个方面来审视评定的公平性。① 通过与同学的比较来认定教师的评价是否公平，如果学生觉得公正，就会肯定自己的成功，吸取失败教训，教师评价对其发挥激励作用；如果学生认为教师的评价是不公平的，那么学生很可能从心理上不认同教师的评价，从而无法起到激励和促进作用。

儿童最初形成的自我概念是在其生命中的重要他人，即家长的影响下形成的。从儿童进入学校以后，教师逐渐成为儿童生活中的重要他人，教师在日常的教育教学过程中不断对学生学习、情感态度、行为等进行评价，并在与学生的互动中形成重要的关系。由于教师的权威和地位，来自教师的评价对学生的发展具有特殊意义。但是，在我国中小学教师每学期对学生的评语通常是千篇一律的，完全忽视了儿童的个体差异。这些评价既没有增进学生对自己的了解，也无助于学生形成良好的自我概念。

教师如果不加区分地给学生一个评定结果，失去公平性意味着失去激励。学生认为教师对他的评价是公平合理的，才有可能去真正接受，并进行修正改进。如果一个学生认为教师对其的评价不公正，存在偏颇，那么他就不可能真正去接受这个评价结果，更不用说去努力改正了。教师必须改变有意无意对学生的偏好，力求公正对待每一个学生，通过对话和沟通，了解每个学生特点，了解学生在学习上付出的努力程度，了解他们存在的问题与困境，只有与学生形成良好的师生关系，才能对他们作出合适的鼓励性评价，从而使学生体验到教师对他的发自内心的赏识，进而激发学习热情，提高学习效率。

___

① 张璟，李琪著：《心理健康教育指导学习篇》，科学出版社，2003年版，第42页。

三、采用多元评价方法

评价方法对于评价结果的准确性和客观性起着关键的作用,关系整个评价目的和功能的开展。按照不同的标准可以有不同的评价方法,不同的评价方法会获取不同的评价结果。在教育评价中,评价方法的科学性成为人们关注的焦点,如我们当前新课程改革中对考试评价的声讨和对质性评价的呼唤成为评价界的研究热点之一。

(一)注重学生的个体内差异评价

在前面提到的有关初中生的调查研究中发现,37.5%的学生在平时学习中,喜欢与自己过去的成绩比,更倾向于个体内差异评价。成绩越好,越喜欢与比自己成绩好的同学比,他们更倾向于相对评价。成绩越差,越喜欢同比自己成绩差或自己过去成绩来进行比较,他们更倾向个体内差异评价。

这项调查结果也发现,26.6%的初中生认为排名对学习的激励作用很大,55.3%认为有点激励作用,12.7%则认为有消极作用,5.3%认为排名对学习没有作用。女生认为排名对她们更有激励作用。成绩较差、成绩非常差的学生则认为排名对他们激励作用小,甚至有较多的消极作用。大部分学生希望考试不理想时不要排名。只有成绩优异的学生认为考试排名对他们有较大激励作用,学业成绩不良的学生则更多认为考试排名对其学习的激励作用比较小。

我们目前采用的考试排名属于相对评价,通过评价将学生分为三六九等,这种评价容易引发被评价者内部的竞争,容易导致学业成绩不良学生丧失信心。现有的考试方式和评价方式会引发学生的心理压力,并不能真正切合学生发展的需要,特别是对学业成绩不良的学生而言,排名更会引发其消极的自我概念,甚至已经在一定程度上造成了对学生身心发展的伤害。他们更倾向于与自己过去成绩的比较,从而获得进步的信息。针对这些特点,我们在评价中应该减少考试排名,增加学生的个人进步评价。老师在评价中应该对学生进行积极的指导,特别是对考试成绩差的学生进行积极的鼓励,及时反馈其进步信息,激发他们的上进心。

(二)采用多元化评价方式

无论是外在因素还是内在因素造成的挫折,都会使人陷入一种紧张、不安、焦急、忧虑、恐惧、抑郁、痛苦的情绪状态之中。此种情绪状态称为焦虑。心理学研究表明,焦虑水平过高会影响效率的提高。在前面提到的调查中,我们发现,在考试临近时感到紧张的学生大有人在,成绩越差,考试失败对其自信心的影响越大。但同时成绩差的学生认为考试结果对其自尊心、学习促进作用都不太重要,这其实也是心理防御机制在起作用。9.9%的初中生认为更多从学习成绩方面评价比较合理,而22.6%的学生认为更多从特长方面评价比较合理,25.2%的学生认为更多从性格方面评价比较合理,42.3%的学生则认为更多从道德品质方面来评价是比较合理的。大多数学生认为从性格、道德品质等方面来评价会更合理。

人在产生焦虑后,为了对抗、减轻或摆脱焦虑的情绪困扰,常常使用一种或多种心理防卫方法来保护"自我"。在心理学上,这种防御机制以合理化,即"酸葡萄"机制尤为突出。指的是个人的行为不符合社会的价值标准,或未达到所追求的目标,为减少或免除因挫折而产生的焦虑,保持自尊,而对自己的不合理行为给予一种合理的解释,使自己能接受它。个体在追求某一目标而失败时,为了冲淡自己内心的不安,常将目标贬低,认为"不值得"追求,用以安慰自己。吃不着的葡萄是酸的,得不到的东西是坏的,认为达不到目标是不愿意达到或本来就没想达到。这种认为自己得不到或没有的东西就是不好的心理现象,常被称为"酸葡萄"心理。①

成绩差的学生认为考试不重要,或是教师评价对其不重要等等,其实都是"酸葡萄"心理防御机制在起作用。为了减少对考试失败的内疚和焦虑,他们就自觉不自觉地认为考试对他们不重要的防卫心理来掩饰自己内心的失落。目前的考试评价给学生造成心理压力较大,他们对考试持有一种无奈甚至敌意的心态,进而采取防御心理,认为考试不重要,进而否认整个评价的作用。我们必须改革这种以考试评价一统天下的局面。

霍华德·加德纳指出:标准化的纸笔类测验严重地偏向两种智能,即语言智能和逻辑智能,具备这两种智能组合的幸运儿多数都能在正规考试中取得良好的成绩,而其他智能天赋的学生则会失败。为了使评价真正成为促进学生发展的有效手段,必须要设计出"智能公正"的评价体系,即评价方式的多元化。②

现有教育评价中考查最多的是学生的语言智能和数理逻辑智能,而忽视了学生的其他智能。许多成绩差的学生可能在音乐或空间、运动等等智能方面拥有很高的天分,所以教师应该给予他们一定的表现机会,挖掘他们的潜能,而不是把目光紧紧盯住考卷上的数字。我们应该根据学生被评价

---

① 陈立等著:《心理学百科全书》第二卷,浙江教育出版社,1995年版,第1136页。
② 霍华德·加德纳著,沈致隆译:《多元智能》,新华出版社,1999年版,第182—185页。

心理的现实特点,从"方法整体与对象特性的适宜性"[①]的角度出发,做一些尝试探讨,减少考试评价,降低考试给学生的压力,要运用多元化评价方式来考查学生的发展。

目前国内外关于质性评价的研究进行得如火如荼,成长记录袋评价、表现性评价、开放式评价等方式不断涌现,使得我们对学生进行更好的评价有了更多的选择。刘志军提出了评价方法的网状结构,不仅在评价的开始向评价者提供多种方法的选择,并且在评价过程中,时刻面临多种选择,而选择的每一条道路又都与其他道路相互交叉重叠,供评价者根据不同的情况作进一步选择,以更好地实现发展性课程评价的目的。[②] 运用多元的评价方法和手段对学生进行全面的评价,从道德品质、性格、特长、实践动手能力和创造性思维等多视角出发,发挥评价促进学生的其他智能的发展的教育功能。

四、加强评价结果的指导性

评价结果是对被评价者作出的价值判断,对被评价者有着直接影响,通过结果反馈过程影响学生的情绪、自信心和学习动机等。教育评价的结果反馈是评价中的重要环节,我们应该对评价结果进行及时反馈和有效利用,加强指导,从而更有效地达到教育评价的目的。

(一)加强结果的解释

考试和评价对学生的学习能够起到较好的强化作用。根据美国行为主义心理学的强化理论,我们知道,动机是强化的结果,个体行为的倾向完全取决于先前这种行为和刺激受到过强化,而且行为和强化之间建立了某种牢固的联系。所以我们可以用这种正强化或负强化的办法来影响学习者的行为后果,从而修正其行为,这在教育评价领域是很常见的。桑代克的效果律认为:导致满意(奖励)结果的反应被学习了;而导致厌恶(惩罚)结果的反应没有被学习。当学生看到自己努力学习的效果时,就会增强学习行为。教师对学生的评价是对学生行为的一种强化手段,如果教师认同学生的学习行为并给予奖励,学生的学习行为就会得到强化,激发学习动机;如果教师认为学生的学习行为有错误,通过较低评价或者批评,引起学生注意,从而纠正学生的错误学习行为。因此,教师对学生学习成绩的评定既有正面

---

① 叶澜著:《教育研究方法论初探》,上海教育出版社,1999年版,第14页。

② 刘志军著:发展性课程评价方法的探讨,载《课程·教材·教法》,2004年第1期,第21页。

的强化作用,也有负面的强化作用,如表扬能引起学生的学习热情,批评能使学生减少错误行为,这两种都是强化理论在评价中的正向运用。

教师对学生的评价是对学生学习行为的刺激手段。如果评价较高,就会对学生学习起到肯定和激励作用,激发他们的学习动机;如果评价较低,就能使学生反思自己的不足,进行改进,但如果运用不当,就会打击学生的学习积极性,甚至造成对他们的伤害。强化理论认为评价是学生学习行为的刺激物,刺激学生按照评价的标准巩固有效的学习行为,并在此基础上开始新的学习行为,但也有可能会影响学生的学习热情和信心。考试成绩对学生具有较强的强化作用。如果学生得到不好的成绩,而学生觉得付出很多并没有得到很好的回报时,就会造成学生的不公平感,这会严重打击学生有效的学习行为,使其学习动机水平明显下降。所以教师在评价中必须要力求准确,尤其在评价结果呈现给学生时,一定要注意核查,发现问题,及时更正,对评价结果进行及时的解释,尤其是在给学生的评价结果较差时,必须要对学生说明原因,分析不足,找出努力的方向,从而最大限度地强化学生的学习动机。

(二)引导学生形成积极的归因风格

归因指人们对自己或他人的行为原因加以解释或推测的过程。美国心理学家韦纳对归因进行了深入的研究,他认为,可按稳定性维度和可控性维度把归因分为内归因和外归因、稳定性归因和不稳定性归因。其中能力是稳定的内部控制的因素;努力是不稳定的内部控制的因素。任务的难度是稳定的或不可变的外部控制的因素;运气是不稳定的可变的外部控制的因素。①

很多研究表明,成绩与归因倾向具有显著的相关性。成绩优异的学生将考试成功归因为努力、聪明倾向高,尤其是他们将成功归因为能力因素比例远远高于其他学生群体,而把考试失败归因为运气不好等外部的原因;而成绩中等的学生更多将考试成功和失败都归因为努力因素,成绩非常差的学生将失败归因为任务难度倾向的比例明显要高于其他学生群体。

总之,在激发学生的学习动机时,一方面要使他们感到自己努力不够,要不断地努力;另一方面,还要使得学生不断地感到自己的努力是有效的。为了做好这两点,教师应当做到:

对那些确实感到面临的任务难度很大的学生,教师必须热情地加强指

① 莫雷,张卫著:《学习心理研究》,广东人民出版社,2005年版,第237—239页

导,或者可以适当降低任务的难度,让他们循序渐进地掌握知识、技能。所以,我们必须对学生的归因风格进行适度的引导,让学生把自己的失败归因于自己努力不够,要继续加强努力的同时,对他们的努力给予反馈,使他们不断地感到自己的努力是有效的时候,就更具激发学习动机的作用,从而引导学生形成积极的归因风格和正确的自我评价。

五、注重激发内驱力的激励方式

教育的方法千差万别、多种多样,但概括起来就是两种基本形式:表扬和批评。我们倡导建立强调成功体验的激励方式。这里的激励不等同于表扬,而是采取恰当的激励方式来使学生获得成功的体验,只有正确的表扬才能起到激励作用,批评和惩罚只要运用得当也能起到很好的激励作用。前者可以使学生获得成功的体验和肯定感,从而激发出更强的学习动力,而后者可以使学生明确自己的不足从而改进学习。

（一）激发学生的学习内部动机

因为作业全对的更多是对学习本身的肯定,属于内部动机,而老师的表扬和作为同学作业示范更多的是外部奖励,因为表扬而开心的学生学习动机主要是由外部动机引发的。所以教师在评价中要注意对学生的学习动机的引导。成绩优秀的学生对奖学金非常感兴趣,而成绩比较差的学生对可以带回家的表扬信比较喜欢。成绩优秀的学生他们已经获得了许多的内部和外部的肯定,由于市场经济的冲击,学生对经济利益的观念在不断增强,而成绩比较差的学生因为受到老师尤其是家长的肯定和赞扬不够,所以他们往往希望能通过表扬信来获得家长的肯定和支持。所以,我们要恰当利用内部肯定和外部奖励来共同激发学生的学习动机。

心理学研究表明,外部奖励可能会削弱内部动机,只有当奖励强调的是学生真正的能力时,才会起到较好的动机作用。因此,在学校中,表扬不能无条件地、过于慷慨地给予学生。通过恰如其分的表扬才能够转化为学生的自我激励,从而促进其学习。而一味的鼓励也容易造成学生自我肯定和心理承受能力下降等不利因素。因此,教师既要注重鼓励进取,也要注重批评教导,使学生逐步形成积极进取、百折不挠的坚毅性格。[1] 所以,教师在教育教学实践中对学生进行表扬与批评时,既要充分意识到这类措施可能对学生产生的各种影响,又要因情境、学生的不同而采取不同的方式,使之在

---

[1]　朱祥文著:让学生在激励评价与挫折教育中健康成长,载《甘肃教育》,2005年第4期,第10页。

教育教学中的积极作用得到最大限度的发挥。

(二)巧用批评

大量教育研究表明,大部分学生在考试不理想时都希望老师不要公开批评,他们更容易接受私下批评这种方式。女生比男生更不希望受到公开批评。在班级中受到批评时,学生表示会虚心接受的比例较少,尤其是成绩非常差的学生,他们更不愿接受当众批评方式,更容易感到愤怒,甚至会引发较严重的防御机制。

防御机制又称防卫机制,是个体在精神受干扰时保持心理平衡的策略。当学生作为被评价者时,往往处于一种焦虑状态而相应采取一定的防御机制。一般说来,防御机制具有下述三个特征:①借助防御机制可以减弱、回避或克服消极的情绪状态,如冲突、挫折、焦虑、紧张;②大多数防御机制涉及对现实的歪曲,凭借这一点来运用防御机制,个体或不理会感情,或无视环境,或错误的将某些特征归因于并不具备这些特征的他人,或向一个人表达本应向另一个人表达的感情等;③个体在使用防御机制时通常是并未意识到的,如果他能意识到他在歪曲现实的话,那么这些歪曲在减弱、回避或克服消极情绪状态时便不起作用了。[①]

批评是我们常用的教育手段,每个学生的成长都离不开批评。然而,批评运用不当,很可能会严重伤害学生的自尊心和自信心,引起学生的消极情绪,容易造成师生的对立。所以在采用批评时要巧用方式,让学生在批评中了解自己的长处和不足,虚心接受,帮助学生建立其知己知彼的明确的自我观念,从而养成适当的成就动机,才不至于作出不自量力或踌躇不前的不切实际的行动。[②]

心理学上有个著名的效应称为南风效应。这一术语主要来源于法国作家拉封丹的一则寓言——南风与北风比威力,谁能把行人身上的大衣脱掉。北风的方法是冷风凛冽、寒风刺骨,结果行人反而将大衣裹得紧紧的,南风则用暖风徐徐吹拂,温暖的感觉使人自觉就把大衣给脱了。这个南风效应告诉我们,教师的批评如果也像南风般温暖,学生就容易虚心接受,真正去改正自己的缺点。而许多老师往往容易犯"北风"的错,用一些伤害学生自尊的话语来批评学生,没有设身处地地从学生的心理特点和接受水平出发,这种批评往往会使人难以接受甚至非常反感,更无法使得学生对自身的不足进行深刻的

---

① 陈立等著:《心理学百科全书》第二卷,浙江教育出版社,1995年版,第1134页。
② 张春兴著:《现代心理学》,上海人民出版社,1994年版,第513页。

反思,无法真正发挥批评教育的积极作用。①

所以,教师在批评教育中要巧用南风效应,通过真诚、尊重、宽容的批评方式让其变成师生交流和沟通的友好桥梁。每一个学生都是独一无二的,只要教师擦亮善于发现学生优点的眼睛,就会看到学生身上的诸多闪光点。教师的南风式的批评也能帮助学生进行自我批评和自我反思,发现自己的不足并很快改正,老师要多给学生一点欣赏和鼓励,会使学生因为教师的信任和尊重产生强大的动力。

（三）形成对学生的积极期望

教师的日常隐性评价行为对学生学习动机的激发有着极其重要的作用。据我们的调查显示,52%的学生认为老师赞扬的目光和关注让他们对学习充满动力。10.2%的学生认为老师的赞扬目光和关注对其学习的作用很少。大部分学生认为老师赞扬的目光和关注对其提高学习兴趣和信心有很大的激励作用。

心理学上著名的罗森塔尔实验告诉我们,教师期待对学生的发展起着至关重要的作用。因为罗森塔尔等心理学家通过"权威性谎言"来暗示教师,大大激发了教师的热情,教师对学生的热切期待通过眼神、笑貌、声音等信息渗透到教学中,大大提高了学生对学习和教师的好感,使得这些学生表现得更加积极、自信。

罗森塔尔认为,产生皮格马利翁效应主要有以下四个机制:一是气氛,即对他人高度的期望而产生了一种温暖的、关心的、情感上的支持所造成的良好气氛;二是反馈,即教师对他所寄予期望的学生,给予更多的鼓励和赞扬;三是输入,即教师向学生表明对他们抱有高度的期望,教师指导他们学习,对学生提出的问题给予有启发性的问答,并提供极有帮助的知识材料;四是鼓励,即对学生的输入,对他们作出的反应,给予真挚的鼓励。②

心理学研究表明,期望是学生进步和发展的重要精神支柱和情感力量。美国著名教育家格拉塞通过研究发现,培养失败者是学校的最大弊端。他认为我们的教育创造了太多失败的机会,只要学生在学校中不再受到反复失败的挫折,不被教师标定为"差等生"并获得教师的爱,他们将逐渐认识自我价值而取得成功。上海闸北八中据此开展了卓有成效的"成功教育"改

---

① 任顺元著:《心理效应学说——新课程下"导学育人"新对策》,浙江大学出版社,2004年版,第69—71页。

② 任顺元著:《心理效应学说——新课程下"导学育人"新对策》,浙江大学出版社,2004年版,第40页。

革,获得了教育部和联合国教科文组织的肯定。[①]

　　教师的关爱既是一种内在体验,也是一种心理倾向和态度,是产生亲密师生关系的动力。存在于教育日常生活中的期望效应具有促进学生持续成长和发展的奇妙作用,让教师的热切期望从日常生活中不断去暗示学生,激发学生多方面的巨大潜能,从而帮助学生认识、发展自我,建立自信的作用。当教师的情感准确地"投射"到学生的心灵上时,会唤起学生相应的情感体验,教师的日常身体语言和目光通过与学生的接触将评价信息传达给学生。学生会把教师的期望,内化成自己的奋斗目标,获得心理满足和上进的力量。

　　人们喜欢爱自己的人而讨厌不喜欢自己的人,如果学生一旦认为某个老师喜欢自己,他就会投桃报李,对这个喜欢他的老师也比较有好感和信任。所以教师应该学习皮格马利翁,从心底里散发出对学生的积极热切的期望,真诚地喜爱学生,提出合理的目标和要求。通过日常教学和评价,潜移默化地把积极期望的信息传递给学生,使得学生感受到老师对他的关心、鼓励和支持,促使学生产生强大的前进动力。

---

　　① 李玉向著:高校教育评价的现代教育学、心理学理论,载《平顶山师专学报》,2004 年第 8 期,第84 页。

结 束 语

　　长期以来,以语言能力和逻辑分析能力为基础,以考试方式为主要媒介的传统教育评价在我国教育领域中一直居于统治地位,在教育实践中发挥着根深蒂固的作用。它往往会把复杂的教育现象简单化或只评价简单的教育现象,使教育评价失去了很多有价值的信息,甚至丢失了教育中最有意义和最本质的东西。这样,学生生动活泼的个性就被抽象为一个或一组僵硬的数字,教育的复杂性与学生个性的丰富性就被泯灭于其中了①。所以当前的教育评价往往是高扬素质教育大旗,却踏踏实实地走着应试教育的道路,学生主体性的缺失存在于评价功能、评价内容、评价方法等评价过程中的诸多方面。在这种情况下,努力探寻新的评价方法,使其评价理念、特点、原则等符合广大学生现实需求,从根本上解决我国学与教的评价模式的弊端,成为我国学与教评价改革的首要任务。

　　本书所介绍的学与教新评价在评价目标、评价内容、评价方法、评价结果的表达和利用方面都能够起到利于学生的改进和发展,促进学生发展的作用。新评价改变了"分分计较"的旧评价弊端,评价结果用等级制代替百分制;评语由千篇一律、居高临下式的言辞向谈心式评语转变;评价结果不仅仅比较谁好谁不好,更能够促使教师反思自己的教育与教学;同时能够将结果反馈给学生,促进学生的自我反思和改进。笔者的课题研究表明,这些评价改革对新课程改革和素质教育的实施起到了一定的促进作用。

　　但在新评价实施的过程中也反映出了一些问题,我们必须思考新评价与原有评价模式的关系。新评价与原有评价模式之间并非是一种相互否定的关系,而是一种继承与创新的关系。虽然原有评价制度存在着诸多问题,但是其

---

① 李雁冰著:走向新的课程评价观,载《全球教育展望》,2001 年第 10 期,第 44—45 页。

中也不乏合理的因素,对原有评价模式中那些与新课程评价理念相吻合的经验与做法,我们不能将之与原有评价模式的弊端混为一谈,一起全部否定、抛弃,相反更应该充分肯定、继承并进一步提炼、升华。

我们应该看到,本书中所介绍的多种学与教的新评价对原有评价模式的超越,主要体现在"评价重心的转移"上。例如关于评价的功能,新课程强调发挥评价的激励、反思、调控等发展性功能,但并不否定评价的甄别功能。任何评价都有其甄别的功能,原有评价模式过于强调评价的甄别功能,使得评价只为筛选人才服务,而新评价则顺应了新课程的要求,强调以发展的眼光看待评价。因此,我们在实践过程中,应该将新评价与原有评价模式的精华结合起来,使之达到综合互补的效果。

其次就是教师主导与评价主体多元的关系。在新评价中,我们强调评价主体的多元化,特别是强调了学生的主体地位。其目的是为了激励学生,启发学生的自我反思,使评价结果更加准确、全面,并且,提高学生评价能力本身也是教育的目的。但这决不是否定教师的主导作用,相反,在新评价中,教师作为"引导者"的地位得到了加强,在评价过程中,如学生自我评价、学生之间相互评价、家长参与评价等环节,教师是评价的中枢,不仅需要制订各种评价策略的方案,而且要对评价过程进行组织、引导,要做好评价小结,对积极参与、有创新、有进步的学生给予表扬和鼓励,对评价方案中的不足进行及时调整、修改。我们应该摆好教师主导和评价主体多元的关系,他们不是相互竞争的关系,而是相辅相成,互相促进的关系。在评价过程中,既要注重教师的主导地位,又要尽可能地实现评价主体的多元化。

最后需要说明的是,本书所讲述的只是目前学与教评价的新进展中的一部分。我们希望有更多的教育工作者参与到学与教评价的讨论中来,希望广大教育工作者能真正理解教育评价的理念,正确实践学与教的评价,并在实践中找到更多有利于学生学习和教师教学的新的评价方法,促进学生的全面发展。

参考文献

[1] [日]梶田叡一著.李守福译.教育评价.长春:吉林教育出版社,1988.

[2] [美]B·R·赫根汉著.郭本禹等译.心理学史导论第四版(下册).上海:华东师范大学出版社,2003.

[3] [美]Barbara E. Walvoord & Virginia Johnson Anderson 著.国家基础教育课程改革"促进教师发展与学生成长的评价研究"项目组译.等级评分——学习和评价的有效工具.北京:中国轻工业出版社,2004.

[4] [美]Diane Hart 著.国家基础教育课程改革"促进教师发展与学生成长的评价研究"项目组译.真实性评价——教师指导手册.北京:中国轻工业出版社,2004.

[5] [美]Ellen. Weber 著.国家基础教育课程改革"促进教师发展与学生成长的评价研究"项目组译.有效的学生评价.北京:中国轻工业出版社,2003.

[6] [美]Gary D. Borich & Martin L. Tombari 著.国家基础教育课程改革"促进教师发展与学生成长的评价研究"项目组译.中小学教育评价.北京:中国轻工业出版社,2004.

[7] [美]Grant Wiggins 著.国家基础教育课程改革"促进教师发展与学生成长的评价研究"项目组译.教育性评价.北京:中国轻工业出版社,2005.

[8] [美]James Barton, Angelo Collins 主编.国家基础教育课程改革"促进教师发展与学生成长的评价研究"项目组译.成长记录袋评价——教育工作者手册.北京:中国轻工业出版社,2005.

[9] [美]Judith Arter & Jay McTighe 著.国家基础教育课程改革"促进教师发展与学生成长的评价研究"项目组译.课堂教学评分规则——用表现性评价准则提高学生成绩.北京:中国轻工业出版社,2005.

[10] [美]Robert L. Linn & Norman E. Gronlund 著.国家基础教育课程改革"促进教师发展与学生成长的评价研究"项目组译.教学中的测验与评价.北京:中国轻工业出版社,2003.

[11] [美]W. James Popham 著.国家基础教育课程改革"促进教师发展与学生成长的评价研究"项目组译.测验的反思——对高利害测验的建议.北京:中国轻工业出版社,2005.

[12] [美]W. James Popha 著. 国家基础教育课程改革"促进教师发展与学生成长的评价研究"项目组编. 促进教学的课堂评价. 北京:中国轻工业出版社,2003.

[13] [美]比尔·约翰逊著. 李雁冰译. 学生表现评定手册汇. 上海:华东师范大学出版社,2002.

[14] [美]麦克多诺. 外语教学中的心理学问题. 北京:春秋出版社,1996.

[15] [美]Richard J. Stiggins 著. 国家基础教育课程改革"促进教师发展与学生成长的评价研究"项目组译. 促进学习的学生参与式课堂评价. 北京:中国轻工业出版社,2005.

[16] 王孝玲. 教育评价的理论与技术. 上海:上海教育出版社,1999(1).

[17] 王景英. 教育评价理论与实践. 长春:东北师范大学出版社,2002.

[18] 边玉芳,许爱红. 在"棒棒棒、你真棒"现象的背后——对教育实践中表扬运用的多视角透析. 上海教育研究,2006(7):30—32.

[19] 边玉芳,许爱红. 激励式评价若干问题辨析. 当代教育科学,2007(20):57—58.

[20] 边玉芳,单怀俊. 基于标准的教育——利用评分规则促进学生学习. 教育理论与实践,2006(7):30—33.

[21] 边玉芳,蒋芸. 作业展示性评价——学生学业评价的一个重要组成部分. 教育理论与实践,2004(7):36—39.

[22] 边玉芳. 小学生学习展示性评定的理论与实践. 教育发展研究,2006(9):59—63.

[23] 边玉芳. 学习的自我效能. 杭州:浙江教育出版社,2004.

[24] 边玉芳. 课堂展示性评价 ——学生学习评定的新探索. 教育发展研究,2004.(5):29—31.

[25] 任顺元. 心理效应学说——新课程下"道学育人"新对策. 杭州:浙江大学出版社,2004.

[26] 刘本固. 教育评价的理论与实践. 杭州:浙江教育出版社,2000.

[27] 刘永胜等编著. 小学日常评价与期末考试改革的探索. 西安:陕西师范大学出版社,2003.

[28] 刘志军. 走向理解的课程评价. 北京:中国社会科学出版社,2004.

[29] 朱祥文. 让学生在激励评价与挫折教育中健康成长. 甘肃教育,2005(4):10.

[30] 齐国贤著. 参与教育及其评价的校本研究. 西安:陕西师范大学出版社,2003.

[31] 何云峰. 学生评价的转向——基于发展性评价的视角. 教育理论与实践,2009(3):15—17.

[32] 吴维屏. 如何对儿童进行有效的表扬——国外有效表扬研究对实践的启示. 外国中小学教育,2008(11):24—27.

[33] 张玉田等著. 学校教育评价. 北京:中央民族大学出版社,1998.

[34] 张璟,李琪. 心理健康教育指导学习篇. 北京:科学出版社,2003.

[35] 李廷松,杨代琴. 发展性课堂评价的主要特征. 四川教育学院学报,2005(5):27,30.

[36] 李城兵. 数学日记的评价与管理. 教学与管理,2005(12):55—56.

[37] 李雁冰. 课程评价论. 上海:上海教育出版社,2002.

[38] 杨金萍. 课堂评价更需关注学生的发展. 教育实践与研究,2007(11):14—16.

[39] 杨慧."多元智能"视野下的学生评价.现代教育科学,2004(1):27－30.

[40] 陈玉琨.中国高等教育评价论.广州:广东高等教育出版社,1993.

[41] 陈丽华.数学日记研究综述.上海教育科学,2006(4):54－56.

[42] 尚钢,方维.论教育评价中被评者的心理偏差及其调控.黄冈师范学院学报,2004(4):74－76.

[43] 侯光义.教育评价概论.石家庄:河北教育出版社,1999.

[44] 赵明仁,王嘉毅.促进学生发展的课堂教学评价.教育理论与实践,2001(10):41－44.

[45] 赵桂仙.实施多元评价促进学生发展.贵州教育,2006(16):29－30.

[46] 钟惊雷,边玉芳.小学生成长记录袋评价的实践探索.当代教育科学,2005(1):42－44.

[47] 徐芬,赵德成著.成长记录袋的基本原理与应用.西安:陕西师范大学出版社,2002.

[48] 徐花蕊.试论学生作业评价改革的必然性.教育教学研究,2007(3):151－152.

[49] 徐勇.新课程的评价改革.北京:首都师范大学出版社,2001.

[50] 徐海芳.多元化的评价,学生健康成长的摇篮新课程理念下的表扬与批评.小学教学参考,2005(12):25－26.

[51] 莫雷,张卫.学习心理研究.广州:广东人民出版社,2005.

[52] 钱丽萍.浅谈对学生的过程性评价.吉林教育,2009(2):111.

[53] 黄奇.成长记录袋的基本原理与应用.西安:陕西师范大学出版社,2002.

[54] 黄承放、刘自红.我国现代教育评价存在的问题及未来展望.教育教学研究,2007(7):119－121.

[55] 董奇,赵德成.发展性教育评价的理论与实践.中国教育学刊,2003(8):18－21,45.

[56] 董奇主编.新课程实施中教育评价改革的探索.西安:陕西师范大学出版社,2003.

[57] 赖家福.运用新理念赏识评价学生作业.广西教育,2005(3):21－22.

[58] 赖富军.浅析新课程背景下小学生语文作业评价.聚焦新课程,2008(3):39.

[59] 廖平胜.考试社会学问题研究.武汉:华中师范大学出版社,2003.

[60] 瞿葆奎.教育基本理论之研究.福州:福建教育出版社,1998.

[61] Airasian,P. *Classroom Assessment*.(2nd ed.) New York:McGraw-Hill,1994.

[62] Assessment Reform Group. Assessment for Learning:10 principles(leaflet). 2002.

[63] Danielson,D & Abrutyn,L. Introduction to using portfolios in the classroom. *Alexandria, VA:ASCD*,1997.

[64] David A, Payne. *Designing Educational Project and program Evaluations:A Practical Overview Based on Research and Experience*. Boston:Kluwer Academic Publishers,1994.

[65] Edward L, Deci, Richard Koestner, Richard M Ryan. Extrinsic Rewards and Intrinsic Motivation in Education:Reconsidered Once Again. *Review of Educational Research Spring*, 2001(1):pp.1－27.

[66] Kubiszyn, T &Borich,G. *Educational testing and measurement:Classroom applications and practice*(7th ed.). New York:Wiley. 2003.

[67] Linda Allal, Greta Pelgrims Ducrey. Assessment of-or in-the zone of proximal development. *Learning and Instruction*, April 2000:pp. 137—152.

[68] National Research Council. *Knowing what students know: The science and design of educational assessment*. Washington, D C: National Academy Press, 2001.

[69] Osterhof, A. Developing and using classroom assessments. *Upper Saddle River*. N J: Merrill/Prentice Hall, 1996.

[70] Richard J, Stiggins(Ed). *Student-Centered Classroom Assessment* (Second Edition). New Jersey: Merrill/Prentice Hall, 1997. Chapter 1.

[71] Stiggins, R. *Student-involved classroom assessment* (3rd ed.). New York: Merrill, 2001.

[72] Wiggins,G. *Educative assessment*. San Francisco: Jossey-Bass,1998.

[73] Wolf, D, & Reardon, S. *Access to excellence through new forms of student assessment*. In J, B, Baron & D, P, Wolf (Eds.), Performance-based student assessment: Challenges and possibilities(pp. 1—3). Chicago: University of Chicago Press. 1996.

[74] Ysseldyke J,E, & Marston,D. *The use of assessment information to plan instructional interventions: A review of the research*. In: T. B. Gutkin & R. Reynolds (Eds.), The handbook of school psychology (2nd ed. , pp. 663—684). New York: Wiley, 1990.

[75] Gaa, J, P. The effects of individual goal setting conferences on academic achievement and modification of locus of control orientation. *Psychology in the School*, 1979(16): pp. 591—597.

[76] Eccles J S, Midgley C. Stage. Environment fit:Developmentally appropriate classrooms for early adolescents. *Resear Motiva Educ*, March 1989: pp. 139—181.

后　记

　　终于,在键盘上敲下了"后记"两字,我有一种如释重负的感觉。如果不能完成这本书,我不知道自己如何背着这个沉重的"心债"过活。好在,不管怎样,我的任务就要完成了。

　　记得我曾经的同事,也是我在浙大工作时的老大哥吴华老师最爱说的一句话:未来是不确定的。是的,这话说得太对了。我于 1991 年 8 月进入杭州大学教育系(四校合并后为浙江大学教育学院教育系),在那里工作了整整 17 年,可以说人生最最美好的年华是在那里度过的,我在那里成家、立业。我一直以为,自己会在杭州、会在浙大生活一辈子! 却没想到,由于命运的安排,我会来到北京,从此一名江南女子在北方开始了她的另一番人生。

　　在浙大的许多年,我一直庆幸,有那么多的老师和朋友给了我那么多的帮助和关心,让我在事业和生活上走得很顺利。特别是我所在的课程教学论这个团队,大家给我的关怀和支持至今仍让我温暖在心。我会永远铭记大家的情谊。

　　也正因为如此,我必须完成这本书,尽管到了北京后,工作实在是太忙了,让我一直对完成这本书有心有余而力不足之感。因为这本书是浙江大学教育系课程教学论专业出版的丛书中的一本! 在我看来,完成这本书,是我对浙大课程教学论这个团队的回报,是我对这一段宝贵人生经历的纪念。

　　现在,经过几年断断续续的努力,我终于完成了自己的心愿。感谢我在浙大的学生俞婷婷、张珍、陈思等与我在教育评价方面的研究合作,感谢我在北京师范大学的学生任玉丹为本书的写作所做的大量工作。本书是我在浙大多年从事教育评价研究的总结,在撰稿的过程中,本人注意对以前的论著进行重新审视,重新思考。同时,还参阅了国内外不少评价专家的研究成果,对此我也要向这些专家表示感谢。限于时间和学识,书中错误和不当之处在所难免,敬请广大读者批评指正。

最后祝浙江大学教育系的各位同仁生活事业双丰收,祝课程教学论专业蒸蒸日上,不断发展壮大!

边玉芳

2010 年 6 月

图书在版编目(CIP)数据

学与教的新评价 / 边玉芳著. —杭州：浙江大学
出版社，2010.6
　(当代课程与教学新视界丛书)
　　ISBN 978-7-308-07644-9

　Ⅰ.①学…　Ⅱ.①边…　Ⅲ.①中小学－教育评估
Ⅳ.①G632.0
　中国版本图书馆 CIP 数据核字(2010)第 102559 号

学与教的新评价

边玉芳　著

责任编辑	徐素君
封面设计	吴慧莉
出版发行	浙江大学出版社
	(杭州市天目山路 148 号　邮政编码 310007)
	(网址：http://www.zjupress.com)
排　　版	杭州中大图文设计有限公司
印　　刷	杭州杭新印务有限公司
开　　本	710mm×1000mm　1/16
印　　张	13.25
字　　数	235 千
版 印 次	2010 年 7 月第 1 版　2010 年 7 月第 1 次印刷
书　　号	ISBN 978-7-308-07644-9
定　　价	30.00 元

浙江大学出版社发行部邮购电话　(0571)88925591